本书是国家自然科学基金项目"基于知识资本国际化配置的动态能力演变与创新政策研究"子课题研究成果

国家社会科学基金重大招标项目"全面提高开放型经济水平研究"的阶段性成果

创新发展与开放型经济水平研究丛书

知识资本国际转移与经济发展转型研究

唐辉亮 程惠芳 ○ 著

中国社会科学出版社

图书在版编目（CIP）数据

知识资本国际转移与经济发展转型研究/唐辉亮，程惠芳著.—北京：中国社会科学出版社，2016.7

（创新发展与开放型经济水平研究丛书）

ISBN 978-7-5161-8008-2

Ⅰ.①知… Ⅱ.①唐… ②程… Ⅲ.①知识经济—影响—中国经济—转型经济—研究 Ⅳ.①F12

中国版本图书馆 CIP 数据核字（2016）第 074765 号

出 版 人	赵剑英
责任编辑	卢小生
特约编辑	林　木
责任校对	周晓东
责任印制	王　超
出　　版	中国社会科学出版社
社　　址	北京鼓楼西大街甲158号
邮　　编	100720
网　　址	http://www.csspw.cn
发 行 部	010-84083685
门 市 部	010-84029450
经　　销	新华书店及其他书店
印　　刷	北京明恒达印务有限公司
装　　订	廊坊市广阳区广增装订厂
版　　次	2016年7月第1版
印　　次	2016年7月第1次印刷
开　　本	710×1000　1/16
印　　张	14
插　　页	2
字　　数	237千字
定　　价	55.00元

凡购买中国社会科学出版社图书，如有质量问题请与本社营销中心联系调换
电话：010-84083683
版权所有　侵权必究

摘　　要

　　以罗默、卢卡斯、赫尔普曼、格罗斯曼等为代表的经济学家建立的内生新经济增长模型，使经济发展理论结束了物质资本决定论阶段，进入知识资本决定论的阶段。知识资本被认为既是决定一国比较优势和国际竞争力的最具战略性资源，也是区域创新能力培育与发展的根源。随着经济全球化和全球价值链分工的深化，跨国公司为保持其国际竞争优势，对知识资本国际转移的规模、态势发生了较大变化，通过各种渠道转移的国际知识资本对东道国的经济增长、产业升级、技术创新等方面产生影响，从而促进其经济发展方式的转变。

　　本书分析了全球知识资本的空间分布与差异特征，从知识资本国际转移的实现途径、演进规律以及发展趋势等方面探究了其国际转移的运行机制；然后分别运用理论模型推导了知识资本对经济增长、产业升级的作用机理，并利用面板数据的实证分析法检验了基于贸易、外商直接投资（FDI）、对外直接投资（ODI）、人力资本跨国流动（海归人才回流）、国际技术引进渠道的知识资本国际转移对中国经济增长、产业升级、技术创新的影响；根据各渠道知识资本国际转移影响效应贡献大小及区域差异，提出了对国际知识资本合理利用和配置的对策建议。

　　本书研究表明：第一，知识资本丰裕度高的国家主要集中在 OECD 组织中的发达国家，知识资本的国家分布呈金字塔结构，美国处在塔尖位置，尽管中国知识资本累积的增长较快，但与知识资本最丰富的美国相比仍有较大差距，对华知识资本国际转移较多的主要国家和地区为美国、日本、英国、德国、法国、加拿大、澳大利亚、意大利、韩国、新加坡、中国香港 11 个国家和地区。第二，知识资本国际转移大致经历了三次浪潮，当前呈现知识资本国际转移更系统、规模更大、步伐更快，转移形式由单向、直线模式向网络化扩散与共享发展，转移更加开放、主动，并谋求在动态管理中创新三大发展变化趋势。第三，综合各渠道的知识资本国际转移对经济转型发展影响效应贡献大小看，外商直接投资渠道＞贸易（进口贸易）渠道＞智力回流（人才回流）渠道＞国际技术引进＞对外直接投资（ODI）渠道。此外，在中国环渤海、长三角、华南、东北、中部、西南和西北七大区域，国际知识资本对其经济转型发展的贡献效应又表现出极大的差异。第四，国内R&D知识资本投入是当前中国技术创新最主要的途径，本土创新努力与创新能力是高新技术产业升级的基本动力。

本书从五个方面提出了相应的政策建议：（1）充分认识知识资本在一国经济发展与竞争优势的重要性；（2）把握价值链分工体系下的知识资本国际转移规律和发展趋势；（3）继续加大吸引外资力度，关注进口产品的技术含量、加大对高端技术产品和中间品的进口，重视智力回流的促进作用，审视国外技术引进，调整对外直接投资的区位选择和产业分布，大力推动基于R&D国际化的海外投资以提升对全球知识资本获取，整合和配置的能力；（4）加大对研发知识资本投入，制定分类支持的创新政策；（5）重视海归人才引致的国际知识资本对经济转型发展升级的作用。

关键词： 知识资本　国际转移　运行机制　经济发展　产业升级　技术创新

前　言

21世纪全球创新竞争日趋激烈。在全球创新竞争环境下，我国如何引导资金、人才、技术等创新资源向企业集聚，如何促进企业从注重物质资本配置向注重知识资本配置转变，推动企业从投资驱动向创新驱动转变，鼓励企业以全球视野配置创新资源和知识资本，着力提高企业创新能力，已经成为我国经济发展方式转变和企业转型升级过程中迫切需要研究的重大问题。研究政府创新政策如何有效地促进企业增加创新投资，如何推动企业重视知识资本配置，以创新促进企业动态能力发展，对我国企业尽快走上创新驱动和内生增长的轨道具有重要的战略意义。

本书研究知识资本存量的国际分布、发达国家创新流变化的趋势及其决定因素，研究知识资本国际转移对经济转型升级的影响效应和作用机理。本书分析了全球知识资本的空间分布及其差异特征，从知识资本国际转移的实现途径、知识资本国际转移的演进规律以及发展趋势等方面探究了其国际转移的运行机制；运用理论模型，推导了知识资本对经济增长、产业升级的作用机理，并利用面板数据的实证分析法，检验了基于贸易、外商直接投资、对外直接投资、人力资本跨国流动（海归人才回流）、国际技术引进渠道的知识资本国际转移对中国经济增长、产业升级、技术创新的影响效应。根据各渠道知识资本国际转移的影响效应贡献大小及区域差异，提出对国际知识资本合理利用和配置的对策建议。该研究有利于提高中国企业和政府对创新资源国际配置的科学规律的认识，对知识资本国际化配置和创新政策工具的有效组合具有重要的科学意义。

创新理论研究起源可以追溯到20世纪初期，美国经济学家熊彼特（1912）在其著作《经济发展理论》中首先提出了以"生产要素的新组合"为特征的创新概念，并把创新引入到经济管理领域，从此，创新成为经济学和管理学的重点研究领域。近一个世纪来，创新理论和创新政策研究逐步从定性研究向定量研究发展。

在国际上，对创新投资与企业发展能力的关系的实证研究始于20世纪60年代中期，美国经济学家曼斯菲尔德（Mansfield，1965，1977）对研究开发（R&D）投资收益率进行研究。80年代，特别是90年代以来，R&D投入与企业生产率关系（Mansfield，1965，1980，1988；Griliches，1981；Bernstein，1990，1991，2006；Adams，1990）、创新资本有效配置与企业市场价值的计量（Hall，1989，2007，2009）、创新驱动和知识资本对经济持续增长以及企业长期持续发展的作用机制已经成为经济学、管理学研究的重点领域和热点问题（Nelson and Winter，1982；Mairesse，1984；Coe and Helpman，1995；Bayoumi，Helpman，1996）。

在知识资本与企业生产率研究领域中，具有国际影响力的代表人物是美国哈佛大学教授格瑞利克斯（1980，1985，1987，1997），他自1980年以来发表了一系列有关R&D资本和知识资本与企业生产率的研究论文。1980年，格瑞利克斯对121个美国大公司在1968—1975年间R&D投入与专利申请数量之间的关系进行研究，发表了第一份有关美国企业创新活动的报告——《R&D与企业生产率》，报告的结论是：企业R&D投资与申请并授权专利数量之间存在显著的正相关关系，报告第一次提出了知识资本生产函数及R&D资本、知识私人价值等概念。格瑞利克斯（1981）提出了R&D资本的计量模型和知识资本生产函数。

格瑞利克斯（1985）对美国1000家大型制造业企业1957—1977年间R&D投资与生产率进行研究，研究结论是：R&D资本对美国大型制造业企业生产率持续增长具有重要作用，私人企业R&D投资对企业提高生产率效应比政府R&D投资效应更明显。格瑞利克斯（1987）明确提出了知识资本概念和知识资本的计量方法，认为企业股票市场价值由有形资本（劳动力、物质资本）和无形的知识资本共同决定，并提出用R&D资本存量和授权专利数量作为衡量知识资本的变量。格瑞利克斯（1997）提出的以知识资本和创新为增长发动机的企业内生增长理论，标志着他以R&D投资驱动的企业内生增长理论框架基本形成。格瑞利克斯对以R&D投资驱动的企业内生增长理论做出了很大的贡献。但是，他提出的以R&D投资驱动理论只是研究企业内部R&D投资与企业内生增长的关系，其缺陷是没有研究政府创新政策对企业知识资本生产率的影响及其对企业持续发展能力的影响效应。

美国加洲大学伯克利分校霍尔自20世纪80年代末以来研究政府创新

政策特别是财政政策对企业 R&D 投资的激励效应。霍尔认为，仅仅靠市场机制不能提供足够数量的 R&D 投资，因为 R&D 投资具有一定的公共产品特征，R&D 投资具有一定的社会溢出效应，政府要通过政策补偿 R&D 投资中的私人 R&D 投资溢出损失和社会回报效应。他在 1999 年研究了 OECD 国家税收政策体系对 R&D 投资效应的影响，评估税收政策体系对企业 R&D 投资行为的激励作用，通过实证研究，得出结论认为，一美元的税收信用激励能够增加一美元的 R&D 投资。霍尔、托马（Thoma）、托里西（Torrisi，2007）以欧洲 33 个国家的上市公司为样本，研究了 1991—2004 年企业专利和 R&D 的市场价值，提出了专利、专利质量和 R&D 等企业知识资本的市场价值计量模型。霍尔、梅雷斯（Mairesse）、马伦（Mohnen，2009）对 R&D 投资回报计量文献进行了比较系统的评价，并对企业 R&D 投资的溢出效应进行计量分析，结果显示，企业 R&D 投资回报比其他物质资本投资回报率更高，而且企业 R&D 投资的社会回报率（溢出效应）更高。

20 世纪 80 年代特别是 90 年代以来，欧美发达国家进入产业结构大调整时期，企业发展方式从投资驱动向创新驱动转变，企业从物质资源配置竞争转向创新要素的集聚与创新效率的竞争。技术创新投入与政府创新政策不断催生创新型企业的成长，创新型企业的快速发展又加剧了市场竞争动态变化，"创新与成长"成为企业竞争的重要特征。因此，创新与企业发展能力理论研究进入了新的发展阶段，出现了企业资源基础论、竞争理论、企业知识基础论、企业动态能力论学术流派。沃纳菲尔特（1984）说明了公司内部资源对公司获利并维持竞争优势的重要意义。他对新古典经济学中的企业同质性假设进行修正和发展，认为企业拥有和控制的资源存在差异，有价值、稀缺、难以模仿并不可替代的异质性资源是企业竞争优势的来源。自 20 世纪 80 年代以来，国际上对创新与企业发展能力理论的研究出现了一批著名代表人物和理论流派，如创新体系理论（Nelson 1991，1994，1996）、经济演化理论（Nelson and Winter 1982）、竞争力理论（Porter，1980，1997）和动态能力理论（Teece，1992，1997）。

动态能力理论是 20 世纪 90 年代由美国加洲大学伯克利分校蒂斯教授（1997）提出的，该理论分析私人企业如何在技术进步迅速的市场环境中财富创造的方法和源泉的理论。动态能力理论中的动态是指技术变化速度很快，未来竞争的性质和市场变化难以确定；能力是强调对企业内外部生产要素组织能力在战略管理中的关键作用。因此，动态能力理论是研究在技术快速变化的环境中企业整合和重构内外的技术、组织及管理的竞争力以使企业保持持续竞争优势的能力。蒂斯的动态能力理论强调，企业的竞争优势取决于企业拥有的难以交易的知识资产与市场需求变化的互动能力。动态能力理论使企业竞争由内部资源转向内外动态平衡，在技术快速变化的动态环境下，企业的竞争优势都是短暂的，只有不断地在市场环境变化中快速重构企业内外资源，才能保持企业的动态竞争优势。格里菲思和哈维（2001）使用对合作伙伴决策的影响力来测度企业的全球化动态能力。

迄今为止，国内学者对知识资本国际化配置、经济转型升级及动态能力理论研究还处在深化发展阶段，也是对动态能力理论文献和对少数企业动态能力变化案例进行实证研究的阶段（许庆瑞，2007；江积海，2007；孟晓斌、王重鸣、杨建锋，2007；焦豪、崔瑜，2008）。在动态能力理论研究中缺乏对技术创新投入变化和创新政策变化对企业动态能力影响效应的理论研究，对创新要素投入密度变化（知识资本构成比例变化）与经济转型升级动态能力变化的相互关系迫切需要深化研究，企业在知识国际化配置中迫切需要知识资本配置规律的理论指导，迫切需要政府创新政策体系的支持，迫切需要对基于知识资本国际化配置的动态能力的规律研究和创新政策的研究。

本书是在我的博士研究生唐辉亮的博士生论文修改基础上形成的著作。唐辉亮在攻读博士研究生期间，承担了我主持的国家自然科学基金项目"基于知识资本国际化配置的动态能力演变与创新政策研究"的子课题研究，参加了我主持的国家社会科学基金重大招标项目"全面提高开放型经济水平研究"的课题讨论。本书是我主持的国家自然科学基金项目的子课题研究成果，也是国家社会科学基金重大招标项目的阶段性研究成果。唐辉亮在参加课题研究和撰写博士学位论文过程中，曾经不幸患上了黑色素肿瘤（二期），但是，唐辉亮非常坚强，在身体比较虚弱的情况下，带着病痛继续研究并完成博士学位论文撰写，同时坚持定期到北京治病。2015年，唐辉亮完成了博士学位论文，并通过了博士学位论文答辩。2016年春天，唐辉亮获得经济学博士学位，同时身体也完全康复，真是人生中的大喜事！我为唐辉亮能够带着病痛坚持不懈地研究和完成博士学位论文的顽强精神而深受感动，我也为唐辉亮遇到北京好医生使身体完全治疗康复而感到十分欣慰，本书的出版对我和唐辉亮而言具有非常重要的纪念意义。本书出版得到了中国社会科学出版社卢小生主任的大力支持，卢小生编审在出版过程中对书稿编辑的认真负责使我们深感敬佩！在此对中国社会科学出版社及卢小生编审表示衷心感谢！

由于我们水平有限，加之时间紧，书中疏漏和缺陷在所难免，殷切希望读者和有关专家批评指正，谨致真诚感谢！

程惠芳

于浙江工业大学杭州屏峰校区

2016 年 5 月 20 日

目 录

第一章 导论 ……………………………………………………………… 1

    第一节 本书研究背景与研究意义 ………………………………… 1

    第二节 本书拟解决的主要问题、研究方法及创新点 …………… 8

    第三节 本书研究相关重要概念界定 ……………………………… 11

第二章 知识资本相关文献综述 …………………………………… 18

    第一节 国内外知识资本理论研究综述 …………………………… 18

    第二节 知识资本国际转移相关理论研究综述 …………………… 29

    第三节 知识资本与经济发展转型升级相关研究 ………………… 39

第三章 全球知识资本分布特征与空间差异分析 ……………… 46

    第一节 国家知识资本测度方法研究概述 ………………………… 46

    第二节 全球知识资本测度 ………………………………………… 51

    第三节 全球知识资本分布的空间格局与差异分析 ……………… 69

第四章 知识资本国际转移运行机制分析 ………………………… 78

    第一节 知识资本国际转移方式与途径 …………………………… 78

    第二节 知识资本国际转移规律与趋势分析 ……………………… 84

    第三节 知识资本国际转移理论基础与动因分析 ………………… 96

第五章 知识资本国际转移对中国经济增长的影响研究 ……… 109

    第一节 知识资本推动经济增长的理论基础 ……………………… 109

    第二节 知识资本国际转移计量方法 ……………………………… 113

    第三节 知识资本国际转移对中国区域经济增长的实证分析 …… 116

第六章 知识资本国际转移对中国产业升级的影响研究 …………… 134

 第一节 知识资本对产业升级影响的内在机理分析…………… 134

 第二节 知识资本国际转移对产业升级的实证研究…………… 144

 第三节 知识资本国际转移对高新技术产业升级的影响………… 156

第七章 知识资本国际转移对中国技术创新的影响研究 …………… 167

 第一节 知识资本国际转移对自主技术创新影响的定性分析…… 167

 第二节 知识资本国际转移对中国自主技术创新影响的定量

    分析……………………………………………………… 173

第八章 主要结论及政策启示 ………………………………………… 187

 第一节 主要结论………………………………………………… 187

 第二节 政策启示………………………………………………… 191

 第三节 研究方向………………………………………………… 194

参考文献 ……………………………………………………………… 196

第一章 导论

以罗默（1986）的《递增收益与长期增长》和卢卡斯（1988）的《论经济发展机制》论文的发表为标志，西方经济增长理论跨越了里程碑式的发展，结束了以物质资本决定论阶段，跨入以知识资本为主导的决定论阶段，以罗默、卢卡斯、赫尔普曼、格罗斯曼、阿吉翁、霍依特、阿西莫格鲁等为代表的新经济增长经济学家通过对知识外溢、人力资本投资、R&D 等问题的研究，建立的内生经济增长理论模型，强调以知识积累为基础的技术进步在各国经济发展中的主导作用。因此，在现代知识经济社会，国家之间、地区之间乃至企业之间的竞争将越来越更加集中地表现为通过知识资本的竞争来展开。

第一节 本书研究背景与研究意义

一 研究背景与问题提出

（一）研究背景

管理理论大师彼得·F. 德鲁克（Peter F. Drucker）是最早感知和预言知识经济时代来临的代表人物之一，1993 年，德鲁克就在他的《后资本主义社会》一书中指出，未来社会的竞争将主要集中体现为知识资本的竞争，而且未来社会的发展也将更加依赖知识资源的积累和获取。托马斯·A. 斯图尔特（Thomas A. Stewart, 1994）也是较早对知识资本有深刻研究的学者之一，他认为知识资本是能为企业带来竞争优势的一切知识和能力之和，具体可包括企业拥有的专利、员工拥有的知识、技能、经验及客户关系等，是企业最有价值的无形资产。埃德文森和斯坦菲尔德（Edvinsson and Stenfelt, 1999）认为，从知识资本（无形资源）中创造出的更多价值不仅是企业获得核心竞争力优势的重要因素，而且还将逐渐上升到地区乃至国家层面，成为地区与国家竞争力优势的重要来源，邦迪斯（Bontis，2004）同样也表达了知识资本是国家层次竞争力的重要来源的观点。Huang 和 Liu（2005）指出，面对越来越激烈的全球竞争，大家达成了一个广泛共识：知识资本成为推动经济增长的重要力量。邦迪斯（2010）以发展中国家苏丹医药企业为例，通过实证检验分析了知识资本与企业绩效之间的关系，进一步指出，知识资本是企业竞争力优势的关键来源。Amiri、Ramezan 和 Omrani（2010）认为，在知识经济时代，知识资本是组织最重要的资产。因此，知识资本作为一个相对较新的经济管理学术研究方向吸引了世界学者的广泛关注，一些学者、机构发表了一些思路新颖、高质量的论文（Gu，2004a，2004b；Ma and Yu，2010；Serenko，Bontis，Booker，Sadeddin and Hardie，2010），召开了与知识资本相关的世界级学术会议（Serenko，Bontis and Grant，2009），知识资本研究由此出现了"超级明星效应"（Serenko，Cox，Bontis and Booker，2011）。另外，综观全球的跨国公司也可以发现，它们无一不拥有雄厚的资本，技术开发与创新的绝对优势以及遍布全球的销售网络，然而对跨国公司来说，在全球市场竞争中要保持其优势地位更重要的是其无法被其他企业模仿的核心能力，而核心能力的提升依赖其在全球跨国知识资本的投资与整合能力，知识资本的合理配置与利用有利于跨国企业获得丰厚利润，从而使跨国企业能够在全球激烈的竞争中保持国际竞争优势。

第二次世界大战以后，随着对外直接投资的扩张，全球范围内曾出现了五次大的国际产业转移，从国际产业转移发展历程来看，经历了从产业间转移→产业内转移→产品内转移→产品内价值链分工体系内转移的过程，而从国际产业转移内容的重心来看，则逐步由劳动密集型产业和资本密集型产业→技术密集型产业、传统产业→新兴产业、制造业→服务业、低附加值产业→高附加值产业转移，并通过技术转让、战略联盟等形式实现产业技术能力的转移，表现为跨国公司 R&D 国际化，国际产业转移主要由物质资本转移逐渐形成对知识资本的全球转移与获取。虽然每一次国际产业转移浪潮特点各异，但实质都是企业为了应对新的世界经济格局变化而对区位选择进行再调整的过程（Pellenbarg，2002），其发生的根本原因是国际分工不断深化的结果（Mariotti，2002）。20 世纪 80 年代以来，由于信息技术、交通运输的急速发展，使全球贸易的交易成本不断下降，经济全球化进程不断加快促使国际分工发生了巨大变化，世界制造业生产体系在全球出现了前所未有的垂直分离和重构，产品制造过程的不同工序和环节被分散到不同国家之间进行。在此过程中，形成了产品内国际分工的特殊形式——全球价值链分工。在全球价值链分工体系下，越来越多的国家参与到这种分工活动中来开展国际生产与交换活动，由于最终产品的中间环节生产可能被分配在不同国家间来完成，这就使劳动密集型工序与资本、技术、知识密集型工序生产之间的分离，这种分工的细化导致了国与国之间的比较优势更多地体现为全球价值链（Global Value Chain，GVC）上某一特定环节的优势，而非传统的最终产品优势，在这一背景下基于产品内分工的产业转移发展成为国际产业转移的最主要形式（Fujita and Gokan，2005）。产品内价值链分工体系的快速发展极大地改变了国际贸易与投资模式以及参与分工国家在全球价值链的地位，以跨国公司为主导的全球价值链（或称全球生产网络）已经成为一种新的生产组织方式，其将分布于世界各个国家的价值链环节与增值活动在全球空间范围内的垂直分离与整合是当今全球经济一体化最为典型的特征之一。通过全球学习获取并整合分布于世界各地创新网络中的关键知识已经成为跨国公司国际化的新动机，国际知识资本配置与获取能力逐渐成为跨国公司竞争优势的重要来源（Gooderham and Nordhaug，2003）。因此，以跨国公司生产和经营国际化为主要推动力的经济全球化浪潮直接推动知识资本的全球转移与配置。同时，在这一全球价值链分工体系内，跨国公司为了使各价值链环节的生产符合其产品质量、价格、及时交货和管理等方面的要求，客观上需要向价值链上的代工企业转移必要的生产、技术和管理知识，在全球价值链的各个环节中进行知识资本的国际配置与流动，并指导代工企业积极从事组织学习；而代工企业由于受其自身能力的限制，通常都要接受跨国公司对其在生产工艺、质量控制、物流管理及其他方面的指导，这也是促使代工企业进一步提升能力、实现产业升级的基础（Ernst and Kim，2002）。菲恩斯特拉和汉密尔顿（Feenstra and Hamilton，2006）认为，在基于产品内分工的产业转移浪潮中，发达国家的买家或发包商通常会通过技术转让、关键设备转让以及专利授权等方式来帮助发展中国家的代工企业迅速提升自身生产工艺与产品设计能力，以满足全球消费市场的多样性和变化性需求，出现了知识资本的跨梯度国际转移现象。全球价值链分工体系的扩张推动了知识资本的国际扩散，这些外部知识在企业的创新活动中发挥着越来越重要的作用（Cassiman and Veugelers，2002）。卡普林斯基和莫里斯（Kaplinsky and Morris，2002）的研究发现，外包合作将促进技能和知识资本的国际流动，并且增加了全球价值链中各个垂直环节的知识资本存量。Hobday 和 Perini（2005）认为，全球价值链分工体系内的国际知识资本转移通过不同渠道对发展中国家的技术创新与技术进步产生了重要影响。帕特里奇（Partridge，2009）的研究也证实在产品内分工体系下，高新技术产业转移实践中出现了逆梯度转移现象，即相对落后的国家和地区某一产业发展到一定的成熟阶段后，为了获取更多的国外市场资源和技术资源，而将其高端环节或研发转移到相对发达国家和地区，表现为知识资本的逆向国际转移。Rhee 等（1984）通过对韩国代工企业发展历程的深入研究，他发现大部分承接代工的企业在与先进企业的合作过程中都可直接获得一些先进的技术知识，这主要是由于在代工生产的过程中国外先进企业必定会派遣技术人员进行生产技术指导、提供技术操作规范要求以及对于产品设计、质量控制方面的指导与反馈；Hou 和 Gee（1993）通过对中国台湾地区经济快速发展研究，并在基于一系列实证研究，得出代工企业在国际先进企业合作的过程中能够获取国外企业的知识转移，并能够较快地提升企业的生产和技术水平。这些国家和地区通过积极主动地参与国际分工获取国际知识资本的成功经验带动了上述国家和地区的产业升级，实现了经济转型升级。因此，对于发展中国家企业来说，融入全球价值链分工体系，通过利用全球领先企业在价值链分工调整进行知识资本转移与知识资源配置的时机，有效获取先进企业的知识资本转移有利于企业实现从价值链低端的攀升，从而带动整个国家或地区的经济发展转型与产业升级。

作为新兴市场经济体，中国在20世纪80年代中后期以来积极主动并快速"嵌入"产品内价值链分工网络之中，大量企业走上一条以OEM代工模式的发展道路，通过吸纳跨国公司的国际代工订单参与到由其所主导的全球价值链分工体系之中，加工贸易在东部沿海省市率先得到了快速发展，中国曾以这一贸易模式创造了进出口贸易快速发展的辉煌历史。然而，在2008年金融危机冲击下，中国国内一大批处于全球价值链低端的代工企业由于承受国际市场需求大幅波动的风险能力较弱，企业订单明显萎缩，众多中小企业被迫关门停产，造成大量员工失业，由此再次引发对我国国际代工企业的价值链低端锁定现象的广泛关注，政府、企业以及学术界越来越认识到转型升级的重要性和紧迫性。这一现象正如彭纪生和孙文祥（2005）的研究表明，跨国公司技术转移对东道国技术进步的影响是不确定的，许多中国企业和政府希望通过与国际跨国公司合作达到引进国外先进技术的初衷并没有实现。张明志（2011）利用2007年的投入产出表数据分析了在全球价值链国际分工条件下的中国制造业产业升级状况，其分析结果表明：在全球价值链国际分工条件下，中国产业结构出现了"虚高"现象，出现产业间升级与产业内升级的背离现象，即从最终产品角度看，中国产业结构实现了快速提升，表现为产业结构从劳动密集型产业为主导向资本技术密集型产业为主导的转换，但从价值链特别是产品增加值的角度看，却出现了被发达国家的跨国公司"俘获"在低价值链的生产环节的发展趋向。拉尔（Lall，2000）的研究指出，发展中国家高技术产品出口尽管出现了爆炸式的增长，但其实只是一种"统计假象"，因为他们在高新技术产业上并没有真正实现技术密集型的升级，而仅仅是在高技术产业的劳动密集型加工环节实现了专业化而已；斯科勒克（Scholec，2007）的研究也表明，发展中国家大量出口高技术产品并非是因为他们在高技术领域实现了高度专业化，其实大部分发展中国家停留在为跨国公司提供高技术产品的组装生产，而资本和技术密集型的研发、设计等生产依然集中在跨国公司的母国。黄先海、杨高举（2010）认为，在新的国际分工模式下，传统的出口总量统计法由于不考虑进口的中间产品值，中国高新技术产品的爆炸式出口增长"统计假象"高估了中国高新技术产业的国际分工地位。由此可见，中国企业通过全球价值链获取国际知识资本转移实现产业升级的过程并不如人们事先预期的那样顺利，也没有像周边的韩国和中国台湾地区那样取得巨大的成功。另外，霍尔姆斯、麦克雷坦和普雷斯科特（Holmes，McGrattan and Prescott，2011）在《技术资本转移》一文中指出：自从20世纪90年代早期以来，中国采取了大量的提高开放度以促进FDI流入的政策措施，但具有讽刺意味的是，虽然这些政策措施提高了中国的福利，但这些政策却导致了中国成为国内本土技术资本成长相对较少的国家。这其中的原因是什么呢？

（二）研究问题的提出

问题提出：在历次国际产业转移中，知识资本国际转移是否与国际产业转移路线、规律与发展趋势一致？特别是在当前基于价值链产品内分工的国际产业转移背景下，知识资本国际转移的新趋势和新特点如何？知识资本国际转移的机理是什么？发展中国家获取跨国公司知识资本转移的渠道有哪些？什么因素影响跨国公司的知识资本转移，各因素的影响程度如何？知识资本国际转移如何来进行计量？知识资本国际转移对东道国产业升级的作用机制和效果如何？通过知识资本的国际配置与流动对东道国经济增长的内生驱动、产业结构优化升级和技术创新效果及贡献多大？这一系列问题已经成为当前中国经济发展和国家创新体系建设以及创立国家竞争优势所面临的热点和难点问题，本书期望通过理论与实证相结合的方法，围绕以上问题展开对知识资本的国际化配置与中国经济转型升级的研究。

二 本书理论意义与现实意义

（一）理论意义

随着以知识生产、传播、利用为主要内涵的知识经济的兴起和发展，国际、区域和企业的竞争优势不再直接取决于资源、资本等数量、规模和增量，而是来自知识、技能、创新和持续的学习，越来越依赖知识发展的速度、方向及其规模（Brooking，1997；Jone and Lev，2003），知识积累与创新对经济发展的贡献越来越大，Bassi（1997）和 Hargreaves（1999）的研究均表明，决定一个组织效率的关键因素是知识资本，而不是这个组织的物资资本。因此，知识资本被认为是决定一国比较优势和国际竞争力的最具战略性资源（Edvinsson et al.，1996，2001），也是区域创新能力培育与发展的根源（Schiuma and Lerro，2008），各国政府和企业不断加大自身知识资本的积累速度和转化效率，对一个国家或组织来说，建立和发展不同的知识转化和传播模式对于知识创造至关重要（Nonaka，1994；Nonaka and Takeuchi，1996；Nonaka and Konno，1998）。对于发展中国家创新更强调对国际知识资本的学习和吸收，国际知识资本转移在发展中国家创新和增长过程中扮演极为重要的角色（Kokko，1994；Coe et al.，1995；Blomstrom and Sjoholm，1999；Portelli，2006；Jacob and Szirmai，2007）。知识经济的出现使得生产要素中的知识、科技等要素成分不断增加，而且这些知识、科技和管理等知识资本逐渐成为生产要素中的重要因素，技术革命引发的国际竞争格局也在不断加剧，以传统要素驱动为主的生产增长模式逐渐转向以创新驱动为主导，正如刘志彪（2000）的研究表明知识资本和人力资本一旦进入生产过程，就会使生产过程变得越来越迂回化和专业化，由此导致产业升级速度加快。以罗默、卢卡斯、赫尔普曼、格罗斯曼等为代表的新经济增长经济学家通过对知识外溢、人力资本投资、R&D、技术进步等问题的研究，建立起新经济增长模型，使经济发展理论结束了物质资本决定论阶段，进入知识资本决定论的阶段，技术创新资本、人力资本等知识资本要素是经济持续增长的内生性决定因素。因此，知识资本的积累和优化配置有利于促进经济发展方式的转变，实现经济由以要素投资驱动为主导的粗放型增长向以创新驱动为主导的集约型增长转变，国内学者张伟金早在2000年就指出实现知识商品化和知识资本化是我国今后一段时间内经济增长方式转换的重要内容。因此，从理论上说，以创新驱动的经济发展模式，需要加大对研究开发资本、技术资本、人力资本等知识资本要素的投入、积累以及优化配置。当前国际科技全球化步伐不断加快，人才、技术、信息等创新性知识资本要素的全球化流动形成一股浪潮，新一轮技术革命的创新国际竞争格局明显加剧，要想获取经济增长的制高点，就必须发挥科技创新对经济发展的贡献。因此，实施高度聚集知识资本要素的创新驱动发展战略才是促进经济转型发展的根本途径。

（二）本书的现实意义

2007年党的十七大报告将"转变经济增长方式"改为"转变经济发展方式"，正式提出"转变经济发展方式"任务，开创性地提出了"加快转变经济发展方式"的新要求，党的十八大又明确提出要加快实施创新驱动发展战略，加快推动经济发展方式转变，这些要求和战略观点表明在科技全球化加快的背景下只有增强科技创新和自主创新能力，才能掌握新一轮全球科技竞争的战略主动，只有提升科技创新对经济增长的贡献度，才能使经济发展方式向集约型转变。洪银兴（2015）指出，创新驱动的实质是科技创新，而科技创新是转变经济发展方式的重要支撑，以创新驱动的增长方式是依靠知识资本、人力资本和激励创新制度等无形要素实现要素的新组合，是科学技术成果在生产和商业上的应用和扩散，是创造新的增长要素。当前我国经济发展方式的转变就是要扭转过去主要依靠资源投入和规模扩展的粗放型发展的局面，通过大力实施创新驱动战略，推进经济结构的调整，实现经济的新常态发展。因此，从这个意义上说，在科技创新全球化发展生态背景下，整合创新资源成为实施创新驱动战略的一大趋势。而实施这一战略需要大量的人才和知识作为支撑，正如李克强总理在2014年达沃斯论坛上提出"大众创业，万众创新"时指出，创新驱动必须依靠人才。人才是知识创造和科技创新的主体，是无形知识资本积累、配置的承载者，如何提升一国的知识资本对实施创新驱动的发展战略至关重要。在开放经济条件下，除了一国自身知识资本的积累外，通过对外直接投资、进出口贸易、跨国人力资本流动、国际技术引进等渠道也会给东道国带来国际知识资本的溢出，这些渠道带来的国际知识资本转移已经成为国家创新体系建设的重要环节和重要支撑。因此，研究知识资本国际转移的演进规律与发展趋势、技术路线、影响因素、转移效率将有利于整合国际知识资本，跟踪世界科技发展前沿。对于微观企业个体而言，可以通过与国外先进企业的合作与学习，获取国外企业的先进管理经验、技术等无形知识资本转移，从而提升企业的竞争力；而对于宏观主体的政府来说，如何充分利用知识资本国际转移的有利条件来促进本国知识资本的积累和提升，从而转变经济发展方式和创建国家自主创新体系，这对国家竞争力的培育同样具有十分重要的现实意义。

本书将在探究全球知识资本的空间分布及差异后，深入分析知识资本国际转移的演进规律、技术路线图、动因、运行机制，综合考虑影响知识资本转移的各种因素，分析外商直接投资（FDI）、贸易、人力资本跨国流动（智力回流）、对外直接投资（ODI）、国外技术引进等渠道下的国际知识资本转移对中国经济增长、产业结构优化升级、技术创新影响效应大小，并通过对这些渠道的国际知识资本影响效应大小的区域比较，有利于更好地对接国际知识资本的转移，更加清晰地把握各渠道的国际知识资本国际转移对区域经济转型升级作用大小的差异，从而有利于调整创新驱动战略和制定创新政策。

第二节 本书拟解决的主要问题、研究方法及创新点

一 本书拟解决的主要问题和逻辑框架

（一）本书拟解决的主要问题

知识资本的国际化配置过程其实就是知识资本在全球范围的转移与流动的过程，知识资本转移并不是一个消极的转移过程，而是一个包括知识转移方、接收方共同努力的互动动态过程，将外部转移和传播过来的知识进行内部化需要一个较好的吸收能力水平。本书所要探讨的是在全球价值

链分工体系下，知识资本国际转移的基础、规律、发展趋势及特点、动因、运行过程与机制、影响因素，其由此对发展中国家的产业升级、经济发展以及技术创新的作用。因此，本书要解决的问题有：（1）知识资本与经济发展转型的科学内涵，即要厘清知识资本和经济发展转型所体现的内容。（2）全球知识资本存量分布特征与空间差异，即要分析国家知识资本的丰裕度、空间分布格局与国家之间的差距，这有利于分析知识资本国际转移的主要国别。（3）价值链分工体系下，知识资本转移如何进行，它与国际产业转移之间的联系如何？在何种条件下拥有知识资本优势的先进企业存在知识资本转移？哪些因素影响了跨国公司的知识资本转移？即要分析知识资本国际转移的运行机制、途径、动因、影响因素及理论基础研究。（4）通过 FDI、贸易、对外直接投资（ODI）、人力资本跨国流动、国际技术引进等渠道获取的国际知识资本溢出对中国经济增长产生什么样的影响，即知识资本国际转移对中国经济发展的影响研究。（5）不同渠道转移到中国的国际知识资本对中国产业结构优化升级和高新技术产业创新升级产生了怎样的效应，即知识资本国际转移对中国产业升级的影响研究。（6）国际知识资本对中国区域的技术创新能力产生了什么作用，即知识资本国际转移对中国区域创新能力的影响研究。（7）怎样来促进知识资本的合理配置与利用。

（二）本书的逻辑框架结构

基于上述需要拟解决的主要问题，本书逻辑结构如图 1-1 所示。

二 本书主要分析方法和分析工具

本书将运用国际贸易学、产业经济学、国际经济学、计量经济学、经济地理学、创新管理学等多门学科的相关知识，通过文献综述整理、数据对比分析、理论模型推导、计量经济的实证检验分析等方面进行论证。具体研究方法主要采用定性与定量相结合、实证研究和规范性研究互为补充的研究方法进行研究，并在基于定性研究方法的基础上，拟采用以下定量方法：

（1）层次分析法（AHP 分析法）。该方法具有定性和定量相结合处理各种决策因素的特点，因此采用层次分析法来确定知识资本指数的权重，以此来评价全球知识资本的国家分布状况。

（2）数理模型推理法。通过借鉴质量升级模型（Grossman and Helpman, 1991; Aghion and Howitt, 1992）和技术进步偏向模型（Acemoglu, 1998）来推导知识资本要素对经济增长和产业升级的作用机理。

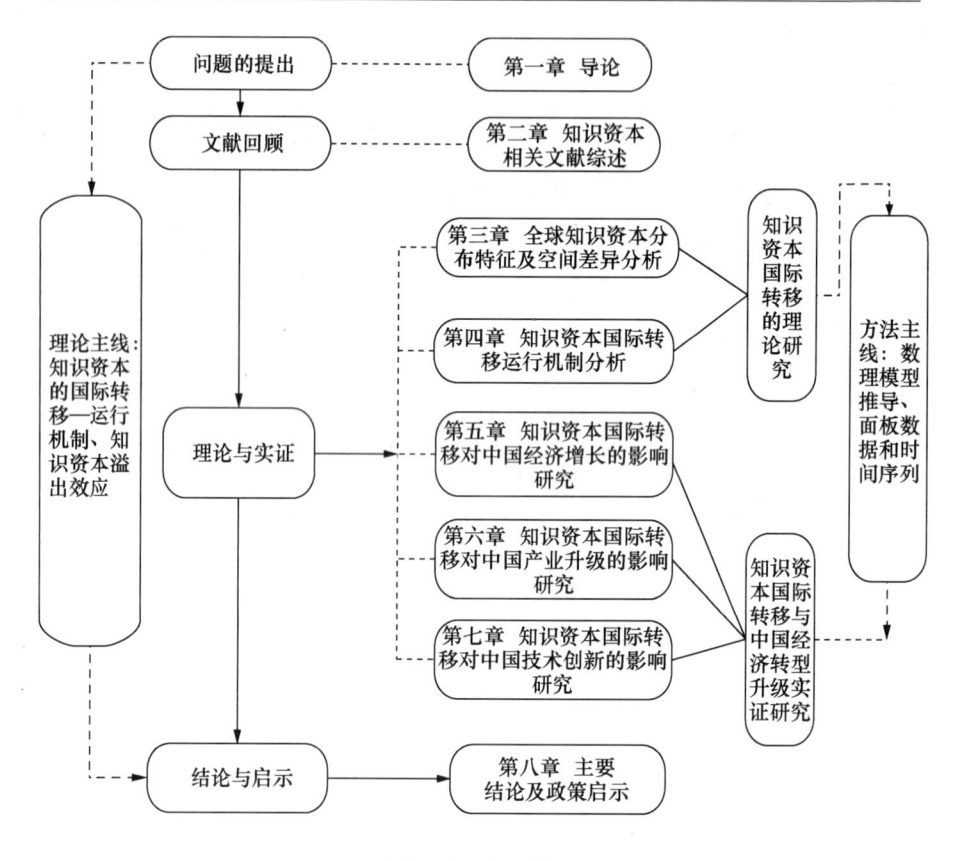

图 1-1 本书结构

（3）面板数据模型及协整检验分析法。利用全国 31 个省（市、区）近十年来的面板数据分析不同渠道的国际知识资本转移对中国经济增长、产业升级、技术创新的影响效应，利用协整检验分析法检验了国际知识资本与中国产业结构优化升级之间的长期协整关系。

三 本书可能的主要创新

（1）总结梳理了知识资本国际转移与产业国际转移之间的关系、发展规律、技术路线以及其发展变化趋势。

（2）测算了知识资本的全球分布格局及空间差异。通过选取分布于东亚及太平洋、欧洲及中亚、南亚、北美、中东及北非、拉丁美洲及加勒比地区、撒哈拉以南非洲，并按经合组织成员国、高收入国家、中上等收入国家、中低等收入国家、低收入国家为标准的 63 个代表性国家（地区），展现世界各大洲的知识资本分布与空间差异，扩展了以往仅对

OECD 等发达国家的知识资本测度研究。

（3）扩充了人力资本跨国流动（海归人才回流）渠道的国际知识资本转移影响效应。在以往的研究中更多的是从贸易、外商直接投资、对外直接投资这三个渠道来分析国际知识资本溢出的影响，本书加入了海归人才回流渠道，从而将国际知识资本转移的渠道拓展到了四个。

（4）构建数理模型推导知识资本对经济转型升级的作用机理。借鉴质量阶梯升级模型（Grossman and Helpman，1991；Aghion and Howitt，1992）和技术进步偏向模型（Acemoglu，1998），通过 CES 函数来推导知识资本要素如何促进经济转型升级。

（5）将区域分析框架细分为环渤海、长三角、华南、东北、中部、西南和西北七大区域，区别以往在区域分析上按东部、中部和西部三大区域的分析框架，以便能更加清晰地区分不同地缘上的国际知识资本对经济转型升级的贡献大小。

第三节 本书研究相关重要概念界定

一 关于知识概念的界定

关于知识的概念学者们从不同视角进行了阐述，并对其本质提出了不同的见解，因而使得对知识的表述和理解有着十分丰富的内涵和广泛的外延。例如，日本学者野中郁次郎（1994）认为，知识是"一套有意义的信息，包含有被证明是正确的信念及具体化的技能"，是人类证实其信念是正确的一个动态过程；卡尔森（Carlsson，1996）认为，知识可以看作是一个运用专门技术进行行动的过程；达文波特和普鲁萨克（Davenport and Prusak，1998）指出，"知识是流动性的综合体，其中包含结构化的经验、价值观念、文本化信息、专家见解以及新经验与信息的整合"；舒伯特（Schubert，1998）认为，知识是一种智力状态；沃森（Watson，1999）认为，知识是一种能力，是通过学习和经验的积累使用信息的能力；Alavi 和 Leinner（2001）认为，经过大脑加工处理后的信息并被人们进行利用就可以转化为知识，而经过用文本、图形、话语或者其他符号形式阐述和表达出来后的知识被保存和传递，知识就转化成为信息。尽管，学者们在对知识的表达中都提到了信息的加工与处理，但是学者们一致认为数据、信息和知识三者之间不能互换定义（Alavi and Leidner, 2001; Davenport and Prusak, 2000; Grover and Davenport, 2001）。

知识依据划分标准不同有多种分类，比较有影响的代表性划分标准有：(1) 经济合作发展组织（OECD）的"4K"划分法，即"Know - What, Know - Why, Know - How, Know - Who"的知识。其中，"Know - What"是阐述是什么事物的知识，指人们对现实事物认知的知识；"Know - Why"是阐述事物为什么发生的知识，指人们解释自然原理和规律的知识；"Know - How"是阐述怎样才能利用和掌握的知识，即人们对提高技能和能力的知识；"Know - Who"是阐述谁拥有和掌握了该信息知识，即人们对知识拥有者信息掌握的知识。(2) 显性知识与隐性知识划分法，在知识管理研究中，这种划分标准影响力最大。英国学者迈克尔·普兰尼（Michael Polanyi, 1962）是最早对知识的可编码化难易程度进行研究的学者，后来学者们根据这一思想将知识划分为易编码化的显性知识和难编码化的隐性知识。20世纪90年代，随着知识经济的兴起，使得学者对知识的研究掀起一波高潮，沿着波兰尼（Polanyi）这一思想对知识分类和管理进行深刻研究的典型代表主要有：科格特和赞德（Kogut and Zander, 1992）、野中郁次郎（1994）、野中郁次郎和Takeuchi（1995）、斯彭德（Spender, 1996）、斯维比（Sveiby, 1997）、Choo（1998）、布鲁门特里特和约翰斯顿（Blumentritt and Johnston, 1999）、波拉德（Pollard, 2000）、厄恩斯特和金（Ernst and Kim, 2002）。他们认为，显性知识是指可以能够用一种较正式化、规范化、系统化的语言进行表达且易于组合、存储、利用和转移的知识，比如以电脑程序、专利或图形来进行表达或阐述的知识；而隐性知识是指根植于人的身体和大脑中难以编码、传播和交流的知识，一般难以用文字进行表达，这一知识的扩散和转移通常需要通过师徒式的培训和面对面的互动指导来进行，对于这一知识的掌握往往是基于经验的获得，通常需要知识的学习者通过观察、模仿和实践来获得。特别值得一提的是，波拉德（2000）的知识分类框架在日本学者野中郁次郎（1994）的显性知识和隐性知识的概念的基础上增加了客户知识与创新知识，从而丰富和延伸了对知识的内涵，这种关于知识的分类与阿利（Allee, 2000）、Borghoff 和 Pareschi（1998）、埃德文森和萨利文（1996）、哈里森和萨利文（2001）、Nahapiet 和 Ghoshal（1998）、斯图尔特（1997）、斯维比（1997, 1998）等的知识资本分类研究非常相似，这就使得知识和知识资本在概念的区分上变得模糊。

本书认为，知识是一种人们改造和认识自然规律的经验、总结与实践，它是一种无形的稀缺资源，这种稀缺资源在经过资本化运作之后，转变成了知识资本，知识资本在知识经济时代则成为最基本的资本形态，知识是区别于知识资本的，知识资本应是组织所拥有的知识及知识创造机制的统称。

二 关于知识资本概念的界定

国内外学者对知识资本的理解各有不同，至今没有形成一致看法。"知识资本"这一名词最早由马克卢普（Machlup）在1962年首次提出，并用知识资本来强调作为成长和发展的根本要素的综合知识的重要性，但目前国际上认为对知识资本概念最早进行阐述的是美国学者加尔布雷思（J. K. Galbraith），他在1969年提出的知识资本概念认为，知识资本是一种动态的资本，是一种知识型活动，而不仅仅是纯知识形态的知识。之后很长一段时间，学术界对知识资本的概念及内涵研究几乎处于停滞状态，直到20世纪90年代，知识资本的研究才又被学术界重视。例如，斯图尔特（1994）认为，知识资本是公司内所有的成员能为企业带来竞争优势的一切知识和能力之和，可具体表现为专利、技能、员工知识与经验、品牌等无形资产，是企业竞争力形成最具有价值的资产；埃德文森和沙利文（1996）认为，知识资本是企业市场价值与账面价值之间的差，是物质资本和非物质资本的合成；斯图尔特（1997）还指出，在一个企业（或组织）中只有能够被阐释、被转移并对能够起杠杆作用的知识才能被称为知识资本；埃德文森和马龙（Edvinsson and Malone, 1997）认为，知识资本是一个企业（组织）所拥有的在市场上能为其带来竞争力优势的知识、实际经验、组织技术、顾客关系以及专业技能等；斯维比（1997）认为，知识资本是企业一种以相对无限的知识为基础的无形资产；安妮·布鲁金（Annie Brooking, 1996）认为，知识资本是使公司得以运行的市场资产、人才资产、知识产权资产、基础结构资产等无形资产的总称；贝尔（Bell, 1997）认为，知识资本是组织中的知识资源，包括组织用以创造竞争力、理解以及解决问题的模块、策略、特殊方法及心智模式；根据经济合作与发展组织，对知识资本的定义认为，知识资本是由人力资本、组织资本与顾客资本三部分构成。尽管在知识资本研究领域对知识资本的具体概念存在广泛的争议，但总体来说都认可知识资本是能够转化成价值或利润的知识这一简化的概念（McGill，2006）。知识资本研究虽然已经历经了20多年的发展，但开始时学者们对知识资本的理论及其相应框架、概念以及从财务和会计角度的测量主要集中在微观的企业层面。黛布拉·阿米登（Debra Amidon，2001）是最早承认可以将知识资本理论应用于宏观经济层面的学者，后来理论家们将初始概念从企业的微观层面推广到国家的宏观层面。Malhotra（2003）认为，知识资本是一国的无形资产，对一国未来财富价值有着重要的意义，它代表了一国的竞争力资源，对促进一国经济增长、人力资本的提升以及人民生活水平的提高是必不可少的。邦迪斯（2004）对埃德文森和马龙（1997）的知识资本树模型进行修改，将知识资本概念从微观的企业层面转换到宏观的国家层面，即将微观层面的市场价值变成国家财富、财务资本变为金融财富、客户资本变为市场资本、创新资本变为更新资本，其余概念保持不变，从而形成了国家知识资本由人力资本、市场资本、更新资本、流程资本、金融资本五部分构成。因此可见，知识资本是蕴藏在组织的知识中，以知识形态存在和运动，是以一种无形形态存在的，既是宏观层面国家的财富与竞争力资源，又是微观层面企业实现价值增值的核心要素。

上述关于知识资本的概念偏向于管理学的角度来理解，而以罗默、卢卡斯等为代表的内生经济增长理论学派从经济学角度的知识资本理解则侧重于是技术和创新资本，即更强调知识资本是以R&D为主导的无形资本来替代，强调人类有意识的R&D活动是促进新知识和新技术产生的重要来源［格瑞利克斯（Griliches，1979）、贾菲（Jaffe，1986，1989）、安塞林（Anselin，1997，2000）、罗默（1986）、卢卡斯（1988）、巴罗（1990）、克鲁格曼（1988）、格罗斯曼和赫尔普曼（1991）、阿吉翁和霍依特（Aghion and Howitt，1992）、科恩和赫尔普曼（Cohen and Helpman，1995）］，并以知识生产函数来反映知识资本的投入产出效应。此外，美国经济分析局（2009）对R&D给出的定义为"研究和开发是一项有计划、有步骤进行的创造性活动，其目的在于增加知识存量，并利用这些知识存量来发现或开发新产品——包括改进现有产品的版本和质量，或是发现和开发新的或更有效的生产工艺"（张慧颖、陈玺光，2015），还在2010年倡导设计了新的相关统计指标体系来明确R&D资本化属性进行统计。

本书结合管理学和经济学的视角对知识资本界定为：在知识经济条件

下，知识资本是指区别于有形物质资本，以无形知识形态存在或由知识创造所产生的高素质人力资源、管理才能、国内外市场营销环境、科技创新、创新环境与制度、专利等内容形成的资本，具体可包括人力资本、市场资本、技术引进资本、R&D研发资本、金融市场资本等，既包含国内自身所积累的人力资本、技术资本、研发资本，也包含通过对外投资、外商直接投资、进出口贸易、国际人才流动和技术引进等渠道流入到国内的国外技术资本、研发创新资本等无形知识资源。

三 关于知识资本国际转移概念的界定

知识资本国际转移主要指跨国公司通过贸易、FDI、人力资本跨国流动等渠道以产业转移、技术转移等方式实现知识资本要素在全球的国际配置与获取，其实质是跨国公司对全球知识和技术的国际垄断。对于知识资本国际转移产生国际知识溢出效应的开创性实证研究最早的是科和赫尔普曼（1995）。通过构造"国外研发知识资本存量"变量，利用21个OECD国家和以色列1971—1990年的面板数据实证检验了R&D知识通过进口贸易途径转移后的溢出效应，指出中间品贸易应当是知识国际转移的重要渠道。尽管学者们对知识溢出和知识转移的含义已经进行了区分（Fallah and Ibrahim，2004），但在文献研究中发现由于研究对象和视角的不同，知识溢出、知识转移在很多学者的文献中还是经常交叉使用（Coe and Helpman，1995；Norman and Pepall，2002；Nonaka et al.，2000；Ernst and Kim，2002；Saliola，2009）。凯利（Keller，2004）的研究指出，通过进出口商品贸易、外商直接投资（FDI）、对外直接投资、国际劳务输出、国际专利转让、跨国人口的流动与迁移以及信息交流途径都会导致知识在国际的转移与传导，而这其中进行国际知识溢出最主要的途径就是进出口商品贸易与外商直接投资；马库斯（Maskus，2003）将国际创新知识转移的渠道分为无补偿的模仿、员工流动、公开的专利信息、贸易、FDI和许可渠道。早在1977年蒂斯（Teece，1977）在论述技术转移时就提出了知识转移思想。他认为，国际技术转移不但能够有效地促进技术扩散，而且还能够使企业从中获得有价值的知识，进而使得不同地区间的技术差距不断减小。从上述这些研究来看，国际知识转移并不单单是进行纯知识的转移与传递，而是知识被传递或转换到使用者并被吸收利用的过程，它具体包含知识获取、知识利用、知识保持、知识更新四个过程，是知识经过资本化和系统化的创造与运作，从这个意义上说，国际知识的转移与溢出就是国际知识资本转移的过程,因此本书所指知识资本转移是一个广义的概念,它包含知识溢出与知识转移。

因此,本书认为,知识资本国际转移是指由于资源供给或产品需求条件发生变化后,知识资本组成要素在全球范围内流动、获取、利用与合理配置的过程,以及知识资本化的规则与制度在全球范围内渐趋一致的发展过程,就其国际转移的内容可包括通过贸易、外商直接投资、对外直接投资、人力资本国际流动等渠道获取的国际R&D创新资本以及技术引进资本,具体来讲知识资本国际转移包括海归和来华留学等形式的国际创新人力资本流动、国际创新技术资本转移、国际研发资本转移。

四 关于经济转型升级概念的界定

"推进经济转型升级"已成为当前中国经济发展中的热门词汇,但由于"经济转型升级"主要是我国共产党和政府在近年提倡科学发展观时所提出的重要发展概念,在国外的学术文献中并没有转型升级这一专门术语,而只是对转型与升级分开进行阐述,在现代经济学的文献中,极少有经济学家从理论上专门系统研究经济转型升级的问题(史晋川,2010),因而对经济转型升级的概念内涵界定上还没有一致的标准。对于经济转型,学者们一开始都将其理解为从计划经济向市场经济的转变、转轨或改革,其研究范式主要是基于华盛顿共识和制度演化,研究典型代表主要有热若尔·罗兰、科勒德克、斯蒂格利茨、科尔奈以及国内学者厉以宁、吴敬琏、林毅夫、樊纲、钱颖一、李稻葵、张军、景维民、周冰、靳涛、邹薇、孙景宇、张宇等;但随着经济转型的不断深入,学者们对经济转型研究更以开放的视角提出了"双重转型",即体制转型和经济发展(厉以宁,1996;加藤弘之,2003;邹至庄,2005;吕炜,2006;孙景宇,2007)。随着市场机制的完善和经济结构的调整,对经济转型的研究更倾向于经济发展方式转型。对于升级而言,则主要是围绕产业结构调整与优化来展开的,经济学家配第和克拉克提出产业结构升级至少包含产业结构的高度化和高效化两个层次;波特(1990)提出产业结构升级的实质是在技术进步条件下,由于要素禀赋的比重变化,促使生产移向资本较为密集环节的过程;格雷菲(Gereffi,1999)引入全球价值链分析模式,认为产业升级是一个经济体迈向更具获利能力的资本和技术密集型经济领域的过程。程惠芳、唐辉亮等(2011)认为,发达的经济实力是区域转型升级的基础、创新能力是转型升级的关键、产业结构的提升能力是转型升的主攻方向、国际化能力是区域转型升级的加速器、生态化能力是区域转型升级的重要着力点。基于上述对经济转型升级内涵的界定，经济转型升级主要包括经济转型和产业升级两个方面：经济转型的实质是转变经济发展方式，提高经济发展质量，即主要通过科技进步和创新，在优化结构、提高效益和降低能耗、保护环境的基础上，实现速度、质量、效益相协调，投资、消费、出口相协调，人口、资源、环境相协调，经济发展和社会发展相协调，真正做到又好又快的发展；而产业升级是三次产业结构不断优化调整、产业内不断向附加值较高的价值链攀升，促进工业结构向新型化和高端化发展，服务业向现代化和高效化推进的过程。尽管经济转型升级是经济发展方式的转变，体现为经济增长质量的提升，经济增长质量的提升包含经济数量的增长和福利水平的提高、产业结构的优化升级以及资源利用和生态环境优化等方面，但适度的经济增长能够为经济转型提供转型升级的资金支持，经济数量上的增长是经济发展的一个方面的表现，所以，本书从经济增长、产业升级和技术创新三个方面来考察经济转型升级。因此，本书界定的经济发展转型升级具体可表现为经济增长、产业结构的优化升级、技术创新能力得以提升三个主要方面。

基于上述对经济发展转型升级的理解，因而新经济内生增长理论、经济发展理论、创新理论和产业升级理论就成了指导经济转型升级的理论基础。我国学者张伟今（2000）认为，实现知识商品化和知识资本化是我国经济增长方式转换的重要内容；凯利（2004）认为，在开放经济条件下国际知识资本要素的转移与外溢是促进发展中国家经济增长和技术进步的重要知识来源。因此，本书将从知识资本国际转移——国际性研发资本、技术资本转移与外溢的角度对中国经济转型的经济发展贡献、产业升级效率和技术创新能力进行研究，以期提出知识资本的合理利用与中国经济转型升级的政策建议。

第二章 知识资本相关文献综述

尽管知识资本萌生于工业经济时代后期，但真正兴起却始于20世纪90年代知识经济的发展。由此来说，知识资本研究是一个相新兴的经济管理领域的研究方向。尽管这一研究方向的研究只有近20多年的发展历史，但国内外学者就关于知识资本的概念、知识资本的构成及知识资本的评价测度等方面的研究还是比较深入的，为本书奠定了较丰厚的理论基础。本部分将从知识资本内涵界定、知识资本国际转移以及知识资本与经济发展转型关系三个层面对国内外学者关于知识资本的研究进行综述分析。

第一节 国内外知识资本理论研究综述

一 关于知识资本内涵界定研究的综述

（一）国外学者关于知识资本内涵界定的理论研究

西尼尔（Senior）早在1836年就提出了"知识资本"这一概念。他认为，知识资本就是个人所拥有的知识和技能的加总，这一概念显然只能是作为人力资本的同义词。现代以来，第一次使用"知识资本"这一名词的是马克卢普（1962），但他并没有对知识资本进行概念阐述，只是用这一名词来强调作为成长和发展的根本要素的综合知识的重要性（Bontis，2004）。目前，得到国际学术界上广泛公认的第一个知识资本概念是由美国经济学家加尔布雷思在1969年正式提出的（Feiwel，1975；Sveiby，1998；McGill，2006），他认为，知识资本是一种知识型的活动，是一种动态的资本，但他对知识资本内涵的分析较笼统，且对知识资本所包含的内容也没有进行界定与划分。之后很长一段时间，知识资本这一概念并没有得到很好的研究与发展，直到20世纪80年代以后由于全球经济一体化的快速发展、知识在经济增长中作用的理论突破以及知识经济的兴起，学者们又开始对知识资本的研究感兴趣，根据萨利文（Sullivan，2000）的研究可知有三个人几乎是同时不懈努力地发展知识资本的研究，他们是日本学者 Hiroyuki Itarni（1980）、美国加利福尼亚学者戴维·蒂斯（David Teece，1986）、瑞典学者卡尔·埃里克·斯维比（Karl‐Erik Sveiby，1986），来自瑞典斯堪迪亚（Skandia）保险公司的学者（1991）在其内部报告中关于知识资本特征的研究也属于这一段。特别是到20世纪90年代中期以后，知识资本的概念、构成要素等方面的研究得以深入，包括无形资产和知识资产管理等研究得到广泛关注（Davenport and Prusak，1997；Mouritsen and Larsen，2005；Newell，Robertson，Scarbrough and Swan，2002，2009；Nonaka and Takeuchi，1995）。20世纪90年代以来，西方学术界涌现了以斯图尔特（1994）、克莱因·普鲁萨克（1994）、埃德文森和萨利文（1996）、埃德文森和马龙（1997）、斯维比（1997）、布鲁金（1997）、林恩（Lynn，1998）、列夫（Lev，2003）、邦迪斯（2002，2004）等为代表的一批学者，并对知识资本概念进行阐述。例如，斯图尔特（1994）认为，知识资本是公司内所有的成员能为企业带来竞争优势的一切知识和能力之和，可具体表现为专利、技能、员工知识与经验、品牌等无形资产，它是企业竞争力形成最具有价值的资产；埃德文森和萨利文（1996）认为，知识资本是企业市场价值与账面价值之间的差，是物质资本和非物质资本的合成；斯图尔特（1997）还指出，在一个企业（或组织）中只有能够被阐释、被转移并对能够起杠杆作用的知识才能被称为知识资本；埃德文森和马龙（1997）认为，知识资本是一个企业（组织）所拥有的在市场上能为其带来竞争力优势的知识、实际经验、组织技术、顾客关系以及专业技能等；斯维比（1997）认为，知识资本是企业一种以相对无限的知识为基础的无形资产；安妮·布鲁金（1996）认为，知识资本是使公司得以运行的市场资产、人才资产、知识产权资产、基础结构资产等无形资产的总称；贝尔（1997）认为，知识资本是组织中的知识资源，包括组织用以创造竞争力、理解以及解决问题的模块、策略、特殊方法及心智模式；OECD认为，知识资本是由人力资本、组织资本与顾客资本三部分构成。尽管学者们对知识资本概念的认识与表述千差万别，无法将知识资本的观点方便地集合成一个公式或同一的定义，但总体上对知识资本较一致的认识与理解是：知识资本是一种无形资产，是企业提升其核心竞争力的重要来源。从上述关于知识资本的含义研究可以看出，学者们多从管理学视角、基于微观企业层面来展开的，直到2002年理论家们才逐渐将这一概念拓展到区域和国家的宏观层面，黛布拉·阿米登（2002）是最早提出将知识资本理论用于宏观经济层面的学者，邦迪斯（2004）将区域知识资本定义为"个人、企业、研究机构、社区和区域所拥有的隐性价值，它们是当前和未来财富创造的源泉"；安德森（Andriessen，2005）认为，区域知识资本是"国家或区域可以利用的所有无形资源，它能够产生比较优势，通过整合能够创造未来的利益"。

而以内生经济增长理论为代表的经济学家们同样强调知识资本在经济增长中的重要作用，但他们从经济学角度的知识资本理解则更加侧重于技术和创新资本，即更强调知识资本是以R&D为主导的无形资本来替代［格瑞利克斯（1979）、贾菲（1986，1989）、安塞林（1997，2000）、罗默（1986）、卢卡斯（1988）、巴罗（1990）、克鲁格曼（1988）、格罗斯曼和赫尔普曼（1991）、阿吉翁和霍依特（1992）、克鲁格曼（1995）］，其中格瑞利克斯提出的以R&D资本作为衡量知识资本变量的知识资本生产函数成为检验区域创新的经典实证模型。

（二）国内学者关于知识资本内涵界定的理论研究

国内学者主要停留在对国外知识资本概念的引进与介绍上，进行开创性研究的较少，其中，沈群红、胡汉辉（1998，1999）是国内最早引进和详细介绍西方知识资本理论的学者，党兴华（1999）、杨文进（2001）、刘炳英（2001）、许庆瑞等（2002）、陈则孚（2003）、刘国武（2004）、冯天学、田金信（2006）、葛秋萍（2007）、余功甫（2008）、张丹（2012）等学者也是从内涵、构成以及知识资本化方面进行了论述。陈则孚（2003）认为，知识资本蕴含在知识中。刘国武（2004）认为，知识资本是指知识载体所拥有的或控制的并通过其运动实现价值增值的知识资源，包括具体知识资本和非具体知识资本；具体知识资本又分为技术知识资本和劳动知识资本。谭小琴、曾国屏（2008）认为，知识资本是指将知识用于生产、传播和利用的投入，其核心是特定的人才和技术组合之后的创造能力和这种能力的持久性，它作为价值增值和价值分配的要素，投入生产过程之中，这一过程就是将知识资本的潜在生产力发展为现实生产力的过程，其中起决定性作用的是知识和技术。张丹（2012）认为，知识资本是组织、产业和区域（城市或国家）拥有或控制的，为获得组织、产业和区域（城市或国家）竞争优势的所有的知识因素以及知识所产生的社会与经济影响的集合。

（三）国内外关于知识资本概念的主要观点

国内外关于知识资本概念的主要观点如表2-1所示。

表2-1　　　　　国内外关于知识资本概念的主要观点

作者	年份	主要观点
西尼尔	1836	知识资本就是个人所拥有的知识和技能的加总
马克卢普	1962	作为成长和发展的根本要素的综合知识
加尔布雷斯	1969	知识资本是一种知识型的活动，是一种动态的资本
斯图尔特	1994	知识资本是企业最有价值的资产，是公司内所有的成员能为企业带来竞争优势的一切知识和能力之和，包括专利、员工知识、技能、经验及客户关系等
邦迪斯	1994	公司有形资源和无形资源及其转换的独有的集合
布鲁金	1996	知识资本为使公司得以运行的所有无形资产的总称，具体包括市场资产、人才资产、知识产权资产和基础结构资产四大类
鲁斯（Roos）	1996	知识资本是企业资产负债表上无法体现的隐藏价值，它植根于企业员工的头脑和企业的组织结构中
埃德文森和萨利文	1996	知识资本是企业市场价值与账面价值之差
埃德文森和马龙	1997	知识资本是一个企业（组织）所拥有的在市场上能为其带来竞争力优势的知识、实际经验、组织技术、顾客关系以及专业技能等
斯维比	1997	知识资本是企业一种以相对无限的知识为基础的无形资产，是企业的核心竞争能力
贝尔	1997	知识资本是组织中的知识资源，包括组织用以创造竞争力、理解以及解决问题的模块、策略、特殊方法及心智模式
林恩	1998	为了生产高价值资产被具体化以及能发挥杠杆作用的智力原料
邦迪斯	2004	区域知识资本定义为"个人、企业、研究机构、社区和区域所拥有的隐性价值"，它们是当前和未来财富创造的源泉
安德森	2005	区域知识资本是国家或区域可以利用的所有无形资源，它能够产生比较优势，通过整合能够创造未来的利益
党兴华	1999	以知识为主体，可参加社会再生产循环，具有高增值性的资本化的知识要素

续表

作者	年份	主要观点
杨文进	2001	经济主体拥有的人力资本及其他一切可带来收益的知识要素
许庆瑞等	2002	是一种组织现象，是各种知识元素在特定企业中被有效整合后所表现出的能够用于创造财富的企业能力
刘国武	2004	知识资本是指知识载体所拥有的或控制的并通过其运动实现价值增值的知识资源
冯天学、田金信	2006	为实现企业目标服务，由企业组织所拥有和一定程度上由组织控制或能为企业所用，能给企业带来现实价值和潜在价值知识要素的总和
葛秋萍	2007	知识就是知识，只有当它被用于生产经营实践，实现增值目的时，才称其为知识资本，知识未依附于一定的载体进行物化之前是一种无形要素，处于无形的虚拟价值状态；知识在组织内部资本化的过程中，通过附着于三大生产要素之上，经过复杂物化而成为工具资本、知识产权资本和人力资本
余功甫	2008	知识资本是在社会再生产过程中以知识形式或知识要素预付的，在运动中实现价值增值的价值，它体现了对知识创新的激励
张丹	2012	知识资本是组织、产业和区域（城市或国家）拥有或控制的，为获得组织、产业和区域竞争优势的所有的知识因素以及知识所产生的社会与经济影响的集合

注：根据有关文献整理，按时间顺序排列。

二 知识资本构成内容研究综述

（一）国外学者关于知识资本构成内容的研究

对于知识资本的构成内容，西方学者进行了不懈努力与拓展。在瑞典的斯堪迪亚保险公司，由埃德文森领导建立了被称为"导航仪"的知识资本模型，也被称为知识资本划分的经典模型，该模型将知识资本划分成五部分，即金融资本、顾客资本、过程资本、更新与发展资本、人力资本，这一模型代表了一种全新的会计观点，它的目的是让使用者关注其组织知识资本对竞争环境的影响，斯堪迪亚这一关于组织知识资本的原始模型可以简单地定义为：知识资本 = 人力资本 + 结构资本（Edvinsson and Malon，1997）。人力资本被定义为联合知识、技能、经验以及组织雇员的个人能力，也包括组织的创新能力；结构资本则被定义为软件资产、计算机项目、数据库、组织结构、专利、商标以及有利于提升生产率的类似资产（Edvinsson and Malone，1997；Sveiby et al.，1998）。结构资本在随后的研究中又被进一步细分：斯堪迪亚将结构资本进一步细分为顾客资本和组织资本两部分；邦迪斯（2002）则将结构资本细分为创新资本和组织资本；而埃德文森和马龙则将其分为创新资本、组织资本和过程资本。尽管斯堪迪亚关于知识资本构成定义相当简单，但它对知识资本具体内容的理解提供了树状结构图，使得对知识资本具体内容的认识更加便利，并在这一框架体系内促进了关于知识资本构成定义的扩张与发展。例如，邦迪斯（2002）、圣·翁奇（Saint – Onge，1996）、斯图尔特（1997）等将顾客资本提升到知识资本的第一主层次，科恩和普鲁萨克（Cohen and Prusak，2001）、戴维斯和马高恩（Davies and Magowan，2002）等学者又在知识资本构成的第一主层次上将社会资本加入进来。波拉德（2000）基于知识模型（Nonaka，1994；Saint – Onge，1996）探讨了知识类型与知识资本构成之间的关系，他认为，一个组织的知识资本由人力资本（隐性知识）、结构资本（显性知识）、顾客资本（顾客知识）和创新资本（创新知识）组成。尽管学者们在随后的研究中对知识资本的构成不断地进行扩展，但目前对知识资本构成要素得到广泛认可的主要有三类：（1）埃德文森（1997）的知识资本构成，他将知识资本的要素分为人力资本（未编码知识）与结构性资本（已编码知识资产和经营性资产）两大类别。（2）斯图尔特（1997）的知识资本 H—S—C 结构，即将知识资本的构成结构分成人力资本、结构资本和顾客资本（Human capital + Structural capital + Customer capital）三个类别；（3）斯维比（1997）的知识资本 E—I—E 结构，即将知识资本构成分成雇员能力（Employee Capital）、内部结构（Inter Structure）和外部结构（Extra Structure）；国内外关于知识资本的其他分类研究与拓展基本是建立在他们三位的分析框架基础上的。

上述关于知识资本的研究主要侧重在微观的企业层面，但理论家们将这一概念扩展到国家层面，例如，邦迪斯（2002）借鉴埃德文森和马龙（1997）的知识资本树模型设计了国家知识资本指数，并测度、评价了阿拉伯地区10个国家的知识资本；邦福尔（Bounfour，2003）利用微观经济层面的知识资本动态价值方法分析框架通过资源指数、流程指数、产出指数和资产指数四个维度设计了一套适用于中/宏观经济层面的指标体系。

(二) 国内学者关于知识资本构成内容的研究

国内学者在借鉴国外知识资本构成的基础上,基于自身对知识资本的理解,对知识资本的构成内容进行拓展与补充。例如,党兴华(1999)将知识资本分为人力资本和技术资本;保健云(1999)将知识资本分为人力资本、顾客资本、市场资本、管理资本、知识产权资本;范徵(2000)则认为,知识资本分为人力资本、技术资本、组织资本、客户资本和社会资本等;曾建明(2002)认为,知识资本应包含教育资本、品牌资本和信誉资本、创新资本等;尤克强(2003)将知识资本分为人力资本、顾客资本、创新资本和流程资本;赵坤、孙锐(2006)借鉴知识资本分类将区域知识资本分为区域人力资本、区域技术资本、区域顾客资本和区域市场资本四个维度;余功甫(2008)将知识资本分为人力资本和知识产权资本两个部分;沈国琪(2010)将区域知识资本构成拓展为人力资本、技术资本、声誉资本、流程资本、制度资本等方面;程惠芳、陆嘉俊(2014)研究指出,知识资本是由知识性活动带来增值的资本,尽管知识资本研究包含人力资本、技术资本、社会资本、制度资本等,但是,技术资本是企业技术创新最重要的知识资本,因此,他们将知识资本细分为技术开发资本、人力资本、技术改造资本、技术消化吸收资本、国外和国内技术引进资本。

(三) 国内外学者关于知识资本构成的代表性分类

表2-2　　　　国内外关于知识资本构成的代表性分类

作者	年份	知识资本的构成
斯堪迪亚	1994	人力资本、结构资本(顾客资本和组织资本)
圣·翁奇	1996	雇员资本、组织资本、外部关系资本
布鲁金	1996	人力资产、知识产权资产、市场资产、基础设施资产;类似于:人力资本、结构资本、顾客资本和社会资本
埃德文森和马龙 埃德文森和萨利文	1997	人力资源(未编码知识)+结构性资本[包括编码知识(即知识资产)和经营性资产(包括顾客资本)]
斯图尔特	1997	人力资本、结构资本、顾客资本
斯维比	1997	雇员能力、内部结构、外部结构
莱博维茨和赖特	1999	人力资本、顾客资本、创新资本、过程资本
波拉德	2000	人力资本、结构资本、顾客资本、创新资本

续表

作者	年份	知识资本的构成
科恩和普鲁萨克	2001	人力资本、结构资本、顾客资本、社会资本
Bukh 等	2001	人力资本、顾客资本、组织资本
邦迪斯	2002a	人力资本、结构资本、顾客资本
邦迪斯	2002b	国家知识资本：人力资本、流程资本、市场资本、更新资本
邦福尔	2003	资源指数、流程指数、产出指数、资产指数
Curado 和邦迪斯	2007	人力资本、结构资本、关系资本
Martín deCastro 和 López Sáez	2008	人力资本、结构资本、关系资本
Majid Ramezan	2011	人力资本、技术资本、组织资本、商业资本、社会资本
保健云	1999	人力资本、管理资本、知识产权资本、顾客资本、市场资本
范徵	2000	人力资本、技术资本、组织资本、客户资本和社会资本
曾建明	2002	教育资本、品牌资本和信誉资本、创新资本等
尤克强	2003	人力资本、顾客资本、创新资本和流程资本
冯天学、田金信	2006	人力资本、结构资本、类知识产权资本、客户资本
赵坤、孙锐	2006	区域知识资本：区域人力资本、区域技术资本、区域顾客资本和区域市场资本
余功甫	2008	人力资本、知识产权资本
王剑武	2010	区域知识资本：人力资本、技术资本、组织资本和环境资本
沈国琪	2010	区域知识资本：人力资本、技术资本、声誉资本、流程资本、制度资本
程惠芳、陆嘉俊	2014	技术开发资本、人力资本、技术改造资本、技术消化吸收资本、国外和国内技术引进资本

注：根据有关文献整理，按国外、国内以及时间先后排序。

三 关于知识资本的评估及计量研究综述

（一）国外关于知识资本评估模型的争议与分类

在知识经济时代，知识资本越来越成为企业（组织）保持其核心竞争力的重要因素，如何有效评估和计量知识资本受到国内外学者的高度关注，但由于知识资本的无形性特征难以用具体数据反映，以及学者们对知识资本构成的具体内容并没有统一的标准，因而使得西方学者对知识资本评估与测度问题存在颇多的争论与难度，尽管出现了很多知识资本评估模型（Andriessen, 2004; Bounfour, 2003; Edvinsson, 2002; Edvinsson and Malone, 1997; Jacobsen, Hofman – Bang and Nordby, 2005; Rodov and Leliaert, 2002），比如出现了包括绩效管理模型（Kaplan, 1992; Sveiby, 1989）、市场基础模型（Rodov and Leliaert, 2002）、经济基础模型（Mintz and Lev, 1999; Pulic, 2000）以及实际期权模型（Chen, 2005）等，但到目前为止，没有一个模型能够得到普遍接受，原因之一是学者们很难建立一套经得起科学检测而可信、可审计、可复制、有效的评估方法。综观目前的知识资本评估模型，大致可以分为定性模型（Qualitative Models）、定量模型（Quantitative Models）和其他模型三类。

1. 定性评价模型

定性评价模型最早来源于20世纪80年代后期两个独立科研团队开发的知识资本评价模型，一个是瑞典康拉德（Konrad）研发团队开发用来展示知识型公司最重要资产的评价模型，另一个则是美国卡普兰和诺顿（Kaplan and Norton）研发团队开发的平衡计分卡模型（Balanced Scorecard Model）。康拉德研发团队评价的无形资产价值由"人力资本、顾客资本和结构资本"三部分构成，而卡普兰和诺顿研发团队所要评价的无形资产价值则从"学习与成长、商业和顾客"两个方面展开。这两个模型的开发为诸如知识资本等级模型（the Intellectual Capital Rating Model, Edvinsson, 2002）、知识资本指数模型（the Intellectual Capital Index Model, Roos et al., 1997）、无形资产监测器模型（Intangible Asset Monitor, Sveiby, 1997）以及斯堪迪亚导航仪模型（Skandia Navigator, 1994）、国家知识资本指数（National Intellectual Capital Index, Bontis, 2004）、知识资本动态价值模型（the intellectual capital dynamic value, Boundfour, 2003）等提供了理论基础支持。

2. 定量评价模型

定量评价模型是对无形资产价值进行数值评价的方法，定量评价模型曾一度困扰了研究者数年时间，经过研究者们的努力，有三种评价方法被接受：成本法、市场法、收入法（Reilly and Schweihs, 1999; Smith and Parr, 1994）。知识资本评价成本法的典型代表有技术经纪模型（Technology Broker model, Brooking, 1996）；知识资本评价市场法有叠加三叶货币价值测度模型（the FiMIAM Three Leaf Model, Leliaert and Rodov, 2002）和市场价值与账面价值比例模型（Market – to – Book Value, Bouteiller,

2002；Luthy，1998；Stewart，1997）；知识资本评价收入法有经济附加值模型（Economic Value Added，Stern Stewart and Co.，1997）和知识资本收益模型（Knowledge Capital Earnings，Mintz and Lev，1999）。

3. 其他评价模型

其他评价模型的提出是慢慢出现的，代表性的理论模型主要有安德森和蒂森（Andriessen and Tiessen，2001）结合知识资产管理开发的价值勘探器模型（the Value Explorer）、知识管理绩效指数模型（Knowledge Management Performance Index，Lee et al.，2005）和实际期权模型（Real Option，Chen and Chen，2005）。

4. 知识资本评价与计量模型方法总结

表 2-3　　　　　知识资本评价与计量模型方法

定性模型	定量模型		其他模型
康拉德理论	成本法	Technology Broker	Knowledge Management Performance Index
平衡计分卡	市场法	Financial Method of Intangible Assets Measuring · Market to Book · Tobin's Q	Real Options
斯堪迪亚导航仪模型	收入法	Economic Value Added · Calculated Intangible Value · Knowledge Capital Earnings · Value Added Intellectual Coefficient	Validation
知识资本比率模型			
知识资本指数模型			

注：笔者根据文献整理。

综观已经超过 30 多种（Andriessen，2004）的知识资本评价模型，定性评价模型分析法虽然阐述了一个公司知识资产的归属所在，但它并没有具体给出知识资本的数字价值；而定量评价模型分析法，虽然设法对无形资产给出以数字表示的价值，但由于缺乏市场交易、账面价值和市场价值评价方法的差异，导致无法准确给出相关活动的收入，投资者也无法使用这些模型来对比一个公司与其他公司的差异。

(二) 国内关于知识资本评价的计量模型

国内对知识资本的计量基本都是沿着先界定知识资本的内涵与构成，构造知识资本评价指标体系，然后通过相应替代指标数据收集，利用主成分分析法、AHP法等方法来确定指标权重，通过线性加总的方法建立知识资本定量评价模型。例如，范徵（2000）是国内较早对知识资本进行评价的学者之一，其根据对知识资本的理解，先将知识资本分为人力资本、组织资本、技术资本、市场资本和社会资本五个一级层次，然后设计对应的二级替代指标来反映，并尽量用可定量化的指标反映，对一些定性化的指标则利用语义差别隶属度赋值方法把定性指标定量化，最后引入AHP法确定评价指标权重建立了知识资本的定量评价模型；陈钰芬（2006）、李平（2007）、王学军和陈武（2008）等在借鉴世界知识竞争力指数法、知识资本导航仪模型法设计了相应指标体系，对中国区域的知识资本进行了测度，但由于选择的指标差异以及他们选择的数据仅是一个年份的截面数据，所以结论各有差异；王剑武（2010）从人力资本、技术资本、组织资本和环境资本四个维度构建了区域知识资本评价体系，并采用层次分析法（AHP）和均值化方法，计算得出2008年中国各省级区域的知识资本存量水平；张丹（2012）基于知识资本的动态价值法构建了国家知识资本水平计量模型，对比分析了韩国、美国、日本、英国和中国五个国家及北京、上海和广州三个城市2000—2009年的知识资本水平的变化趋势。

四 理论述评

关于知识资本内涵、构成要素、知识资本的计量评价研究以及扩展到国家层面的知识资本概念为研究跨国公司进行知识资本国际转移时其转移的内容以及如何进行知识资本的全球配置与管理提供了理论参考。当前关于知识资本的研究虽然扩展到区域和国家的宏观层面，但大多关于知识资本理论及其相应研究框架、概念以及从财务和会计角度的计量主要集中在企业层面，且对知识资本概念还没有形成统一的定义，因此对知识资本的理解有时还等同于知识和无形资产的笼统认识，另外对知识资本的构成要素也还没有达成一致的共识，这对知识资本的计量、区分哪种知识资本在何种渠道下更易转移以及对知识资本有效、重点管理会造成一定的困难。

第二节 知识资本国际转移相关理论研究综述

知识资本构成要素包括研究开发资本、技术资本、人力资本等丰富的内容。这些知识资本通过进出口贸易、外商直接投资、跨国人才流动、技术引进等渠道转移到东道国，并通过一定的溢出机制对东道国的经济发展产生影响。

一 知识资本国际转移渠道研究

关于知识资本国际转移渠道及其经济增长的重要性在20世纪90年代曾引起了学术界广泛的研究，早期对知识资本国际转移与溢出渠道的研究主要集中在国际贸易和FDI两个方面（Guellec and Potterie，2001），但是，随着信息技术的快速发展和人力资本跨国流动的加剧，国际知识资本转移与溢出还可能通过包括国际会议、信息交流、海归人才回流、专利技术引进等方式（Lee，2005）。以下将从进口贸易渠道、对外直接投资渠道、人力资本流动渠道、国际技术引进方面对知识资本国际转移的相关研究进行综述整理。

（一）进口贸易渠道的知识资本国际转移研究

国际贸易被认为是知识资本国际转移的传统渠道之一，特别是通过对中间品和资本与技术密集型产品进口可以获取国际知识与技术等无形知识资本的转移（Markusen，1989；Grossman and Helpman，1991；Feenstra，Markusen and Zeile，1992）。当然，通过向工业化国家出口过程中的学习也能获取国际知识资本的转移与溢出（Clerides，Lach and Tybout，1997）。

克鲁格曼是较早研究国际知识与技术溢出的国际知名经济学家，他在1979年的研究中就提出贸易自由化条件下，由于进口的中间产品通常都包含有较国内要更先进的技术，所以，这些中间品在替代国内投资品的过程中会通过知识和技术的外溢产生更大的经济效益。Rivera-Batiz和Romer（1991）等的研究也指出，中间品的进口会对本国投资品替代和技术转移效应。戴维（David，1997）的研究发现，发展中国家通过与知识资本积累丰裕度高的工业化国家的中间产品和资本品贸易，其生产效率得到了显著的提升。国内学者李平（2015）的研究发现，通过中间品进口可以发挥贸易自由化激励效应、研发效应、人力资本效应促进一国的技术进步。凯勒（2004）认为，进口商通过对进口商品的研究和模仿可以获取该产品生产的技术，这一形式就是通过以有形商品贸易为媒介所传导的知识与技术的溢出。国际贸易加剧了世界市场竞争的激烈程度，企业为了保持竞争优势必须不断创新和开发研究新产品，其他国家通过对进口新产品的学习与研究会逐渐进行技术模仿，从而对一般技术知识的理解更加透彻，也使得进口国企业进一步模仿和创新的概率大大增加。此外，通过对先进生产设备、装备的进口，一些物化在设备上的技术和知识得以转移，同时为了设备的操作和使用效率的发挥，一些非物化的技术和隐性知识也得到了转移。国内学者李平在2002年对国际贸易渠道的国际知识资本转移传导机制做了较全面的总结与分析：第一，进口贸易会给进口国带来学习新技术、新工艺的机会以及模仿的动力；第二，进口产品，特别是资本品通常包含较先进的技术与知识含量，通过技术指导和操作说明会产生技术扩散和外溢；第三，国际技术贸易会对进口国的技术资本存量产生积极影响，甚至还会促进进口国的二次创新。

科恩和赫尔普曼（1995）开创性地构建了贸易渠道的国外研发知识资本的国际溢出计量模型，以进口份额为权重首次实证检验了贸易伙伴国的研发知识资本存量通过进口贸易渠道的转移与溢出对本国全要素生产率的影响。这一模型经过利希滕伯格和波特尔斯伯格（Lichtenberg and Pottelsberghe，1996）的修正与补充，成为研究国外知识资本国际转移与溢出的标准计量模型。基于这一模型的传导机制原理，国内外学者对贸易渠道的国际知识资本溢出效应进行了大量实证检验。例如，凯勒（2002）利用七国集团国家的行业数据实证检验了进口贸易渠道对国际技术溢出的促进作用；国内学者关于进口贸易渠道的国际知识资本外溢效应也进行过大量的实证研究（方希桦，2004；黄先海等，2005；包群，2005；赖明勇，2005；李小平等，2006；许培源，2009；高伟生，2009；姚利民，2011；肖文等，2011；蒋仁爱，2012）。

（二）FDI渠道的知识资本国际转移研究

关于FDI渠道的知识资本国际转移与溢出进行开创性研究的代表人物有：麦克道格尔（MacDougall，1960）、凯维斯（Caves，1974）、Kokko（1992）、Blomström 1994）、利希滕伯格和波特尔斯伯格（1997）等。其中，麦克道格尔是第一位提出了外商直接投资与技术外溢效应的学者；凯维斯是第一位对外商直接投资技术溢出效应进行实证研究的学者；Kokko则较早总结了通过 FDI 渠道的技术转移至少有四种方式：（1）示范—模仿效应；（2）竞争效应；（3）与国外母公司的联系效应；（4）培训效应；利希滕伯格和波特尔斯伯格则是最早构建 FDI 渠道下国际研发知识资本存量溢出模型的学者，这一模型已经成为分析国际技术溢出的主流方法。

通常认为，FDI 渠道的技术外溢可以分为产业内和产业间外溢效应，产业内知识外溢效应主要通过竞争效应、示范与模仿效应、人员流动与培训效应发生。产业间的知识外溢效应则主要通过外资企业与东道国内资企业上下游产业部门间的前后向联系效应发生。凯维斯（1974）从分配效率、技术效率和技术转移三个方面分析了 FDI 对东道国生产效率提升的促进作用。以马库森（Markusen，1984，1995，1997，2002）、赫尔普曼（Helpman，1991）、霍斯特曼（Horstmann，1992）、布雷纳德（Brainard，1993）、埃蒂尔（Ethier，1996）、维纳布尔斯（Venables，1998，2000）等为代表的经济学家从知识资本的角度分析国际直接投资的决定及其区位选择，建立起了国际直接投资的知识资本模型。马库森和维纳布尔斯（1999）、Barrios、Gorg 和 Strobl（2005）分析了外商直接投资可以通过竞争效应来促进东道国企业的技术进步。Maurice Kugler（2006）的研究也指出 FDI 更容易通过产业间的外溢效应发挥作用。随着发展中国家对外直接投资的增加，技术逆向性对外直接投资引起了学术界广泛关注，Shireen AlAzzawi（2012）分析了通过对外直接投资获取国外 R&D 知识资本对母国创新能力的影响。国内学者赵伟等（2006）、李平和宋丽丽（2009）、李梅（2010）、杜群阳（2011）、刘宏等（2014）分别对对外直接投资的逆向知识与技术获取对中国技术进步的影响进行了深入的研究。

尽管 FDI 渠道的知识资本国际转移与外溢效应在理论上得到较普遍认可，但实证检验的结果却并没有得到非常一致的结论，有的研究结论甚至是矛盾的。国内外大多数学者支持 FDI 渠道的知识资本转移能够产生积极的知识与技术外溢效应（Globerman，1979；Blomstrom and Persson，1983；Haskel，2002；Branstetter，2006；Buckley and Clegg，2006；Yukako Murakami，2007；沈坤荣和耿强，2001；江小涓、李蕊，2002；潘文卿，2003；王红领、李稻葵，2006；王欣，2010；蔡伟毅、陈学识，2010；等等），也有一些学者研究认为，FDI 的知识与技术的溢出效应不明显，溢出效应的发挥可能会受人力资本、市场制度等因素的影响（Kokko and Blomstrom，1995；Aitken and Harrison，1999；Bwalya，2006，张海洋等，

2004；张二震，2006；代谦，2006；陈继勇和盛杨怿，2008，蒋殿春、张宇，2008）。

（三）人力资本跨国流动的知识资本国际转移研究

人力资本跨国流动促进了知识和技术在全球范围的扩散，人力资本流动逐渐被认为是知识资本国际溢出的一条重要渠道，人力资本跨国流动与知识资本溢出、技术进步、技术创新视角的研究也成为经济学领域的研究前沿。对于人力资本的国际流动效应的影响归结起来，大致有"抑制观"、"促进论"和"双刃剑观"三种（陈怡安，2014），"抑制观"认为，人力资本的国际流动是一种"零和"游戏，人才外流会造成一种净损失，直至20世纪90年代后的海归回流现象的出现，使"抑制观"的观点被扭转，人们对于人力资本国际流动引致的国际知识资本转移与溢出对经济增长和技术进步影响逐渐增加。Saxenian（2006）通过对关于人才回流的经验研究总结得出海归人才回归对母国经济发展的贡献在于对新知识、技能转移。

Fosfuri 等（2001）建立模型分析了产业内技术外溢的重要作用渠道之一——人力资本流动，认为曾在跨国公司接受过系统培训、掌握先进技术的高级技术和管理人员流入内资企业后，能给本土内资企业带来先进的技术和管理方法，从而提升内资企业的技术水平。Fallick 等（2006）研究表明，科技人才的跨国流动带来的知识溢出促进了区域创新水平的提高。McCormick 和 Wahba（2001）对埃及的研究发现海归人才具有更高的人力资本，而且他们是能够创造一批高质量人力资本的群体，他们在国内工作的时间越长，对知识和技术的外溢越明显。中国海洋大学课题组2004年及 Kapur 和 McHale（2005）的研究结果表明，海归人才的回流促进了中国人力资本的积累和质的提高。Le（2008）的实证分析表明，国内人力资本的跨国流动能促进知识和技术向回流国转移，并且能增强本国对外国技术的学习能力。Choudhury（2010）通过对印度50强研发中心的数据分析发现海归人才比非海归人才发明、创造专利技术要更多，这一现象表明在发展中国家海归人才的回流能促进本国技术的提升，Chang 曾在1992年以中国台湾、韩国、印度海归人才为例，谈到海归人才对技术进步的影响。我国学者李平（2011）从人力资本效应、竞争效应、企业间技术知识的直接学习以及网络效应等方面分析了海归人才对技术进步的影响机制。由此可见，海归人才的回流逐渐成为一些发展中国家技术进步的生力军,海归人才引致的国际知识资本转移与外溢,越来越受到重视,但目前国内关于智力回流渠道的国外知识资本溢出的研究相对还比较少,国内主要的代表有林琳(2009),李平、许家云等(2011,2012,2013),杨河清、陈怡安(2013),朱敏、许家云(2013),李程宇、卢现祥(2014),仇怡(2015)等。

(四)国际技术引进渠道的知识资本国际转移

尽管国外不会将最新和最有价值的技术进行许可转让和出售,但在国际研发知识资本转移与溢出渠道中,最直接方式就是引进国外先进技术或技术许可协议(Eaton and Kortum,1996),伊顿和科滕(Eaton and Kortum,1996)还利用OECD国家的统计数据证明国际专利技术引进渠道的技术溢出存在性。巴罗和萨拉·伊·马丁(1997)等经济学家都认为,发展中国家通过技术引进和模仿可以节省研发成本,可以突破研发技术"瓶颈",缩短经济追赶的时间。我国学者从理论上论述了技术引进的成本优势以及由技术引进的技术溢出效应对实现经济增长和缩小技术差距的现实意义(林毅夫,2002;赵兰香和穆荣平,2003;林毅夫和张鹏飞,2005)。尽管国际技术引进具有可促进技术进步的理论合理性,但是关于国际技术引进对中国技术进步和全要素生产率的提升,学者们的研究结论却不一致。例如,张海洋(2005)、冼国明(2005)、朱平芳(2006)、吴延兵(2008)、李光泗和徐翔(2008)、刘小鲁(2011)通过实证检验分析了国际技术引进对技术进步与技术创新的积极作用;但林毅夫曾提出过适宜技术概念,如果不顾国内要素禀赋条件限制,引进的技术就不能发挥作用,从而无法实现产业结构的升级;陶冶和齐中英(2005)等认为,国际技术引进可能会产生技术依赖效应,无法实现国内技术创新能力的提升;李平(2007)的实证研究结论表明,以国际专利引进渠道的国外研发知识资本存量对中国专利创造的影响不显著;程惠芳和陆嘉俊(2014)基于1997—2010年全国大中型工业企业的面板数据的实证检验发现:就全国总体而言,国外技术引进资本无论是对低技术产业还是高技术产业的前沿技术水平提升的作用不明显,但在东部地区,国际技术引进促进了大中型工业企业的全要素生产率。

二 知识资本转移过程研究

关于知识资本转移的过程,中外学者们主要从知识转移的视角进行了深入研究。知识转移并不是简单的知识获得,仅仅是知识传递和没有被吸收的知识转移并不是真正意义上的知识转移,知识转移包括传送和吸收两个行为,即由发送方对知识的转移传送与接收方对知识的吸收(Davenport and Prusak, 2000),其研究还表明,真正理解了知识转移过程的组织能更好地便利于知识资本的转移。在以往关于知识转移模式的理论文献研究中,比较有影响的理论模型主要包括如下:

Szulanski (1996) 关注知识转移在发送方与接收方之间结果的四阶段模型,该模型开始于知识发送方,通过一系列的四阶段过程转移的知识最终被接收方吸收,并由此获得进步。四阶段过程如下:(1) 初始阶段——知识转移的决策阶段;(2) 实施阶段——知识开始由发送方流向接收方;(3) 调整阶段——接收方开始使用转移来的知识;(4) 整合阶段——接收方将知识进行标准化。

迪克逊(Dixon, 2000)的知识转移五种方式模型,该模型是基于任务和内容的相似性、任务性质(常规与非常规)、被转移知识的类型(内隐性或外显性)、知识对组织的影响,该模型主要集中于团队间的知识转移研究。其五种转移方式如下:(1) 系列转移——获得知识的团队从事某一项任务,这一团队随后在另外一个新的环境中使用这一知识;(2) 相近转移——知识由一个从事某项常规工作团队转移到另外一个从事相同工作团队;(3) 远距转移——知识由一个从事某项非常规工作的团队转移到另外一个从事相同工作的团队;(4) 战略转移——与组织战略初始目标相关的集合知识在团队间转移;(5) 专家转移——使用第三方专家技能知识来支持复杂但又不经常出现的团队任务。

斯维比(2000)知识转移模型来源于其知识资本(又称为无形资产)理论,在其模型中知识转移发生在组织内的无形资产领域,在其理论模型中知识资本由员工能力(人力资本)、内部结构(组织资本)和外部结构(顾客资本)三部分组成(类似于瑞典斯堪迪亚金融保险公司在1997年最初的知识资本模型)。这一模型中确认了9种转移方式:(1) 个人间的知识转移;(2) 从个体向外部结构的转移;(3) 从外部结构向个体的转移;(4) 从个人能力向内部结构的转移;(5) 从内部结构向个人能力的转移;(6) 外部结构间的转移;(7) 从外部结构向内部结构的转移;(8) 从内部结构向外部结构的转移;(9) 内部结构间的转移。

野中郁次郎(1994)的知识创造模型,又称为SECI (socialization, externalization, combination, internalization) 模型,该模型阐述了关于内

隐性知识与外显性知识的转移过程。该理论模型认为知识转移是内隐性知识与外显性知识之间连续且动态的相互作用的过程（Nonaka, 1994; Nonaka and Takeuchi, 1995），在这一模型中内隐性知识与外显性知识通过以下四个渠道进行转化：（1）共同化（由内隐性知识到内隐性知识），是组织成员间分享经验的过程，主要是个体间通过面对面的知识转移，这种知识转移主要是通过观察、模仿和师徒式的实践指导方式而不是通过书面或语言指导方式，这一过程强调成员间需要一定的时间共同一起工作（Nonaka and Konno, 1998），如职工的在岗培训；（2）外部化（由内隐性知识到外显性知识），这一过程是通过隐喻、类比、概念、模型假设以及出版物等形式来表述内隐性知识，促进知识发送方与接收方之间的互动，并将其转化成其他人能理解的形式；（3）结合化（由外显性知识到外显性知识），这一过程是对现有知识通过分类、添加与合并等形式进行重新构架，通常也包含构建新思想，它往往通过使用诸如文件、数据库、会议、电子邮件或其他电脑交流方式、电话等媒介来实现；（4）内部化（由外显性知识到内隐性知识），这一过程包含个人通过干中学、正式培训，诸如通过阅读操作手册和观看视频方式的自我同步培训的独立学习，将理解和吸收的外显性知识转化成个人内隐性知识，它是将组织或团体的外显性知识转化成个体的内隐性知识。

吉尔伯特和戈德·海耶斯（Gilbert and Gordey–Hayes, 1996）的知识转移五阶段模型，该理论认为，当组织内缺乏某一知识时将会产生一定的"知识差距"，这时需要引进或转移知识，并由此提出了知识转移过程的五阶段模型：（1）知识获取是该模型的第一步，在知识被转移前，组织需要获取知识，它可以是组织从过去经验中、干中、外部个人中获得新知识以及持续不断的搜寻来获取，但是组织获取知识的过程往往又会受组织创立者的影响，且组织在其初期所获得的前期知识也会影响和决定它未来知识获取和搜寻的方式；（2）知识沟通对获取的知识进行沟通可以通过书面或语言方式，在知识转移的过程中组织必须清楚在信息传播的过程中可能存在哪些障碍和壁垒，且在这一过程中组织必须先构建一个沟通机制才能使知识转移有效顺利进行；（3）知识应用对通过知识获取和知识沟通转移的知识进行应用，其目的是促进组织的学习而不是仅仅为了取得纯粹的知识本身而已；（4）知识接受在这一过程中虽然能较好应对知识转移带来的新变化，能较成功履行组织职能，但这时还没有达到完全消化吸收的目标；(5) 知识同化是知识转移过程中最为关键的步骤，是对所获得知识进行应用的结果和效果，既是一个知识创新的过程，也是一个学习积累的过程，在这一过程中要求组织把以前所经历过的学习结果转变为组织常规，该过程需要经历一个较长的时间，因为新知识进入组织必定要经历"干中学"、"从历史中学"、"监视"、"控制"以及"反馈"的漫长过程，之后才有可能上升到"同化"阶段。

以上五种知识转移模式，第一种模式更强调的是知识发送与接收的过程，而后面四种模式则更加强调知识转移的渠道。尽管这些理论模型的学者对知识转移的机制和过程进行了论证，另外一些学者对知识转移渠道与被转移知识关系进行论证（Chua，2001；Murphy，2003；US Department of Agriculture，2002），其缺陷在于这些研究只关注某一具体的转移渠道与公司内部知识的转移，而对知识转移渠道与知识资本构成要素之间关系的理论研究很少涉及。

表2-4　　　　　　　　　　知识转移模式主要理论

作者	转移模式数	转移形式
野中郁次郎（1994）	4	(1) 共同化；(2) 外部化；(3) 结合化；(4) 内部化
吉尔伯特和戈德·海耶斯（1996）	5	(1) 知识获取；(2) 知识沟通；(3) 知识应用；(4) 知识接受；(5) 知识同化
Szulanski（1996）	4	(1) 初始阶段；(2) 实施阶段；(3) 调整阶段；(4) 整合阶段
迪克逊（2000）	5	(1) 系列转移；(2) 相近转移；(3) 远距转移；(4) 战略转移；(5) 专家转移
斯维比（2000）	9	(1) 个人间的知识转移；(2) 从个体向外部结构的转移；(3) 从外部结构向个体的转移；(4) 从个人能力向内部结构的转移；(5) 从内部结构向个人能力的转移；(6) 外部结构间的转移；(7) 从外部结构向内部结构的转移；(8) 从内部结构向外部结构的转移；(9) 内部结构间的转移

注：本表按时间顺序排列，根据知识转移模式理论文献整理而得。

三　知识资本转移的影响因素与效率研究

知识资本通过进出口贸易、FDI、人力资本跨国流动等渠道进行转移与溢出，其转移与溢出是一个非常复杂的系统问题，受多种因素的影响。由于知识资本应是组织所拥有的知识及知识创造机制的统称，所以影响知识转移的因素也是知识资本转移的影响因素，公司特性、知识特性、合作方特性、情境特性等被认为是影响知识转移的四大影响因素，学者们从不同视角对知识转移的影响因素及其效率进行了探讨（Zander and Kogut, 1991; Szulanski, 1996; Simonin, 1999）。卡明斯（Cummings, 2001）在对 R&D 组织之间知识转移的研究中，提出了影响知识成功转移的十种因素包括：（1）知识的可言明性；（2）知识的嵌入性；（3）组织之间的差异；（4）空间位置上的差距；（5）制度差异；（6）知识差距；（7）关系差距；（8）知识转移活动；（9）接受方的动机；（10）组织的学习文化。知识吸收能力也被认为是影响知识转移效率的一个重要因素（Cohen and Levinthal, 1990; Mariano and Pilar, 2005; Smith et al., 2008; Zahra and Hayton, 2008; Escribano et al., 2009）。Blomström、Globerman 和 Kokko（1999）指出，东道国的工业市场结构、行业技术复杂度、内外资企业的技术差距、外资企业的所有权结构、跨国公司对外投资的动机都会影响技术外溢。国内学者赖明勇等（2005）、李杏（2007）、张宇（2008）则从人力资本吸收能力、基础设施、地区经济结构等方面分析了国际技术溢出的效果，陶锋（2011）则将吸收能力划分为 R&D 资本、人力资本、社会资本和知识管理四个结构维度，并以此为基础探讨了知识转移、吸收能力与企业创新绩效的关系。

四 国际知识资本溢出研究

凯勒（2004）认为，国际知识资本主要通过包括国际商品贸易、FDI、劳务输出、国际专利、人口迁移以及信息交流等方式进行国际转移与扩散，其中以国际贸易、FDI 方式为国际知识资本溢出的主要媒介。对于基于国际贸易的知识溢出进行开创性经验研究的是科恩和赫尔普曼（1995），他们检验了基于进口贸易的国外 R&D 研发资本的溢出效应；这一理论模型经利希滕伯格和波特尔斯伯格（1996）修正后成为研究知识资本国际溢出的主流研究框架和分析方法。对于基于 FDI 的知识溢出，麦克道格尔（MacDougall, 1960）、凯维斯（1974）、Kokko（1992）等做了开创性研究，但在随后的研究中，对 FDI 的知识溢出效应存在是正效应还是负效应存在争议，例如，德格雷戈里奥（De Gregorio, 1992）、Blomström 和 Sjoholm（1999）认为，FDI 的效应为正；艾肯和哈里森（Aitken and Harrison，1999）认为，FDI 的效应不明显；巴罗等（Barro et al.，2005）认为，FDI 的作用依赖于 FDI 发生作用的时间，阿尔法罗和查尔顿（Alfaro and Charlton，2007）认为，FDI 知识溢出的效果依赖 FDI 的特征。国内学者的研究也大致存在同样的结论，如何洁（2001）、沈坤荣（2001）、王志鹏（2004）、刘宁（2006）等。结论是负效应或作用不明显的有张海洋、刘海云（2004），马天毅、张二震（2006），陈继勇和盛杨怿（2008）等。随着跨国公司海外研发的不断发展与深化，不管发达国家还是发展中国家在海外的技术获取型研发投资行为不断增多，由此反向知识溢出引起学者们的高度关注，格莱克（Guellec）和波特尔斯伯格（2001）的研究表明，技术获取型的研发 FDI 具有反向知识溢出效应，从而有利于跨国公司的知识存量和技术水平的提升。

近年来，针对多渠道 R&D 知识外溢效应的研究文献日益增多，例如，黄先海（2005）比较了贸易与外资渠道的外溢效果；Xiaohui Liu 和 Trevor Buck（2007）比较了进口、出口和外资三种渠道的外溢效果；王英和刘思峰（2008）实证分析了国际 R&D 溢出的四种国际化渠道对中国全要素生产率的影响；凯利·耶普尔（Keller Yeaple，2009）估计了 1987—1996 年通过进口和 FDI 渠道对美国制造业进行的 R&D 溢出效应；姚利民（2011）实证比较了中国通过进口、出口、外资和对外直接投资四种国际化渠道吸收学习发达国家 R&D 外溢的效果；肖文、林高榜（2011）基于知识驱动的内生经济增长理论，分析了消费品进口、FDI、对外直接投资、国际技术引进合同不同渠道的海外研发资本知识溢出对中国技术进步的作用大小；蒋仁爱等（2012）基于贸易、FDI、无形技术溢出三种渠道分析了国际性技术知识跨国溢出对中国技术进步的影响；Shireen Alazzawi（2012）分析了通过对外直接投资获取国外 R&D 知识资本成果对母国和东道国创新力和生产力的影响；杨河清和陈怡安（2013）研究发现，海归回流作为国际知识转移的新渠道对中国知识溢出效应有显著影响作用，能促进中国技术进步。

五 理论述评

目前，国内外学术界关于跨国公司知识资本流动的相关研究主要限于跨国公司内部和外部网络中的知识流动方式、影响因素及效率，对知识资本国际转移的流向研究倾向于从发达国家向发展中国家的转移，这些研究为知识资本国际转移的动因、影响因素及效率提供了较好的理论基础，但是目前的知识资本国际转移研究主要基于知识的国际转移与 R&D 的国际化问题的研究。当前关于知识资本研究主要存在的问题：

第一，对知识转移渠道与知识资本构成要素之间的关系研究非常薄弱，对在不同的知识转移渠道中，哪些知识资本构成要素更容易转移，哪些不易转移，对知识资本国际转移的有效管理还很少研究。

第二，针对跨国公司技术资本国际化转移过程中的知识流动机制的研究较为薄弱，且几乎都是站在跨国公司角度分析海外 R&D 投资的动机、组织、区位选择等，即使论及东道国，也基本上是以发达国家东道国为研究对象，而对发展中国家的逆向知识资本配置的运行机制、区位选择、效率等方面的研究均较少。

第三，目前学术界对于知识存量全球分布研究较少，尚未从全球整体角度把握知识资本的分布特征和空间差异的演变态势。

第四，国内外学者对于知识资本国际转移绩效影响因素的分析与评价存在着缺乏定量指标、评价体系不完善、评价角度不明确、评价过程不直观等问题。对知识资本转移的强度还缺乏较好的测度计量方法。

第三节 知识资本与经济发展转型升级相关研究

一 知识资本与经济增长理论研究

以罗默（1986）《递增收益与长期增长》和卢卡斯（1988）《论经济发展机制》的发表为标志，出现了新内生经济增长理论，由此西方经济增长理论迈入了知识资本决定论的阶段。经过经济学家们的努力，逐渐形成以知识资本为主线的理论体系，成为知识资本理论的重要组成部分。主要理论有：（1）知识资本溢出效应的内生经济增长理论。在这方面有突出贡献的经济学家代表有罗默（1986）、卢卡斯（1988）、巴罗（1990）、克鲁格曼（1988）、格罗斯曼和赫尔普曼（1991）、阿吉翁和霍依特（1992）、科恩和赫尔普曼（1995）、伊顿和科滕（1996）、凯勒（2000）等，其中，以罗默模型、卢卡斯的人力资本溢出效应模型最为典型。(2）知识资本累积效应内生经济增长模型。这一理论模型单纯用资本积累来解释经济的内生增长，代表有琼斯—真野惠里模型（Jones and Manuell，1991)、雷贝洛模型（Rebelo，1990)、拉德龙等模型（Lardron – de – Guevara et al.，1997)。(3) 知识资本分工效应内生经济增长模型。这一理论主要由产品品种增加型内生增长模型和专业化加深型内生增长模型组成，其代表主要有罗默（Romer，1991)、格罗斯曼和赫尔普曼（1991)、阿吉翁和霍依特（1992)、贝克和墨菲（G. S. Becker and K. M. Murphy，1992)、Xiaokai Yang 和 Borland（1991)、Acemoglu（1998，2002) 等。(4) 知识资本生产效应的内生增长模型。知识资本在生产过程中的生产效应就是使知识资本转移价值和新创造价值所占份额不断提高，产品质量不断得以提升，产品质量升级模型的实质就是知识资本生产效应的内生增长理论模型，其代表有格罗斯曼和赫尔普曼（1991)、Segeretron 等（1990，1991)、巴罗和萨拉·伊·马丁（1995)、阿吉翁和霍依特（1992) 等。(5) 知识资本国际流通效应内生增长模型。新国际贸易理论指出国际贸易引发的国际竞争迫使各国追逐新思想和新技术即知识资本，国际贸易也有利于知识资本在世界范围内的扩散，使得知识资本在全球内进行配置，从而影响参加贸易各国的经济增长。这一理论模型主要有知识的国际流动增长模型（Romer，1991；Grossman，1979；Grossman and Helpman，1991a) 和通过国际商品贸易的技术创新与模仿模型（Feenstra，1990)。Chun – Chien Kuo 和 Chih – Hai Yan（2008) 的实证研究表明，知识资本、R&D 资本和技术进口对中国区域经济增长有着同样显著的影响。Ahmed Seleim 和 Nick Bontis（2013) 构建了国家知识资本模型，并对知识资本的各构成要素的内在关系进行了阐述，然后对 148 个发展中国家的知识资本与经济绩效之间的关系进行了实证检验，其研究结果表明，知识资本能解释发展中国家经济增长绩效变化的 70% 原因。此外，其研究结论还表明知识资本是提升一国经济增长绩效的关键因素。

国内学者刘思嘉、赵金楼（2009) 构建分析了区域知识资本对经济发展促进作用特性的二阶段模型并采用 TOPSIS 方法测量我国 2003—2007 年 31 个省（市、区）的知识资本，将其与 2008 年的经济增长率进行多元回归分析，得出我国区域知识资本对经济发展起促进作用的时滞为 1 年，而持续期为 3 年的结论。王剑武（2010) 从人力资本、技术资本、组织资本和环境资本四个维度设计指标体系测度了 2008 年中国各省级区域的知识资本存量水平，并运用改进的柯布—道格拉斯生产函数模型进行回归分析表明，知识资本对区域经济发展具有较大的贡献率。吴延兵

(2006)运用中国大中型工业企业行业的面板数据,通过构建知识生产函数,研究分析了 R&D 知识资本的产出性质及生产效率的影响。吴延兵(2008)的研究认为,中国区域知识资本和国内外技术引进等外部知识资本的溢出效应对全要素生产率产生了积极的影响。邓明、钱争鸣(2009)通过对省级知识资本存量的估算分析了知识资本的投入产出效应。程惠芳、陆嘉俊(2014)对不同类型的知识资本与全要素生产率的影响及增长进行了实证研究,其研究结论表明不同区域的知识资本投入对全要素生产率的影响差异较明显。这些理论研究与实证分析研究表明了知识资本对经济增长的重要作用。

国内学者还对基于国际技术外溢与 FDI 形式的国际知识外溢与经济增长关系进行研究,而由国际贸易、FDI 引致的国际知识资本的溢出是否促进中国技术进步对经济增长方式转型产生促进作用,国内学者进行了较多的研究,但研究结论有一些争议。例如,李小平、朱钟棣(2006)的研究认为,国际 R&D 知识溢出促进了中国技术进步和全要素生产率的增长;王英、刘思峰(2008)测算了中国 1985—2005 年通过外国直接投资、对外直接投资、出口贸易和进口贸易四种渠道溢出的外国研发资本存量,并采用国际 R&D 溢出回归框架实证分析了各种渠道的技术外溢对于中国全要素生产率的影响;陈继勇、盛杨怿(2008)构建了包括国内知识资本、外商在华直接投资的知识溢出和地区技术进步的分析框架,分析了外商直接投资的知识溢出与中国区域经济增长的影响;王欣(2010)利用 DEA 方法对中国全要素生产率进行了测算,在此基础上建立国际知识溢出分析框架,检验了基于 FDI 渠道的国外知识资本对全要素生产率的溢出效应,结果表明:国内知识资本和基于 FDI 渠道的国外知识资本对 TFP 增长起到显著促进作用。于津平和许小雨(2011)通过对外商直接投资对长三角经济增长方式转变影响的实证研究,指出尽管 FDI 可以通过技术知识资本的外溢来促进技术进步,但 FDI 物质资本的流入会对国内投资产生挤入效应从而推动国内资本的扩张,因而尚未对经济增长方式转变形成显著的效果。这些研究为知识资本的国际化配置促进经济增长推动经济转型升级提供了理论与实证基础。

二 知识资本转移与产业升级研究

国际知识传导包括国际商品贸易、外商直接投资(FDI)、劳务输出、国际专利、人口迁移以及信息交流等(Keller,2004)。弗农(Vernon)

的生命周期理论和小岛清（Kojima）的边际产业理论均说明了产业在国际范围内的扩张同时也带动了知识在全球范围内的转移，即产业转移的同时也是知识资本进行国际化配置的过程，国际产业转移所引起的知识资本国际转移促进了母国和东道国的产业升级。另外，还有一些学者也分析和验证了国际产业转移对产业升级的作用机制，例如，Magnus Blomström（2005）在他的文章《FDI在日本经济调整中的作用》中利用数据模型验证了产业海外转移对于日本产业结构调整和升级的作用；马库森（1997）认为，产业转移到另一地后，会通过前向和后向联系带动相关产业的需求，从而对产业结构产生影响；小泽辉智（Terotomo Ozawa，1992）认为，产业转移是一种"比较优势寻求"，因此会促进双边贸易的增长，最终会带来经济的快速增长和产业结构的升级。

Dieter Ernst和Linsu Kim（2002）在全球生产网络（Global production networks，GPN）分析框架下分析了网络内旗舰企业的知识转移与东道国供应商企业能力形成及提升之间的关系：全球生产网络作为知识转移的一个强有力的载体，首先，旗舰企业需要将技术和管理知识转移到东道国供应商企业，这就必须提升供应商企业的技术和管理技能以满足旗舰企业的要求；其次，如果网络中的东道国供应商企业一旦成功实现了能力的升级，这又会促进旗舰企业转移更加复杂的知识，他们还进一步分析了在全球生产网络框架内的知识转移机制与网络内企业（产业）升级的过程。张少军、刘志彪（2009）从全球价值链模式产业转移的动力、影响因素入手分析了其对中国产业升级和区域协调发展的启示。陈继勇、盛杨怿（2009）借鉴科恩和赫尔普曼（1995，简称C—H）、利希滕伯格和波特尔斯伯格（1998，简称L—P）等的分析方法对国际知识资本溢出对中国的产业结构升级则进行了实证研究。邓丽娜、范爱军（2014）分析了国际知识资本要素基于进口贸易和FDI两个渠道溢出对中国制造业28个分行业产业结构升级的不同影响。

这些研究从宏观和微观两个层面分析了知识转移对产业升级的影响，但是，知识转移并不是知识有效扩散的充分条件，只有当被转移的知识内部化和被转化成东道国供应商企业的能力后，知识扩散才是有效完成（Kim，1997；Ernst et al.，1998）。这表明，知识资本转移对东道国的产业升级并不是自动产生的。

三 知识资本国际转移与技术创新研究

内生经济增长理论认为，知识资本对国家和区域的创新过程以及经济发展均产生了重要的影响（Nelson，1993；Romer，1994；Feldman，1999），国内学者吴洁等（2009）借鉴邦福尔（2003）的知识资本动态价值的分析框架，从资源、流程、产出和资产四个维度构建知识资本指数来评价各省市的创新表现。国内外大量的研究发现，外商直接投资在国家和区域间的流动，能够带来知识和技术溢出效应，从而有助于提升外资流入国家和地区的自主创新能力（Cohne and E. Helpman，1995；蒋殿春、张宇，2008；陈继勇、雷欣，2009；刘和东，2011），科恩和赫尔普曼（1995）使用进口份额作为权重来构造国外 R&D 存量，首次从实证角度考察了贸易伙伴的研发知识资本如何通过国际贸易传导机制来影响本国的技术进步。Hobday 和 Perini（2005）的研究表明，全球价值链分工体系内的国际知识转移通过不同渠道对发展中国家的技术创新与技术进步产生了重要影响。Giovanni Schiuma 和 Antonio Lerro（2008）深入分析了知识资本作为一种战略资源的重要作用以及知识资本与区域创新能力之间的关系，并对知识资本分类和区域创新能力概念进行了阐述，其从理论和实证两个方面来探究知识资本与区域创新能力的关系：（1）影响区域创新能力的知识资本的分类是什么？（2）知识资本如何影响区域创新能力。Hans Loof 和 Almas Heshmati（2000）利用瑞典制造业企业数据，运用新经济计量方法，从企业创新视角实证分析了知识资本与企业绩效的关系，结论表明：（1）知识资本作为企业创新的投入，其对企业绩效有着重要的贡献；（2）知识资本增加了企业内部、合作的创新投入；（3）在控制了创新投入和人力资本的差异后，知识密集型企业的创新能力并不比劳动密集型或资本密集型企业强。Fallick、Fleischman 和 Rebitzer（2006）认为，科技人才的跨国流动所引致的国际知识溢出效应极大地推动了区域创新水平的提升。Le（2008）利用面板数据的实证研究检验了跨国人力资本流动对技术转移的积极作用，其实证结果表明国际人力资本的流动对研发资本的溢出过程具有决定性的作用。Beine、Docquier 和 Rapoport（2008）认为，在经济全球化的背景下国际智力流动可以促进一国经济与技术进步的长远发展。克雷默（Krammer，2009）对东欧 16 个转型经济体的经济发展的考察研究发现除了本国积累的国家知识资本外，通过贸易和外商直接投资渠道获取的国外知识促进了国家创新。麦克格雷坦和普雷斯科特

(McGrattan and Prescott, 2011) 指出，自 20 世纪 90 年代早期以来，中国采取了大量的提高开放度以促进 FDI 流入的政策措施，但具有讽刺意味的是，虽然这些政策措施提高了中国的福利，但这些政策引进的技术资本转移却导致了中国成为国内本土技术资本成长相对较少的国家。国内学者李小平和朱钟棣（2006）、王红领（2006）、孙文杰和沈坤荣（2007）、王华和赖明勇等（2010）、程惠芳和陆嘉俊（2014）等分别通过中国工业行业数据验证了外商直接投资、贸易等渠道的国际知识溢出对自主研发和技术创新的积极促进作用，肖文、杨高榜（2011）的研究指出，海外研发知识资本会通过各种渠道直接或间接促进中国的技术进步与技术创新能力的提升，孙文松等（2012）打破了"人才无法跨国流动"的传统假设，其研究指出，海外留学归国人才流动和跨国企业人才流动这两种新的知识资本转移途径能对中国本土高新技术企业的创新绩效产生相互加强的效应。

另外，格瑞利克斯（1979）开创了知识生产函数，后经贾菲（Jaffe, 1986, 1989）、安塞林（Anselin, 1997, 2000）等的扩展和改进，这一模型在对区域创新的经验分析上被广泛地应用，因此，知识生产函数也就成为一个分析区域知识流动（溢出）属性和检验其对区域创新影响的一个强有力的经验模型工具。

以上研究成果为研究知识资本的国际化配置对区域创新能力的影响提供了丰富的理论基础和经验模型工具，借鉴这些研究成果可以从宏观和微观两个层次对知识资本国际转移对中国区域和企业创新能力的影响及程度进行实证检验分析，并在此基础上有针对性地提出了有效提升区域创新能力的政策建议。

四 相关理论述评

上述关于知识资本对经济发展、国际知识资本转移对经济增长、产业结构升级以及技术进步与创新的理论与实证研究，对于研究知识资本的国际转移对一个国家经济发展转型提供了较好的理论与实证基础。但综观这些研究，可以发现以下不足：

第一，知识资本国际转移的路线、规律与发展趋势的研究明显滞后于国际产业转移研究，且现有对知识资本国际转移的研究大多等同于知识的国际转移，对知识资本各要素的国际转移的机理研究还缺乏研究。

第二，知识资本国际转移溢出主要集中在贸易或 FDI 单一渠道，而且在贸易与投资渠道中文献最为集中的是关于 FDI 的技术外溢研究，多渠道视角的研究相对较少,而单一渠道因素的研究更容易放大,甚至扭曲创新与技术外溢的效应(黄先海,2005),特别是对人力资本国际流动渠道带来的国际知识资本转移研究较少。

第三,知识资本国际转移主要集中于 R&D 技术资本的国际化研究,对于知识资本其他构成要素的国际转移研究较少。

第四,对知识资本国际转移定量测度的研究方法比较单一,目前国内外主要还是利用和引进 CH 方法(Coehen and Helpman,1995)和 L—P 方法(Lichtenberg and Pottelsberghe,1997)来测度通过贸易与 FDI 形式的国外 R&D 的溢出,而且对多渠道的知识资本转移溢出效应的对比分析还很少见,特别是随着跨国人才流动所引致的知识资本国际转移溢出效应的研究较少。

第五,知识资本对经济发展转型的研究主要集中在发展中国家通过对发达国家的 FDI 引进或贸易的知识溢出来获得,且这种知识溢出的效应一直还存在争议,而对对外直接投资渠道和国际人力资本流动渠道的知识资本国际转移对经济发展转型的研究比较少,特别是对跨国人力资本流动所引致的国际知识资本对经济增长、产业升级和技术创新影响效应的实证分析目前还不多。

第六,国内对以知识资本为基础的 R&D 国际化行为尚停留在理论研究和方法引入阶段,研究深度不够,如何在全球化浪潮中迎接 R&D 国际化的挑战,识别并控制 R&D 国际化所带来的风险,构建国家创新系统并融入全球的理论与实证研究还很欠缺;对跨国公司的 R&D 国际化、中国自主创新能力如何为中国经济转型升级服务的研究还比较缺乏。

第七,研究没有考虑国际知识资本对华转移的同时对中国创新资源的"掠夺"风险。

第三章 全球知识资本分布特征与空间差异分析

新经济增长理论揭示了知识作为经济增长主要源泉的重要性，诸如知识、专利、创新等无形知识资本资产已被认为是一个国家财富和进步最重要的来源。管理大师彼得·德鲁克（1993）曾强调一种社会的到来和重要性受制于知识资源，是知识资本的竞争舞台。在 1998 年世界银行的一份报告中也曾指出一国采取增加其知识财富政策的实施可以提高该国人民的生活水平，还能为他们带来更高的收入。Malhotra（2003）认为，知识资本是一国的无形资产，对一国未来财富价值有着重要的意义，它代表了一国的竞争力资源，对促进一国经济增长、人力资本的提升以及人民生活水平的提高是必不可少的。Carol Yeh – Yun Lin 和 Leif Edvinsson（2008）研究指出了在过去 20 多年，知识资本吸引了社会对它越来越广泛的关注，这其中不仅有科研机构的学者、企业的 CEO、公司的股权人，而且还有国家政策制定的领导者。因此，一个国家的知识资本构成要素有哪些？如何建立一套指标体系和模型来对国家知识资本进行识别、测量以及利用国家知识资本？如何提高一个国家的知识资本水平？国家知识资本的全球分布特征和区域差异如何等问题也引发了广大知识资本研究学者们的深入研究。尽管知识资本研究的兴起经历了 20 多年的发展历程，但目前对全球国家之间的知识资本分布特征与空间差异的对比研究相对还是较少，可以说国家知识资本研究仍处于幼年期。

第一节 国家知识资本测度方法研究概述

关于知识资本的研究思潮最早起源于北欧的瑞典，虽然已经历经了 20 多年的发展，但在知识资本的研究与提出的初始阶段，学者们对知识资本的理论及其相应框架、概念以及从财务和会计角度的测量均主要集中在微观的企业层面。黛布拉·阿米登（2001）是最早承认可以将知识资本理论应用于宏观经济层面的学者，后来理论家们将初始概念从企业的微观层面逐步推广到国家的宏观层面。Malhotra（2001）指出，国家经济的领导者们正在努力寻找一种测量知识资产的可靠方法，以便理解这些知识资产与国家未来绩效的关系。Malhotra（2003）也指出，对知识资本无形资产的测度评估有利于一国分析和参照对比其实力，也便利于其采取一些政策和措施来促进国家的整体发展。

一　国家知识资本测度方法的评价体系与模型

（一）国家知识资本评价研究的进展概述

为揭示和管理一国的知识资本，一些学者和机构尝试建立一套变量模型系统来评估一个国家或组织的知识资本，代表性有：伦布（Rembe，1999）；帕希尔（Pasher，1999）；邦迪斯等（2000）；Spring Project（2002）；Pomeda等（2002）；Bontis（2004）；邦福尔（2003）；Malhotra（2003）；Carol Yeh - Yun Lin和Leif Edvinsson（2008）等，瑞典则是世界上最早进行国家知识资本研究的国家，将微观层面的Skandia导航仪模型修改后运用到国家层面的知识资本量化考核，以色列也是较早启动和审查其国内知识资本发展情况的国家，这两个国家的知识资本发展报告为国家和机构的研究提供了一个可靠的起点（Bontis，2004）。邦迪斯在2004年研究阿拉伯国家知识资本提出的"国家知识资本指数"、邦福尔（2003）推广的知识资本动态价值（IC - dval）方法以及Public开发的价值增值知识系数（VAIC）方法，都为国家知识资本研究方法创新提供了参考依据。目前，最新且较权威的国家知识资本测度与对比研究则是Carol Yeh - Yun Lin和Leif Edvinsson（2008）利用经济合作与发展组织（OECD）、国际管理发展研究所（IMD）、世界竞争力年鉴数据库资料分为五个维度基于29个指标、时间跨度为1994—2005年12年间40个国家的知识资本对比分析。国内学者对国家知识资本评价研究较少，主要借鉴邦迪斯（2004）的国家知识资本指数模型对国内区域知识资本进行评价，国内学者王勇和许庆瑞（2004）、赵静杰（2005）、陈钰芬（2006）等在国内较早开展区域知识资本评价体系构建的研究，张丹和史竞（2011）在借鉴邦福尔提出的知识资本动态价值模型（IC - DVAL）的基础上，构建了地区以及国家知识资本水平计量模型，并通过该模型分析对比了国内北京、上海、广州三座城市和日本、韩国、美国、英国、中国5个国家2000—2009年的知识资本数据。

(二) 关于国家知识资本测度与管理框架和主要模型研究

根据研究背景与主题的不同,以及对知识资本内涵表达的不同理解,对知识资本的计量测度方法可以分为:(1) 计量无形资产的方法,如世界知识竞争力指数 (WKCI)、知识资本的动态价值 (IC - DVAL)、知识资本导航仪模型;(2) 计量能力的方法,如城市知识资本基准系统 (C ICBS)、区域知识资本基准系统 (R ICBS)、价值增值的知识系数 (VA IC);(3) 计量知识社会关系方法,如区域集群中的知识网络。伦布 (1999) 与其合作者检验了吸引国外来瑞典投资的影响因素,并为决定瑞典未来发展的人力资本、市场资本、过程资本、更新资本提出了战略性发展计划。紧随其后又有多位研究学者用大致相同的方法评价了以色列 (Pasher, 1999)、瑞典 (Spring Project, 2002)、阿拉伯地区 (Bontis, 2004)、欧盟15国或27国 (Andriessen and Stam, 2004, 2009)、北欧五国及其他等40个国家 (Carol Yeh - Yun Lin and Leif Edvinsson, 2008) 的国家知识资本。这些学者在这一领域的研究所专注的评价维度和指标可以总结为如表3-1所示。

表3-1　　　　国家知识资本测度主要模型及指标维度

国别/学者	基本模型	维度	指标特性
瑞典 (Rembe, 1999)	斯堪迪亚导航仪模型	人力资本 市场资本 过程资本 更新资本	金融指标 描述性指标
以色列国 (Pasher, 1999)	斯堪迪亚导航仪模型	人力资本 市场资本 过程资本 更新与发展资本	金融指标
马来西亚 (Bontis et al., 2000)	斯堪迪亚导航仪模型	金融财富 人力资本 市场资本 过程资本 更新资本	描述性指标 无形指标 金融指标

续表

国别/学者	基本模型	维度	指标特性
瑞典（Spring Project, 2002）	斯堪迪亚导航仪模型	商业诀窍 人力资本 结构资本 关系资本	创新指标 能力指标 产业指标 公司—大学指标
西班牙马德里（Pomeda et al., 2002）	斯堪迪亚导航仪模型	人力资本 技术资本 社会资本	描述性指标 无形指标 创新指标
Robert Huggins Associates（2003）	世界知识竞争力指数（The World Knowledge Competitiveness Index, WKCI）	人力资源要素 金融资本要素 知识资本要素 地区经济产出 知识可持续能力	定量指标 金融指标
欧盟（Bounfour, 2003）	知识资本的动态价值法（IC – DVAL 方法）	资源和能力 流程 产出	金融指标 描述性指标 创新指标
阿拉伯地区（Bontis, 2004）	斯堪迪亚导航仪模型	金融财富 人力资本 市场资本 过程资本 更新资本	描述性指标 无形指标 金融指标
安德列森和斯塔姆（Andriessen and Stam, 2004）	多维价值测量理论（智力资本监测器）	人力资本 结构资本 关系资本	投入指标 资产指标 效益指标
Carol Yeh – Yun Lin 和 Leif Edvinsson（2008）	斯堪迪亚导航仪模型	人力资本 市场资本 流程资本 更新资本 金融资本	金融指标 描述性指标 创新指标

资料来源：根据 Carol Yeh – Yun Lin, Leif Edvinsson National Intellectual Capital：Comparison of the Nordic Countries [J]. *Journal of Intellectual Capital*, Vol. 9 No. 4, 2008, p. 528 改编。

(三) 区域或世界发展组织的知识资本评估体系

曾有多个世界组织通过构建知识资本评估模型帮助一些国家更好地管理和配置其知识资本资源，在这些评估模型中，以下三种评价模型广为人知：

1. 世界银行知识评价模型

世界银行知识评价模型（KAM）主要是帮助阐述和确认一个国家在进行政策决策参考与未来投资所可能遇到的机遇与挑战。它有时也被用来作为参照标准，即一个经济体或国家来对比其希望模仿的竞争对手或国家的发展状况如何（世界银行，2002），KAM 法由 69 个结构性和定量性指标构成，这些指标被划分为 5 个不同的维度，其中 4 个维度的指标被认为是知识经济发展的决定性指标，包括经济体制、居民中接受教育和具有熟练技能的人口数、动态信息基础设施以及高效的创新体系。第 5 个维度则主要考察经济总体绩效状况。

2. 经济合作与发展组织测度模型

经济合作与发展组织（OECD）认为，在评估一个国家的知识资本时更有意义的测度应该是投入变量而不是其产出变量（Malhotra，2003）。换句话说，就是一个国家在高等教育、研发、软件等方面的投资越多，其国家所拥有的知识资本也越多。但这种测度模型对金融投资或金融投入没有给予足够的重视。

3. 联合国欧洲经济委员会测度模型

联合国欧洲经济委员会（ECE）测度模型的目标任务是促进创新和使知识资本商业化，它通过评估发明、专利、管理的灵活性、股票证券市场、研发工程等项目来评价一国的知识资本。此评价模型提供了持续创新的整体观念，特别强调了对知识产权的评价。由于创新与人力资源高度相关，各国政府逐步开始了对人力资源的发展给予更多的大力支持和与此相适应的制度、信息以及创新体系等方面的建设，这种观念的转变来源于政府对一国的创新和技术能力与其长期的经济增长和社会发展有关的认识。

二 国家知识资本测度研究述评

从上述测度模型可以看出，尽管背景各异的学者们提出了不同的模型来评价国家知识资本，且这一领域的研究正处于发展期，但他们在对国家知识资本评价的决定性因素上的认识基本上达成了比较一致的意见，在评估一国知识资本的基本方法和模型上基本上都是以瑞典斯堪迪亚公司的导航仪模型为基础，评价维度的划分也大致相同，其目的都是要求通过建立一套有清晰变量指标的评价体系来帮助国家揭示和管理其无形财富（资产），厘清其国家知识资本的状况，为股权人和政策制定者提供有用和有效的信息，使政策制定领导者能够规划出高效的战略来构筑其未来国家竞争力。

尽管学者们做了大量的、开创性的工作，但由于各国统计体系差异造成的指标质量标准不同，以及数据的难获得性，研究者往往只选择一些代表性的 OECD 国家或地区来进行研究，而对中国等重要的发展中国家的知识资本评价较少，更鲜有对亚洲、欧洲、美洲、非洲等洲的知识资本空间分布差异进行对比分析。一方面，由于在评价体系中定性指标的不可缺少，且对定性指标的赋值带有较大的主观性；另一方面，由于各指标重要程度不同，对各指标的权重的赋值也存在一些争议。然后，由于当前的研究都只是对过去知识资本的一种测度，对当前和未来国家知识资本状况无法反映，且大部分研究的时间跨度较短，对一些能反映和预测知识资本未来发展状况的重要指标的提炼还比较模糊。

国内学者对国家知识资本评价的研究还处于模仿阶段，理论研究成果也相对比较少，理论创新还不足，目前的研究成果主要是构建一些替代指标，并利用因子分析法对区域知识资本进行评估，或利用这一结果对区域的经济增长、科技创新能力进行相关性分析。

通过对上述文献的整理与归纳可以发现，目前现有的研究成果还尚未有从整体的角度把握和分析全球知识资本的分布特征以及空间差异的演变态势，对全球知识资本持续的年度评价还存在一定的断档现象，特别是对近年来全球知识资本的评价存在盲区。

第二节　全球知识资本测度

根据以上文献的分析，改进的斯堪迪亚导航仪国家知识资本模型可以较好地用来表达和描述国家知识资本的结构，也是目前学术地位最具权威性和参考应用最具广泛性的评估模型，其主体框架包括人力资本、市场资本、流程资本、更新资本、金融资本。本书将借鉴知识资本导航仪模型、知识资本动态价值法（IC - Dval）评价指标以及欧盟智力资本监测器（IC - monitor）的选择方法，构建一套国家知识资本的评价体系，以测度全球知识资本的分布特征及其空间差异。

一 全球知识资本评价体系的构建

（一）人力资本指标选择

人力资本被定义为个体为实现国家任务和目标所拥有的知识、教育和能力（Bontis，2004）。一个国家的人力资本由其国民的知识财富构成，这些知识财富是指包含有关事实、法律、原则方面的知识，以及不容易被定义的专业、团队和交流技巧等方面的知识（OECD，2001）。教育是人力资本的基础，正是通过教育，知识和技巧才得以开发。因此，在分析一个国家人力资本时，分析其受教育人口质量和数量以及后续培训至关重要。本书对人力资本的测度指标包括教育公共支出占 GDP 比重、公共教育支出总数占政府支出的比重、高等教育入学比率和接受过高等教育的劳动力占劳动力总数的比例。

（二）国际市场资本指标的选择

国际市场资本被定义为嵌入国家内部关系中的知识资本，它代表着一个国家与其他国家相比，针对国际客户的需求提供吸引力和竞争力的解决方案的能力和成功经验。当前，主流的观点认为，一个国家在对外关系中的投资和所取得的成就加上其优质产品和服务的出口，构成了市场资本开发的重要成分，确定市场资本的主要参数是国际贸易和对外直接投资。本书对市场资本的测度指标包括：对外贸易依存度（进出口总额占 GDP 比重）、外国直接投资净流入占 GDP 比重、对外直接投资净流出占 GDP 比重、服务贸易进出口额占 GDP 的百分比、跨国公司数量与质量（世界500 强的数量以及排名前 25% 的数量）。

（三）流程资本指标的选择

流程资本被定义为一个国家中的非人类知识库，它嵌入在信息和通信技术系统中，它的代表物是硬件、软件、数据库、实验室和组织结构，支持并外化了人力资本的输出，它体现为一国的基础设施资源，这些资源有利于信息的传播和可获得性。本书对流程资本的测度指标包括：安全互联网服务器（每百万人）、人均移动电话拥有量（每百人移动蜂窝式无线通信系统的电话租用）、互联网用户数（每 100 人中互联网的用户数）。

（四）创新资本指标的选择

创新资本被定义为一个国家未来知识财富和为保持持续竞争力优势的能力。研发是创新资本的一个至关重要的参数，国外专利申请代表着思想的创新和整个国家工业的创新，因此创新资本还包括一个国家的专利和科学出版物。本书测度的创新资本包括：高科技产品出口占制成品出口比重、国内 R&D 支出总额、R&D 投入强度（R&D 支出总额占 GDP 比重）、R&D 科研人员数、各国高校质量（世界前 500 名高校的得分总和）、科技论文（三系统收录的科技论文总数）、居民与非居民专利申请数。

（五）国家财富资本指标的选择

国家财富资本是由企业微观层面财务资本转换而来的，国家财富资本最常用的度量标准是人均 GDP，但按照不同国家之间的购买力差别来标准化人均 GDP 是十分重要的，作为 GDP 衡量方法的补充，尽管贸易政策在决定金融资本时也是一个重要参数，但对各国的贸易壁垒的高低衡量非常困难。此外，金融资本的另一个主要指标是国家股票市场的资本化程度。本书借鉴 Carol Yeh – Yun Lin 和 Leif Edvinsson（2008）的处理方法，金融资本的测度指标取经过购买力平价调整后的人均 GDP 对数和上市公司市场资本总额占 GDP 的比重。

全球知识资本评价估算指标选择见表 3 – 2。

表 3 – 2　　　　　　全球知识资本评价估算指标选择

一级指标		二级指标
知识资本（A）	人力资本（B1）	教育公共支出占 GDP 的比重（C1）
		公共教育支出总数占政府支出的比重（C2）
		高等教育入学率（C3）
		接受过高等教育的劳动力占劳动力总数比重（C4）
	国际市场资本（B2）	对外贸易依存度（进出口总额占 GDP 比重）（C5）
		外国直接投资净流入占 GDP 比重（C6）
		对外直接投资净流出占 GDP 比重（C7）
		服务贸易进出口额占 GDP 比重（C8）
		跨国公司数量（世界 500 强的数量）（C9）
		跨国公司质量（世界 500 强中排名前 25% 的数量）（C10）

续表

一级指标		二级指标
知识资本（A）	流程资本（B3）	安全互联网服务器（每百万人）（C11）
		人均移动电话拥有量（每百人移动蜂窝式无线通信系统的电话租用）（C12）
		互联网的用户数（每100人）（C13）
	创新资本（B4）	高科技产品出口占制成品出口比重（C14）
		R&D 投入强度（R&D 支出总额占 GDP 比重）（C15）
		R&D 科研人员数（C16）
		各国高校质量（世界前五百名高校的得分总和）（C17）
		科技论文（三系统收录的科技论文总数）（C18）
		居民与非居民专利申请数
	国家财富资本（B5）	经过购买力平价调整后的人均 GDP 对数（C20）
		上市公司市场资本总额占 GDP 比重（C21）

注：A 为目标层，B 为一级指标层，C 为二级指标层。

二　全球知识资本测度模型的构建

为了能够对世界主要国家（地区）知识资本进行评价与对比分析，采用指标权重线性加总的办法来计算全球主要国家（地区）的知识资本指数（Knowledge Capital Index，KCI），其得分计算公式如下[①]：

$$KCI_{ij} = \sum_{n=1}^{5} w_n \sum_{n=1}^{k} (\alpha_{nt} y_{ij})$$

其中，KCI_{ij} 表示第 i 个国家（地区）第 j 年的知识资本指数；$y_{ij} = \frac{x_{ij} - x_{ij(\min)}}{x_{ij(\max)} - x_{ij(\min)}} \times 100$，代表二级指标得分，$k$ 代表某一级指标下的二级指标个数；w_n 代表第 n 个一级指标的权重值；α_{nt} 代表第 n 个一级指标下第 t 个二级指标的权重；x_{ij} 代表第 i 个国家（地区）第 j 年二级指标的原始值；$x_{ij(\min)}$ 代表主要国家（地区）中基期年份某一二级指标的最小值；$x_{ij(\max)}$ 代表主要国家（地区）中基期年份某一二级指标的最大值。

上述方法处理的过程是：

[①] 计算方法参照《管理世界》（2011 年第 8 期）《开放条件下区域经济转型升级综合能力评价研究——中国 31 个省市转型升级评价指标体系分析》一文。

第一，将基期年份（2003年）各指标原始数据的最大值（$x_{ij(\max)}$）与最小值（$x_{ij(\min)}$）找出。

第二，按 $y_{ij} = \dfrac{x_{ij} - x_{ij(\min)}}{x_{ij(\max)} - x_{ij(\min)}} \times 100$ 的计算方法可得到第 i 个国家（地区）第 j 年二级指标的得分，这样，在基期年份各国家（地区）的单个指标得分就确定在 0—100 之间。为了使各国家（地区）可以同以前年份进行比较，从而反映知识资本的变化趋势，基期以后年份的得分可以大于 100 或小于 0。

第三，通过层次分析法确定各级指标的权重。

第四，根据一级和二级指标权重按上述公式合成计算得出各国家（地区）的知识资本综合指数。

经过上述处理，各项指标的指数值均与知识资本总量实力正相关，即得分越高表明该国的知识资本丰裕度越高；反之，则其知识资本的丰裕度越贫乏。

三　全球知识资本测度的样本选择及数据处理

（一）样本国家的选择及数据来源

为了能够较清晰地展现世界各大洲的知识资本分布与空间差异，在样本选择上不仅区别于以往主要选择发达国家（OECD 成员国）的处理方法，而且在样本国家的选择上也更加具有广泛性和代表性，样本国家的分布来自东亚及太平洋、欧洲及中亚、南亚、北美、中东及北非、拉丁美洲及加勒比地区、撒哈拉以南非洲，并按经合组织成员国、高收入国家、中上等收入国家、中低等收入国家、低收入国家的标准选择了 63 个代表性国家（地区），主要包括 OECD 组织的 33 个成员国（因数据缺失，未包括匈牙利）、中国香港、新加坡、中国、马来西亚、泰国、印度尼西亚、蒙古、菲律宾、柬埔寨、俄罗斯、罗马尼亚、乌克兰、塔吉克斯坦、马尔代夫、印度、巴基斯坦、尼泊尔、马耳他、沙特阿拉伯、伊朗伊斯兰、埃及、巴西、阿根廷、古巴、巴拿马、南非、喀麦隆、埃塞俄比亚、肯尼亚、马里。研究数据来源主要为 OECD（Dataset：MSTI Main Science and Technology Indicators）、世界知识产权组织（WIPO Statistics Database）、世界银行（由 EPS 整理）、联合国教科文组织（由 EPS 整理）、《国际统计年鉴》、《中国科技统计年鉴》、上海交通大学高等教育学院（世界 500 强高校学术排名）、世界 500 强官网（世界 500 强排行榜）。考虑数据的可获得性和完整性，数据选择的时间序列为2003—2012年，尽管在数据来源上都是出自国际权威数据库，但统计数据在部分国家的部分年份上的数据仍有缺失，对于这些少数缺失的个别年份数据，以其国家相关指标数据的平均增长率为假设，并以最近两年的增长率为计算依据，将由此计算而得到的数据对缺失年份数据进行补充。

（二）原始数据的处理

1. 原始数据的预处理

为了消除各指标之间的计量单位和数量级差异，对原始数据进行无量纲的标准化处理。首先，找出所选国家（地区）在基期2003年中各指标的最大值和最小值；其次，以2003年为基期按标准化处理公式逐年对二级指标进行标准化处理，标准化处理的公式为：

$$y_{ij} = \frac{x_{ij} - x_{ij(\min)}}{x_{ij(\max)} - x_{ij(\min)}} \times 100$$

2. 极端值的控制

不同国家（地区）由于所处地理、资源、人口以及规模大小的不同，就有可能造成某些指标出现极端值，这会对我们的标准化处理的结果出现异常，从而对综合评价造成偏差，鉴于社会经济现象一般都近似服从正态分布，因此，可以认为评价指标服从正态分布，即 $x_{ij} \sim N(\mu, \sigma^2)$，一般采用 3σ 界限进行控制，上限定为 $\mu + 3\sigma$，下限定为 $\mu - 3\sigma$，μ 为均值，σ 为标准差。[1]

3. 适度指标的处理

按照国际经验，外贸依存度属于适度指标。外贸依存度是指一个国家的进出口总额占该国GDP的比重，它可以用来反映一个国家经济对外贸的依赖程度和参与国际分工的程度，发达国家的外贸依存度一般在15%—30%的合理区间。

因此，我们对这个指标按照下列公式进行标准化换算：

$$y_{ij} = \begin{cases} 1 - \dfrac{L_{1j} - x_{ji}}{\max(L_{1j} - x_{ji(\min)}, \ x_{ji(\max)} - L_{2j})}, & x_{ji} < L_{1j} \\ 1, & L_{1j} \leqslant x_{ji} \leqslant L_{2j} \\ 1 - \dfrac{x_{ji} - L_{2j}}{\max(L_{1j} - x_{ji(\min)}, \ x_{ji(\max)} - L_{2j})}, & x_{ji} > L_{2j} \end{cases}$$

---

[1] 处理方法参考朱顺泉《管理科学研究方法——统计与运筹优化应用》，清华大学出版社2007年版，第83页。

其中，$[L_{1j}, L_{2j}]$ 代表适度指标的适度区间；$x_{ji(\min)}$ 代表样本国家 j 外贸依存度指标的最小值；$x_{ji(\max)}$ 代表样本国家 j 外贸依存度指标的最大值；x_{ji} 代表第 j 个国家外贸依存度指标的原始值。

适度指标经过换算后，其区间范围也被定义在 [0，1] 之间，显然它们和正向指标一样，其值越大越好。

（三）权重的估算

合理确定指标权重是多指标综合评价问题的一个重要步骤，权重确定的方法主要有加权平均法、主观赋权法、客观赋权法、德尔菲法、层次分析法、主成分分析法等，层次分析法是当前较为实用的多方案或多目标权重决策方法，该方法具有定性和定量结合处理各种决策因素的特点，以及其全面、灵活、简洁的优点，在社会经济多个领域内得到了广泛的重视和应用。依据该方法，本书所要估计测算的知识资本为递阶层次结构中的目标层，设其为 A，它所对应的下一层为准则层，即一级指标 B 层，定义为 B1—B5，其分别对应了二级指标 C1—C21。根据 A—B 层次和 B—C 层次的判断矩阵，应用 SPSS17.0 软件进行计算，得出权重数据如表 3-3 所示。

表 3-3　　　　　　　　知识资本评价各指标权重

子系统层	一级指标权重	指标层	二级指标权重
B1	0.115	C1	0.292
		C2	0.201
		C3	0.226
		C4	0.281
B2	0.283	C5	0.103
		C6	0.125
		C7	0.125
		C8	0.125
		C9	0.339
		C10	0.183
B3	0.100	C11	0.334
		C12	0.333
		C13	0.333

续表

子系统层	一级指标权重	指标层	二级指标权重
B4	0.425	C14	0.130
		C15	0.253
		C16	0.253
		C17	0.149
		C18	0.103
		C19	0.112
B5	0.077	C20	0.875
		C21	0.125

为了判断上述获得权重的可行性和有意义，需对所得出的各项指标权重数据进行检验，这需要对判断矩阵进行一致性检验，判断矩阵只有通过了检验，才能说明其逻辑上的合理性，因此，需要分三个步骤来处理：

（1）计算一致性指标 $CI = \dfrac{\lambda_{\max} - n}{n - 1}$；

（2）查表确定平均随机一致性指标 RI；

（3）计算一致性比例 $CR = \dfrac{CI}{RI}$，检验的结果列于表3-4中。

表3-4　　　　知识资本评价各指标权重检验结果

指标	$\lambda_{\max}$	CI	RI	CR
B1、B2、B3、B4、B5	5.234	0.0585	1.12	0.052
C1、C2、C3、C4	4.065	0.0217	0.89	0.024
C5、C6、C7、C8、C9、C10	6.223	0.0446	1.26	0.035
C11、C12、C13	3.028	0.014	0.52	0.027
C14、C15、C16、C17、C18、C19	6.347	0.0578	1.26	0.046
C20、C21	2	0	0	0

由表3-4的检验数据结果表明，各指标权重的判断矩阵的 CR 值均

第三章　全球知识资本分布特征与空间差异分析 ·59·

小于 0.1，即各判断矩阵的一致性是可以接受的，具有满意的一致性。由此，可以确定知识资本的各个估计指标的权重。为了保持各年的知识资本估算数据之间的可比性，在所选的时间序列年份中各指标权重保持不变。

四　全球知识资本分布的测算结果

依据上述层次分析法（AHP 分析法）所确定的权重，然后利用知识资本估算的计算公式：$KCI_{ij} = \sum_{n=1}^{5} w_n \sum_{n=1}^{k} (\alpha_{nt} y_{ij})$，分别可以得到 2003—2012 年样本国家和地区的知识资本（见表 3-5 至表 3-12），从而可以得到全球知识资本在世界的分布状况和丰裕程度，也可以较清楚地来反映世界按地理位置划分的各区域知识资本的变化趋势与在世界排名的动态变化。

（一）世界代表性国家和地区知识资本测算结果

根据 63 个代表性国家和地区的知识资本测算结果，从 2003—2012 年的十年间全球知识资本总体呈上升增长态势，知识资本指数值的平均值由 2003 年的 22.15 上升至 2012 年的 32.08（其平均值的变化趋势见图 3-1），其中，美国、日本、德国、英国的知识资本丰裕度一直处于世界的前列，而肯尼亚、印度尼西亚、巴基斯坦、塔吉克斯坦、尼泊尔、喀麦隆、马里、埃塞俄比亚、柬埔寨等国家的知识资本增长缓慢，且一直处于绝对的贫乏状态，这些国家的知识资本指数值平均分均处于 10 分以下。2003—2012 年各国家的知识资本指数值如表 3-5 所示（按 2012 年国家知识资本指数值的大小排序进行整理）。

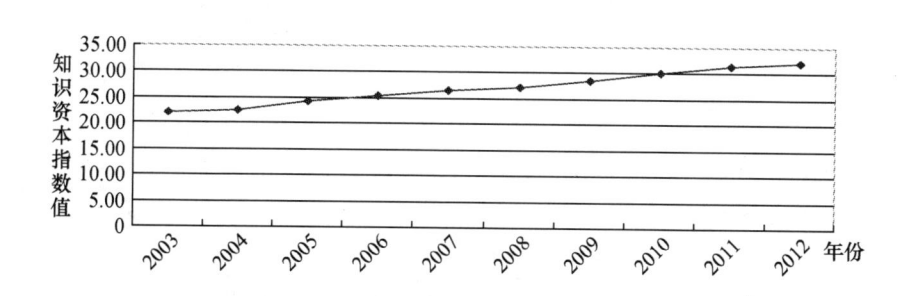

图 3-1　2003—2012 年全球知识资本指数平均值变化趋势

表 3-5　　　2003—2012 年世界 63 个国家和地区知识资本估算

国家和地区	2003年	2004年	2005年	2006年	2007年	2008年	2009年	2010年	2011年	2012年
美国	82.14	81.49	83.71	84.93	85.55	89.90	90.18	92.89	94.71	95.73
日本	69.06	66.05	69.27	66.56	66.35	67.36	67.28	70.03	70.01	70.25
韩国	37.42	38.16	41.52	43.71	49.26	50.99	54.35	56.53	66.70	68.92
冰岛	39.39	40.48	46.07	49.92	51.92	51.32	53.79	58.80	62.74	63.19
德国	45.72	47.22	50.67	50.16	51.97	54.37	56.09	56.11	57.13	58.91
荷兰	34.79	36.11	38.59	38.99	42.13	42.31	44.97	53.22	56.27	56.99
英国	48.01	48.45	53.24	55.97	54.51	51.82	55.52	58.10	61.99	56.68
瑞士	38.66	38.30	40.38	41.78	43.58	45.28	46.90	51.69	55.29	56.12
丹麦	35.05	35.97	39.53	41.31	42.82	46.12	49.16	53.19	55.31	55.46
芬兰	42.56	42.82	44.23	45.23	46.52	47.92	49.27	52.90	53.64	54.41
中国	18.94	21.07	24.19	27.38	30.22	35.50	37.53	41.71	47.57	53.82
瑞典	41.15	40.82	43.69	44.81	43.22	45.03	46.07	49.16	49.70	50.86
澳大利亚	33.21	33.88	37.41	39.12	41.32	42.75	45.77	49.90	51.46	50.12
挪威	33.04	33.54	35.14	36.19	38.90	39.00	41.72	46.74	47.97	48.88
法国	42.54	42.10	43.95	45.28	46.42	46.56	48.05	49.25	47.95	48.12
加拿大	36.84	36.83	40.16	41.29	43.37	43.20	44.40	45.83	46.31	45.44
卢森堡	28.86	28.63	31.65	32.74	33.58	35.90	38.32	40.73	43.86	45.08
新加坡	35.85	34.97	37.53	38.29	39.90	41.84	42.17	42.54	43.55	44.61
以色列	36.22	36.71	38.61	40.03	41.32	42.66	43.34	43.81	44.34	43.35
奥地利	25.75	27.26	29.72	31.11	32.84	34.55	35.80	39.28	40.43	42.16
新西兰	26.13	27.10	29.12	30.83	33.08	34.19	36.75	40.85	42.06	41.95
爱尔兰	25.71	26.79	29.21	30.74	31.81	33.30	34.69	36.28	38.89	38.08
比利时	27.66	28.65	29.68	31.35	32.19	33.79	35.72	36.64	37.87	
马耳他	19.47	20.06	22.84	25.14	27.35	28.42	28.53	33.49	36.70	37.14
中国香港	23.75	24.37	26.38	27.24	28.61	28.75	31.23	32.73	34.44	36.51
斯洛文尼亚	20.20	21.69	23.46	25.19	25.94	27.00	28.17	30.27	32.89	34.91
爱沙尼亚	20.91	22.29	23.95	25.73	25.61	27.01	28.14	29.72	33.79	34.72
西班牙	24.24	23.16	27.31	29.08	30.33	31.54	32.76	32.23	32.46	32.37
意大利	24.19	25.44	26.71	27.20	29.14	29.41	29.95	30.94	30.78	31.01
俄罗斯	21.43	22.78	24.16	26.97	27.87	28.02	29.81	29.98	30.44	30.97

续表

国家和地区	2003年	2004年	2005年	2006年	2007年	2008年	2009年	2010年	2011年	2012年
捷克	17.90	18.84	21.33	23.37	24.19	24.99	25.54	27.00	28.76	30.03
葡萄牙	18.16	18.75	19.83	21.46	23.20	25.70	26.57	27.21	27.67	28.36
马来西亚	23.26	20.62	21.82	21.60	22.36	21.30	25.45	26.20	27.54	28.33
巴西	14.79	15.60	17.39	18.49	20.44	20.92	22.92	24.16	25.35	26.07
波兰	14.71	16.40	17.89	18.84	19.77	20.25	21.49	23.32	23.99	24.86
斯洛伐克	14.94	16.46	17.24	17.88	18.86	18.99	19.68	21.73	22.11	23.49
希腊	17.06	17.95	19.69	20.71	21.21	21.35	21.65	21.96	22.45	23.36
阿根廷	12.37	13.25	14.84	16.54	17.64	18.68	19.83	20.96	21.89	21.81
智利	14.22	14.00	14.72	15.32	16.27	16.42	17.66	18.94	19.17	20.84
南非	14.33	14.37	15.76	16.24	16.34	16.57	16.73	17.83	19.11	19.81
沙特	12.81	12.96	14.90	14.81	16.45	16.27	17.92	18.75	19.49	19.80
乌克兰	14.12	14.75	16.90	17.97	18.91	18.37	19.13	19.00	18.80	19.66
古巴	14.34	14.87	16.23	18.16	18.33	19.09	19.51	19.32	18.09	18.41
墨西哥	15.29	14.39	15.37	16.03	16.30	15.95	16.96	17.13	17.77	18.21
泰国	14.15	13.38	14.29	15.07	15.32	15.34	16.09	16.17	17.91	18.20
土耳其	9.52	10.54	12.00	12.82	14.59	15.05	15.81	16.69	17.44	17.72
巴拿马	10.29	10.49	11.46	12.12	13.02	14.19	16.10	16.72	17.57	17.24
罗马尼亚	9.54	10.83	12.43	13.47	14.64	16.05	16.28	16.67	16.43	16.55
菲律宾	13.71	12.75	12.99	13.92	14.31	13.84	14.17	15.26	15.31	16.39
伊朗	10.47	10.75	11.32	12.13	13.45	13.89	14.56	14.96	15.30	15.83
印度	8.03	8.42	9.66	10.57	11.80	11.93	13.13	14.36	14.48	15.38
马尔代夫	6.84	7.47	8.32	9.49	10.29	11.77	13.46	13.83	14.55	15.10
蒙古	6.63	7.09	7.64	8.12	9.66	10.76	11.58	12.38	13.30	14.07
埃及	8.41	8.87	9.98	9.68	10.65	10.36	11.06	12.25	12.92	13.55
肯尼亚	7.40	7.36	8.55	8.81	9.38	9.14	9.19	9.75	10.37	10.74
印度尼西亚	6.60	6.14	7.24	7.39	7.78	7.99	9.56	9.83	10.01	10.43
塔吉克斯坦	3.81	4.04	4.94	5.97	6.12	6.94	7.77	8.34	8.56	8.75
尼泊尔	3.50	3.61	4.26	4.80	5.32	5.50	6.76	7.33	7.75	8.31
巴基斯坦	4.79	5.30	6.31	7.19	8.39	7.98	7.84	7.50	7.48	7.73
马里	4.28	4.07	4.38	4.95	5.19	4.85	5.33	6.11	7.08	7.48

续表

国家和地区	2003年	2004年	2005年	2006年	2007年	2008年	2009年	2010年	2011年	2012年
柬埔寨	1.93	1.96	2.50	2.82	2.97	3.59	4.28	5.06	6.31	7.46
喀麦隆	4.78	4.74	5.13	5.18	5.74	5.13	6.21	6.40	6.27	6.75
埃塞俄比亚	3.46	4.56	3.83	4.12	4.44	4.62	4.34	5.01	5.11	5.43

资料来源：根据知识资本综合指数公式计算而得，并按2012年综合指数大小排序。

（二）分区域的国家和地区知识资本测算结果

1. 东亚及太平洋主要国家地区知识资本测算结果

东亚及太平洋主要国家和地区包括澳大利亚、日本、韩国、新西兰、中国香港、新加坡、中国、马来西亚、泰国、印度尼西亚、蒙古、菲律宾、柬埔寨等，在这些代表性国家中日本、韩国的知识资本丰裕度处于第一梯队，中国、澳大利亚、新加坡、新西兰处于第二梯队，中国香港和马来西亚处于第三梯队，泰国、印度尼西亚、蒙古、菲律宾、柬埔寨处于第四梯队，处在这一梯队的国家其知识资本增长缓慢且总量不高，属于知识资本极度贫乏的状态。

表3-6　2003—2012年东亚及太平洋主要国家和地区知识资本估算

国家和地区	2003年	2004年	2005年	2006年	2007年	2008年	2009年	2010年	2011年	2012年
澳大利亚	33.21	33.88	37.41	39.12	41.32	42.75	45.77	49.90	51.46	50.12
日本	69.06	66.05	69.27	66.56	66.35	67.36	67.28	70.03	70.01	70.25
韩国	37.42	38.16	41.52	43.71	49.26	50.99	54.35	56.53	66.70	68.92
新西兰	26.13	27.10	29.12	30.83	33.08	34.19	36.75	40.85	42.06	41.95
中国香港	23.75	24.37	26.38	27.24	28.61	28.75	31.23	32.73	34.44	36.51
新加坡	35.85	34.97	37.53	38.29	39.90	41.84	42.17	42.54	43.55	44.61
中国	18.94	21.07	24.19	27.38	30.22	35.50	37.53	41.71	47.57	53.82
马来西亚	23.26	20.62	21.82	21.60	22.36	21.30	25.45	26.20	27.54	28.33
泰国	14.15	13.38	14.29	15.07	15.32	15.34	16.09	16.17	17.91	18.20
印度尼西亚	6.60	6.14	7.24	7.39	7.78	7.99	9.56	9.83	10.01	10.43
蒙古	6.63	7.09	7.64	8.12	9.66	10.76	11.58	12.38	13.30	14.07
菲律宾	13.71	12.75	12.99	13.92	14.31	13.84	14.17	15.26	15.31	16.39
柬埔寨	1.93	1.96	2.50	2.82	2.97	3.59	4.28	5.06	6.31	7.46

资料来源：根据知识资本综合指数公式计算而得。

2. 欧洲及中亚主要国家知识资本测算结果

欧洲及中亚主要代表性国家和地区包括奥地利、比利时、瑞士、英国、德国、法国、土耳其、乌克兰、塔吉克斯坦等 28 个国家，由于这些国家中大部分属于 OECD 组织的成员国，总体来看，其知识资本指数值的平均值要高于其他区域，在这些区域内的英国、冰岛、德国、法国、瑞士等属于 OECD 发达国家行列的知识资本丰裕度均较高，由此可见，在西欧和北欧地区的知识资本分布都较丰富，而罗马尼亚、土耳其、乌克兰、塔吉克斯坦等国家的知识资本则处于较贫乏的状态。

表 3-7　　2003—2012 年欧洲及中亚主要国家知识资本估算

国家	2003 年	2004 年	2005 年	2006 年	2007 年	2008 年	2009 年	2010 年	2011 年	2012 年
奥地利	25.75	27.26	29.72	31.11	32.84	34.55	35.80	39.28	40.43	42.16
比利时	27.66	28.65	29.68	31.35	32.40	32.19	33.79	35.72	36.64	37.87
瑞士	38.66	38.30	40.38	41.78	43.58	45.28	46.90	51.69	55.22	56.12
捷克	17.90	18.84	21.33	23.37	24.19	24.99	25.54	27.00	28.76	30.03
德国	45.72	47.22	50.67	50.16	51.97	54.37	56.09	56.11	57.13	58.91
丹麦	35.05	35.97	39.53	41.31	42.82	46.12	49.16	53.19	55.31	55.46
西班牙	24.24	23.16	27.31	29.08	30.33	31.54	32.76	32.23	32.46	32.37
爱沙尼亚	20.91	22.29	23.95	25.73	25.61	27.01	28.14	29.72	33.79	34.72
芬兰	42.56	42.82	44.23	45.29	46.52	47.92	49.27	52.90	53.64	54.41
法国	42.54	42.10	43.95	45.28	46.42	46.56	48.05	49.25	47.95	48.12
英国	48.01	48.45	53.24	55.97	54.51	51.82	55.52	58.10	61.99	56.68
希腊	17.06	17.95	19.69	20.71	21.21	21.35	21.65	21.96	22.45	23.36
爱尔兰	25.71	26.79	29.21	30.74	31.81	33.30	34.69	36.28	38.89	38.08
冰岛	39.39	40.48	46.07	49.92	51.92	51.32	53.79	58.80	62.74	63.19
意大利	24.19	25.44	26.71	27.20	29.14	29.41	29.95	30.94	30.78	31.01
卢森堡	28.86	28.63	31.65	32.74	33.58	35.90	38.32	40.73	43.86	45.08
荷兰	34.79	36.11	38.59	38.99	42.13	42.31	44.97	53.22	56.27	56.99
挪威	33.04	33.54	35.14	36.19	38.90	39.00	41.72	46.74	47.97	48.88
波兰	14.71	16.40	17.89	18.84	19.77	20.25	21.49	23.32	23.99	24.86
葡萄牙	18.16	18.75	19.83	21.46	23.20	25.70	26.57	27.21	27.67	28.36
斯洛伐克	14.94	16.46	17.24	17.88	18.86	18.99	19.68	21.73	22.11	23.49

续表

国家	2003年	2004年	2005年	2006年	2007年	2008年	2009年	2010年	2011年	2012年
斯洛文尼亚	20.20	21.69	23.46	25.19	25.94	27.00	28.17	30.27	32.89	34.91
瑞典	41.15	40.82	43.69	44.81	43.22	45.03	46.07	49.16	49.70	50.86
俄罗斯	21.43	22.78	24.16	26.97	27.87	28.02	29.81	29.98	30.44	30.97
罗马尼亚	9.54	10.83	12.43	13.47	14.64	16.05	16.28	16.67	16.43	16.55
土耳其	9.52	10.54	12.00	12.82	14.59	15.05	15.81	16.69	17.44	17.72
乌克兰	14.12	14.75	16.90	17.97	18.91	18.37	19.13	19.00	18.80	19.66
塔吉克斯坦	3.81	4.04	4.94	5.97	6.12	6.94	7.77	8.34	8.56	8.75

资料来源：根据知识资本综合指数公式计算而得。

3. 南亚主要国家知识资本测算结果

在南亚地区主要选择马尔代夫、印度、巴基斯坦和尼泊尔四个国家，这些国家的知识资本虽然在一定程度上得到了提升，但总体还处于落后状态，总体来看，南亚地区的知识资本处于贫乏状态，特别是巴基斯坦和尼泊尔则处于绝对贫乏的状态，它们的知识资本指数值一直低于10分，远低于世界平均水平（见表3-8）。

表3-8　　　　　　　　2003—2012年南亚主要国家知识资本估算

国家	2003年	2004年	2005年	2006年	2007年	2008年	2009年	2010年	2011年	2012年
马尔代夫	6.84	7.47	8.32	9.49	10.29	11.77	13.46	13.83	14.55	15.10
印度	8.03	8.42	9.66	10.57	11.80	11.93	13.13	14.36	14.48	15.38
巴基斯坦	4.79	5.30	6.31	7.19	8.39	7.98	7.84	7.50	7.48	7.73
尼泊尔	3.50	3.61	4.26	4.80	5.32	5.50	6.76	7.33	7.75	8.31

资料来源：根据知识资本综合指数公式计算而得。

4. 北美、中东及北非主要国家知识资本测算结果

北美地区选择美国和加拿大，中东地区选择以色列、沙特阿拉伯、伊朗，北非则选择埃及。这些国家中美国的知识资本处于绝对丰裕的状态，加拿大和以色列的知识资本较丰裕，马耳他则在近年来的知识资本提升较快，而沙特阿拉伯、伊朗、埃及等中东国家的知识资本较贫乏（见表3-9）。

表 3-9　2003—2012 年北美、中东及北非主要国家知识资本估算

国家	2003 年	2004 年	2005 年	2006 年	2007 年	2008 年	2009 年	2010 年	2011 年	2012 年
加拿大	36.84	36.83	40.16	41.29	43.37	43.20	44.40	45.83	46.31	45.44
美国	82.14	81.49	83.71	84.93	85.55	89.90	90.18	92.89	94.71	95.73
以色列	36.22	36.71	38.61	40.03	41.32	42.66	43.34	43.81	44.34	43.35
马耳他	19.47	20.06	22.84	25.14	27.35	28.42	28.53	33.49	36.70	37.14
沙特阿拉伯	12.81	12.96	14.90	14.81	16.45	16.27	17.92	18.75	19.49	19.80
伊朗	10.47	10.75	11.32	12.13	13.45	13.89	14.56	14.96	15.30	15.83
埃及	8.41	8.87	9.98	9.68	10.65	10.36	11.06	12.25	12.92	13.55

资料来源：根据知识资本综合指数公式计算而得。

5. 拉丁美洲及加勒比地区主要国家知识资本测算结果

拉丁美洲及加勒比地区主要代表性的国家选择智利、巴西、阿根廷、古巴、墨西哥和巴拿马六个国家，总体而言，这些地区的知识资本均不够丰裕，总体排名均在中下水平。相对而言，巴西和阿根廷在这一区域的知识资本丰裕一些（见表 3-10）。

表 3-10　2003—2012 年拉丁美洲及加勒比地区主要国家知识资本估算

国家	2003 年	2004 年	2005 年	2006 年	2007 年	2008 年	2009 年	2010 年	2011 年	2012 年
智利	14.22	14.00	14.72	15.32	16.27	16.42	17.66	18.94	19.17	20.84
巴西	14.79	15.60	17.39	18.49	20.44	20.92	22.92	24.16	25.35	26.07
阿根廷	12.37	13.25	14.84	16.54	17.64	18.68	19.83	20.96	21.89	21.81
古巴	14.34	14.87	16.23	18.16	18.33	19.09	19.51	19.32	18.09	18.41
墨西哥	15.29	14.39	15.37	16.03	16.30	15.95	16.96	17.13	17.77	18.21
巴拿马	10.29	10.49	11.46	12.12	13.02	14.30	16.10	16.72	17.57	17.24

资料来源：根据知识资本综合指数公式计算而得。

6. 撒哈拉以南非洲主要国家知识资本测算结果

地处撒哈拉以南的非洲国家经济发展水平均比较落后，其知识资本积累的能力比较有限，因而总体的知识资本都比较贫乏，许多国家的知识资本处于绝对贫乏的状况，知识资本的指数值一直处于 10 以下的水平，远

远低于世界的平均水平，在这一区域只有经济水平相对发达的南非才相对丰裕一些，但相对世界来说，其知识资本仍然不够丰裕。这些经济发展水平落后的区域由于知识资本长期得不到提升，进一步影响了其经济长期持续增长动力（见表 3 - 11）。

表 3 - 11　　2003—2012 年撒哈拉以南非洲主要国家知识资本估算

国家	2003 年	2004 年	2005 年	2006 年	2007 年	2008 年	2009 年	2010 年	2011 年	2012 年
南非	14.33	14.37	15.76	16.24	16.34	16.57	16.73	17.83	19.11	19.81
喀麦隆	4.78	4.74	5.13	5.18	5.74	5.13	6.21	6.40	6.27	6.75
埃塞俄比亚	3.46	4.56	3.83	4.12	4.44	4.62	4.34	5.01	5.11	5.43
肯尼亚	7.40	7.36	8.55	8.81	9.38	9.14	9.19	9.75	10.37	10.74
马里	4.28	4.07	4.38	4.95	5.19	4.85	5.33	6.11	7.08	7.48

资料来源：根据知识资本综合指数公式计算而得。

（三）世界代表性国家知识资本排名

为了对世界代表性国家的知识资本提升发展状况有一个动态的了解，根据各国 2003—2012 年的知识资本指数值，对各国在不同年份进行排序，通过排序名次的变化，可以看出各国在知识资本提升上的发展变化状况。从排序结果来看，美国和日本一直处于前一二名的位置，但美国的知识资本的丰裕度在世界上处于遥遥领先的地位，韩国在近十年来知识资本提升较快，排名从 2003 年的第 10 名上升到 2011 年的第 3 名，中国在近十年来的知识资本积累上也有较好的表现，排名从第 31 位跃居到 2012 年的第 11 位，荷兰则从 2003 年的排名 15 位上升至 2012 年的第 6 位，但也有像芬兰、法国、瑞典等国家的知识资本提升能力增长缓慢，其排名下降较快，已经被其他国家赶超。尽管有些国家的排名有所起伏变化，但总体而言，排名的次序还是相对比较稳定，经济发展水平和增长速度较高的国家知识资本提升能力变化较明显，这也印证了知识资本是一国的竞争力优势的体现。2003—2012 年代表性国家和地区知识资本具体的排名如表 3 - 12 所示。

表 3-12　　2003—2012 年世界 63 个国家和地区知识资本排名

国家和地区	2003 年	2004 年	2005 年	2006 年	2007 年	2008 年	2009 年	2010 年	2011 年	2012 年
美国	1	1	1	1	1	1	1	1	1	1
日本	2	2	2	2	2	2	2	2	2	2
韩国	10	10	9	9	6	6	5	5	3	3
冰岛	8	8	5	5	5	5	6	3	4	4
德国	4	4	4	4	4	3	3	6	6	5
荷兰	15	13	14	15	13	15	13	7	7	6
英国	3	3	3	3	3	4	4	4	5	7
瑞士	9	9	10	10	9	10	10	10	9	8
丹麦	14	14	12	11	12	9	8	8	8	9
芬兰	5	5	6	7	7	7	7	9	10	10
中国	31	29	26	24	24	19	19	18	15	11
瑞典	7	7	8	8	11	11	11	13	12	12
澳大利亚	16	16	16	14	14	13	12	11	11	13
挪威	17	17	17	17	17	17	17	14	13	14
法国	6	6	7	6	8	8	9	12	14	15
加拿大	11	11	11	12	10	12	14	15	16	16
卢森堡	18	19	18	18	18	18	18	20	18	17
新加坡	13	15	15	16	16	16	16	17	19	18
以色列	12	12	13	13	15	14	15	16	17	19
奥地利	21	20	19	20	20	20	21	21	21	20
新西兰	20	21	22	21	19	21	20	19	20	21
爱尔兰	22	22	21	22	22	22	22	22	22	22
比利时	19	18	20	19	21	23	23	23	24	23
马耳他	30	31	30	30	28	27	28	24	23	24
中国香港	25	24	25	25	26	26	25	25	25	25
斯洛文尼亚	29	28	29	29	29	30	29	28	27	26
爱沙尼亚	28	27	28	28	30	29	30	30	26	27
西班牙	23	25	23	23	23	24	24	26	28	28
意大利	24	23	24	26	25	25	26	27	29	29
俄罗斯	27	26	27	27	27	28	27	29	30	30
捷克	33	32	32	31	31	32	32	32	31	31
葡萄牙	32	33	33	33	32	31	31	31	32	32

续表

国家和地区	2003年	2004年	2005年	2006年	2007年	2008年	2009年	2010年	2011年	2012年
马来西亚	26	30	31	32	33	34	33	33	33	33
巴西	37	37	36	36	35	35	34	34	34	34
波兰	38	36	35	35	36	36	36	35	35	35
斯洛伐克	36	35	37	39	38	38	38	37	37	36
希腊	34	34	34	34	34	33	35	36	36	37
阿根廷	46	44	43	40	40	39	37	38	38	38
智利	41	42	44	43	44	42	42	41	40	39
南非	40	41	40	41	42	41	44	43	41	40
沙特	45	45	42	45	41	43	41	42	39	41
乌克兰	43	39	38	38	37	40	40	40	42	42
古巴	39	38	39	37	39	37	39	39	43	43
墨西哥	35	40	41	42	43	45	43	44	45	44
泰国	42	43	45	44	45	46	47	48	44	45
土耳其	50	49	48	48	47	47	48	46	47	46
巴拿马	48	50	49	50	50	48	46	45	46	47
罗马尼亚	49	47	47	47	46	44	45	47	48	48
菲律宾	44	46	46	46	48	50	50	49	49	49
伊朗	47	48	50	49	49	49	49	50	50	50
印度	52	52	52	51	51	51	52	51	52	51
马尔代夫	54	53	54	53	53	52	51	52	51	52
蒙古	55	55	55	55	54	53	53	53	53	53
埃及	51	51	51	52	52	54	54	54	54	54
肯尼亚	53	54	53	54	55	55	56	56	55	55
印度尼西亚	56	56	56	56	57	56	55	55	56	56
塔吉克斯坦	60	61	59	58	58	58	58	57	57	57
尼泊尔	61	62	61	61	60	59	59	59	58	58
巴基斯坦	57	57	57	57	56	57	57	58	59	59
马里	59	60	60	60	61	61	61	61	60	60
柬埔寨	63	63	63	63	63	63	63	62	61	61
喀麦隆	58	58	58	59	59	60	60	60	62	62
埃塞俄比亚	62	59	62	62	62	62	62	63	63	63

资料来源：根据各年的知识资本综合指数进行排名，并按2012年排名顺序进行整理。

第三节 全球知识资本分布的空间格局与差异分析

第二节中利用层次分析法测算了全球代表性国家2003—2012年十年间的知识资本，由于这些代表性国家的分布来自东亚及太平洋、欧洲及中亚、南亚、北美、中东及北非、拉丁美洲及加勒比地区、撒哈拉以南非洲，而且涵盖高、中、低收入国家，既有发达国家、发展中国家还有最不发达国家。因此，可以通过这些样本国家的知识资本情况和变化趋势来说明全球知识资本的空间分布格局及其差异。

一 全球知识资本空间分布格局

（一）全球知识资本总体得到提升，但提升速度差别较大

各大洲知识资本都不同程度得到提升，但部分国家的排名发生变化。美国和日本知识资本富裕度的排名地位近十年来一直没有动摇过，稳居在第1位和第2位，其中美国在人力资本、市场资本、流程资本以及更新资本的排名稳居世界首位，日本在市场资本、更新资本方面的优势显著，其世界排名分别为第2位和第3位。德国的排名虽然有点起伏，但总体还是维持在前5位，作为老牌工业制造国家，其在市场资本和表现创新能力的更新资本两个方面在世界排名分别为第4位和第8位。知识资本积累排名提升变化较大国家主要有：中国知识资本积累提升速度较快，由2003年的第31位上升到2012年的第11位，这主要得益于开放的进一步深化和对科技创新的重视，使得中国的市场资本和更新资本在世界的排名提升较快，到2012年市场资本和更新资本的世界排名分别跃居至第2位和第4位；韩国则由2003年的第10位跃升到2012年的第3位，其除了市场资本在世界的排名保持稳定第7位外，其他各项资本排名均得到提升，特别是流程资本和更新资本提升较快；荷兰由2003年的第15位上升到2012年的第6位，这主要是由于荷兰在支持并外化人力资本输出的信息基础设施方面提升较快，即流程资本的完善程度较高；冰岛由2003年的第8位上升到2012年的第4位，其主要在人力资本和更新资本方面的提升较明显，即在人力资本提升以及技术创新上有较明显的进步；这些国家在2003—2012年十年间的知识资本的变化趋势如图3-2所示。而知识资本

积累排名下降变化较大国家主要有：英国则由 2003 年的第 3 位下降到 2012 年的第 7 位，主要原因为流程资本和表现为创新能力的更新资本排名下降，特别是更新资本的提升缓慢，其国际创新力下降；芬兰由 2003 年的第 5 位下降到 2012 年的第 10 位，芬兰尽管人力资本较丰富，但表现为其创新能力的更新资本近年来下降；法国由 2003 年的第 6 位下降至 2012 年的第 15 位，法国虽然其在创新能力方面的更新资本和信息获取方面的流程资本有小幅提升，但其在人力资本和针对国际客户的需求提供吸引力和竞争力的解决方案的能力和成功经验的市场资本方面却是下降的；瑞典由 2003 年的第 7 位下降至 2012 年的第 12 位，主要原因系更新资本提升乏力所致；以色列由 2003 年的 12 位下降至 2012 年的第 19 位，其主要是由市场资本下降导致；加拿大由 2003 年的第 11 位下降至 2012 年的第 16 位，其主要原因也是表现创新能力的更新资本提升缓慢。其他国家的知识资本虽然都得到了提高，但其排名基本保持不变。

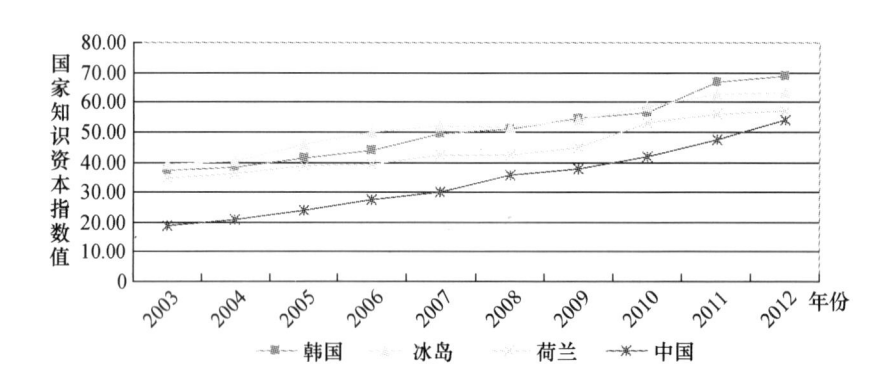

图 3－2　知识资本排名提升较快国家地区知识资本变化趋势

（二）知识资本丰裕度高的国家主要集中在 OECD 中的发达国家

知识资本丰富的国家集中在 OECD 发达国家中，以 2012 年 63 个代表性的样本国家为例，在选取的 33 个 OECD 成员国其国家知识资本占全部样本国家知识资本总额的比率达到 74.48%，即占 52.38% 的国家占 74.48% 的知识资本，而从知识资本排名情况看，排在前 10 位的均为 OECD 成员国，即使是在前二十位的排名中除了中国和新加坡两个国家之外，其余的也均为 OECD 成员国，其中在排名前 20 位的 18 个 OECD 成员国的知识资本又占据 33 个样本 OECD 国家知识资本总额的 70.80%，即在 OECD 成员国内部 54.5% 的国家占据了集团内 70.80% 的知识资本，这一现象表明一国的经济发展水平越发达，其国内知识资本的丰裕度也越高。

（三）知识资本的洲际分布不均衡

从知识资本丰裕度的国家区域分布来看，知识资本的国家分布呈现金字塔形的结构特征，发达国家占全球知识资本的绝大部分，发达国家与发展中国家的差距依然异常巨大，而且在各洲际的分布也极其不均衡，其中，欧洲和北美知识资本最丰富，东亚部分国家及太平洋地区的国家知识资本较丰富，拉丁美洲及加勒比地区国家知识资本处于相对较贫乏状态，而东亚部分国家以及非洲和南亚的绝大部分国家的知识资本则均处于绝对贫乏状态，因此排在后 10 位的国家基本上都处于这些区域，它们分别为埃塞俄比亚（第 63 位）、喀麦隆（第 62 位）、柬埔寨（第 61 位）、马里（第 60 位）、巴基斯坦（第 59 位）、尼泊尔（第 58 位）、塔吉克斯坦（第 57 位）、印度尼西亚（第 56 位）、肯尼亚（第 55 位）、埃及（第 54 位）、蒙古国（第 53 位），在排名后十位的国家中处于非洲的有 5 个，南亚的有 2 个，东亚的有 2 个。

（四）以七国集团和金砖五国为代表的发达国家与发展中国家知识资本差距较大

以七国集团和金砖五国为代表的部分国际组织与集团的国家基本代表了发达国家与发展中国家两大阵营，其中七国集团由美国、日本、英国、德国、法国、意大利和加拿大七国组成①，由于七国集团都是由发达国家组成的，因此其国家知识资本的丰裕度均较高，除意大利排在第 29 位外，其他国家的知识资本在世界的排名均在前 20 位以内，特别是美国、日本、英国、德国一直稳居世界前 5 位的水平，七国集团的国家知识资本发展较平稳（其变化趋势见图 3-3）。而作为新兴发展中国家组建的金砖国家由巴西、俄罗斯、印度、中国和南非五个发展中国家构成，在这十年间尽管五国的知识资本都得到了不同程度的提高，但除中国外，其他四国的知识资本在世界的排名并没有得到改善，巴西排名由 2003 年的第 37 位上升至 2012 年的第 34 位，俄罗斯则由 2003 年的第 27 位下降至 2012 年的第 30 位，印度则一直徘徊在第 51—52 位，南非则一直徘徊在第 40—44 位，中

---

① 通常国际上所公认的工业领袖国，或被称为"富国俱乐部"。

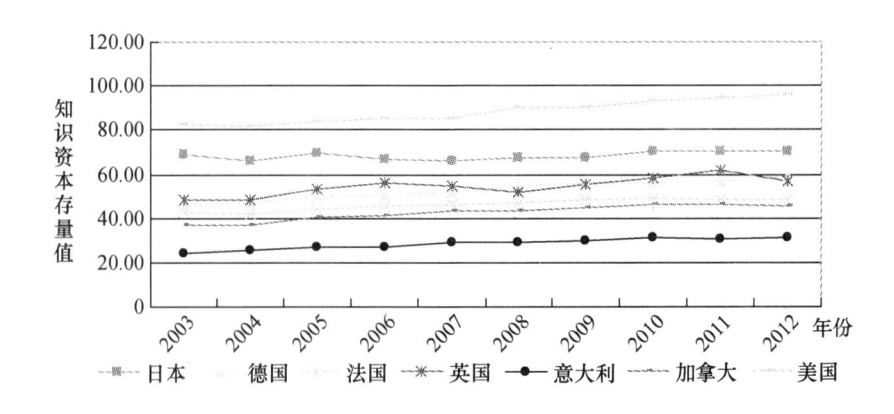

图 3-3　G7 国家知识资本变化趋势

国的知识资本提升速度和排名均比较明显，其排名由 2003 年的第 31 位快速上升至 2012 年的第 11 位，金砖五国国家知识资本的发展变化趋势如图 3-4 所示。七国集团国家的知识资本综合指数的平均值由 2003 年的 49.78 上升至 2012 年的 58.02，而金砖五国的国家知识资本平均值由 2002 年 15.50 上升至 2012 年的 29.21，尽管平均差距在缩小，但差距依然明显。由此可见，发达国家与发展中国家间的知识资本差距将持续很长时间。

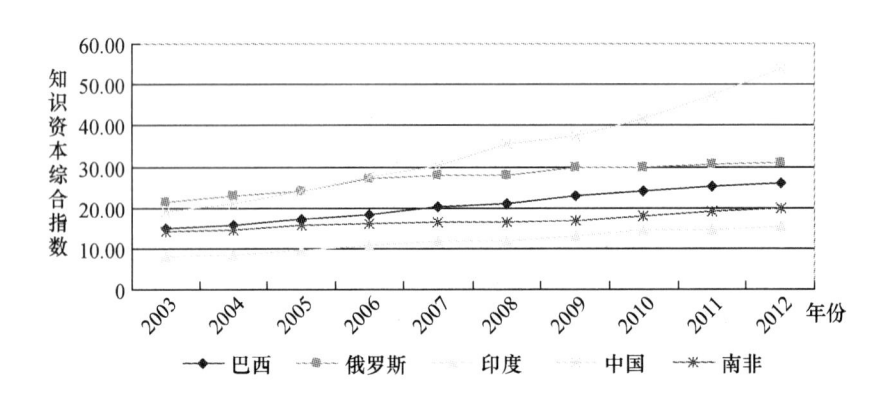

图 3-4　金砖国家知识资本变化趋势

二　全球知识资本国家分布的空间差异分析

通过第二节对全球代表性国家和地区 2003—2012 年十年间的国家知识资本的测度及变化趋势的分析可以发现，国家以及洲际之间的知识资本分布在地理空间上均处于一种非均衡状态，这种不均衡的空间分布状态不仅表现在发达国家和发展中国家之间,同时还表现在发达国家和发达国家、发展中国家与发展中国家之间。为了测度全球知识资本非均衡的分布差距状况,发现各国家、各洲际之间的差距变化情况,需要选定一种较科学的测算方法,目前学术界通常运用基尼系数法、泰尔系数法、标准差系数法和变异差系数法等来测算不同地理区域之间的差异,但这些方法只能反映总体差异,无法准确表达个体差距,而 Bart Verspagen 构建的空间知识溢出模型较好地反映了两区域间的技术差距与追赶问题,本书将借鉴这一方法对国家间的知识资本差距进行度量。

(一)差距系数模型的设计

在 Bart Verspagen(1991)两区域间技术差距模型中,为了对比表示两区域间的技术差距,他将两个技术水平存在差异的区域假设性地分为技术先进的区域 i 和技术相对落后的区域 j,并将两区域间技术差距表示为:$G_{ij} = \ln\left(\frac{k_i}{k_j}\right)$,其中,$G_{ij}$ 表示 i 区域与 j 区域的技术差距,k_i、k_j 分别为 i 区域与 j 区域的知识存量。借鉴这一思想设计反映两国间的知识资本差距系数,计算公式为:$G_{ij} = \ln\left(\frac{\max(x_{aj})}{x_{ij}}\right)$,其中,$G_{ij}$ 表示 i 国 j 年知识资本差距系数;$\max(x_{aj})$ 表示第 j 年 63 个样本国家中知识资本的最大值;x_{ij} 表示 i 国 j 年的知识资本值,因此,两国间的知识资本差距等价于两国间知识资本指数之比后取对数。由于以选择当年知识资本最丰富国家作为参照系,当知识资本差距系数为 0 时,则表明其与知识资本最丰富的国家相同,当知识资本差距系数的数值越小说明该国与世界知识资本最丰富国家的差距越小,也表明其知识资本越丰富;同时,从时间序列上来看,若一个国家的差距系数变得越来越小,表明该国与知识资本最丰富的国家间的差距在不断缩小,也表明其知识资本得到了提升;反之则表明其知识资本没有得到较好的发展与积累。[①]

(二)国家知识资本的差距分析

根据第二节测算得到的 63 个样本国家和地区知识资本指数情况,然后依据上述计算公式可得到近十年来全球国家和地区间的知识资本差距系数(见表 3 – 12),其结果表明:

---

① 知识资本差距系数的这一处理方法既可反映出差距情况,又可反映出个体之间的追赶状况。

（1）全球国家和地区间的知识资本差距总体呈现逐年缩小的趋势。国家和地区间知识资本差距系数的平均值由2003年的1.58下降至2012年的1.30，知识资本差距系数的最大值由2003年的3.75下降至2012年的2.87，差距系数的数值大于2的国家数量由2003年的15个下降至2012年的9个。尽管国家和地区间的知识资本差距总体趋势在不断缩小，但仍要看到国家个体间和洲际的差距依然巨大，特别是非洲、东亚的部分国家、中东地区的知识资本还是非常贫乏，其知识资本积累增长也比较缓慢，这主要跟这些区域政治和武装冲突的不稳定性有很大的关系。

（2）从OECD成员国内部看，其知识资本差距系数的平均值由2003年的1.04下降至2012年的0.84，国家和地区间的差距系数的最大值由2003年的2.15下降至2012年的1.69，尽管总体差距在缩小，但在成员国内部知识资本的差异依然较大，特别是捷克、西班牙、爱沙尼亚、希腊、意大利、波兰、葡萄牙、斯洛伐克、斯洛文尼亚、土耳其、墨西哥11个国家的知识资本差距系数仍在1以上。德国、法国、英国、以色列、芬兰、瑞典、加拿大7个国家与美国知识资本的差距在这十年间基本保持在一个稳定的水平上，表明其与美国知识资本的发展水平基本保持了一个平稳的层次水准上，而日本与美国的知识资本差距系数则由2003年的0.17上升至2012年的0.31，这表明日本与美国的知识资本的差距有拉大的趋向。而韩国、丹麦、冰岛、荷兰等国家与美国的知识资本差距缩小较明显，说明这十年中这些国家的知识资本累积和发展较好，也表明了这些国家抓住了知识经济发展的主旋律，知识资本密集型产业和高科技产业都得到了较明显的发展与提升。

（3）中国知识资本提升速度较快。中国与知识资本最丰富的美国相比，其知识资本差距系数由2003年的1.47下降至2012年的0.58，与美国差距缩小了1倍多，这一方面主要得益于中国的改革开放政策的深化，其在对外关系中的投资和所取得的成就加上其优质产品和服务的出口在国际上得到认可，中国对于其他国家的吸引力和竞争力得到增强；另一方面是代表创新能力的更新资本提到明显提升，体现在中国R&D经费投入、科技研究人员、科技论文撰写、专利申请、高等教育以及高技术产业均得到提升和发展。这一现象表明，中国知识资本的投入得到了高度重视，知识资本的产出效应得到了明显的提高，同时也表明，在知识经济浪潮下近十年来中国知识资本积累提升和经济发展均取得了较好成绩，在总量上与美国等发达国家的差距进一步缩小，中国经济长期发展的内在驱动力增强。

表3-13　2003—2012年世界63个国家和地区知识资本差距系数

国家和地区	2003年	2004年	2005年	2006年	2007年	2008年	2009年	2010年	2011年	2012年
澳大利亚	0.91	0.88	0.81	0.78	0.73	0.74	0.68	0.62	0.61	0.65
日本	0.17	0.21	0.19	0.24	0.25	0.29	0.29	0.28	0.30	0.31
韩国	0.79	0.76	0.70	0.66	0.55	0.57	0.51	0.50	0.35	0.33
新西兰	1.15	1.10	1.06	1.01	0.95	0.97	0.90	0.82	0.81	0.82
中国香港	1.24	1.21	1.15	1.14	1.10	1.14	1.06	1.04	1.01	0.96
新加坡	0.83	0.85	0.80	0.80	0.76	0.76	0.76	0.78	0.78	0.76
中国	1.47	1.35	1.24	1.13	1.04	0.93	0.88	0.80	0.69	0.58
马来西亚	1.26	1.37	1.34	1.37	1.34	1.44	1.27	1.27	1.24	1.22
泰国	1.76	1.81	1.77	1.73	1.72	1.77	1.72	1.75	1.67	1.66
印度尼西亚	2.52	2.59	2.45	2.44	2.40	2.42	2.24	2.25	2.25	2.22
蒙古	2.52	2.44	2.39	2.35	2.18	2.12	2.05	2.02	1.96	1.92
菲律宾	1.79	1.85	1.86	1.81	1.79	1.87	1.85	1.81	1.82	1.76
柬埔寨	3.75	3.73	3.51	3.40	3.36	3.22	3.05	2.91	2.71	2.55
奥地利	1.16	1.09	1.04	1.01	0.96	0.96	0.92	0.86	0.85	0.82
比利时	1.09	1.05	1.04	1.00	0.97	1.03	0.98	0.96	0.95	0.93
瑞士	0.75	0.75	0.73	0.71	0.67	0.69	0.65	0.59	0.54	0.53
捷克	1.52	1.46	1.37	1.29	1.26	1.28	1.26	1.24	1.19	1.16
德国	0.59	0.55	0.50	0.53	0.50	0.50	0.47	0.50	0.51	0.49
丹麦	0.85	0.82	0.75	0.72	0.69	0.67	0.61	0.56	0.54	0.55
西班牙	1.22	1.26	1.12	1.07	1.04	1.05	1.01	1.06	1.07	1.08
爱沙尼亚	1.37	1.30	1.25	1.19	1.21	1.20	1.16	1.14	1.03	1.01
芬兰	0.66	0.64	0.64	0.63	0.61	0.63	0.60	0.56	0.57	0.57
法国	0.66	0.66	0.64	0.63	0.61	0.66	0.63	0.63	0.68	0.69
英国	0.54	0.52	0.45	0.42	0.45	0.55	0.49	0.47	0.42	0.52
希腊	1.57	1.51	1.45	1.41	1.39	1.44	1.43	1.44	1.44	1.41
爱尔兰	1.16	1.11	1.05	1.02	0.99	0.99	0.96	0.94	0.89	0.92
冰岛	0.73	0.70	0.60	0.53	0.50	0.56	0.52	0.46	0.41	0.42

续表

国家和地区	2003年	2004年	2005年	2006年	2007年	2008年	2009年	2010年	2011年	2012年
意大利	1.22	1.16	1.14	1.14	1.08	1.12	1.10	1.10	1.12	1.13
卢森堡	1.05	1.05	0.97	0.95	0.94	0.92	0.86	0.82	0.77	0.75
荷兰	0.86	0.81	0.77	0.78	0.71	0.75	0.70	0.56	0.52	0.52
挪威	0.91	0.89	0.87	0.85	0.79	0.84	0.77	0.69	0.68	0.67
波兰	1.72	1.60	1.54	1.51	1.46	1.49	1.43	1.38	1.37	1.35
葡萄牙	1.51	1.47	1.44	1.38	1.30	1.25	1.22	1.23	1.23	1.22
斯洛伐克	1.70	1.60	1.58	1.56	1.51	1.55	1.52	1.45	1.45	1.40
斯洛文尼亚	1.40	1.32	1.27	1.22	1.19	1.20	1.16	1.12	1.06	1.01
瑞典	0.69	0.69	0.65	0.64	0.68	0.69	0.67	0.64	0.64	0.63
俄罗斯	1.34	1.27	1.24	1.15	1.12	1.17	1.11	1.13	1.14	1.13
罗马尼亚	2.15	2.02	1.91	1.84	1.77	1.72	1.71	1.72	1.75	1.76
土耳其	2.15	2.05	1.94	1.89	1.77	1.79	1.74	1.72	1.69	1.69
乌克兰	1.76	1.71	1.60	1.55	1.51	1.59	1.55	1.59	1.62	1.58
塔吉克斯坦	3.07	3.01	2.83	2.66	2.64	2.56	2.45	2.41	2.40	2.39
马尔代夫	2.49	2.39	2.31	2.19	2.12	2.03	1.90	1.90	1.87	1.85
印度	2.33	2.27	2.16	2.08	1.98	2.02	1.93	1.87	1.88	1.83
巴基斯坦	2.84	2.73	2.59	2.47	2.32	2.42	2.44	2.52	2.54	2.52
尼泊尔	3.15	3.12	2.98	2.87	2.78	2.79	2.59	2.54	2.50	2.44
加拿大	0.80	0.79	0.73	0.72	0.68	0.73	0.71	0.71	0.72	0.75
美国	0.00	0.00	0.00	0.00	0.00	0.00	0.00	0.00	0.00	0.00
以色列	0.82	0.80	0.77	0.75	0.73	0.75	0.73	0.75	0.76	0.79
马耳他	1.44	1.40	1.30	1.22	1.14	1.15	1.15	1.02	0.95	0.95
沙特	1.86	1.84	1.73	1.75	1.65	1.71	1.62	1.60	1.58	1.58
伊朗	2.06	2.03	2.00	1.95	1.85	1.87	1.82	1.83	1.82	1.80
埃及	2.28	2.22	2.13	2.17	2.08	2.16	2.10	2.03	1.99	1.96
智利	1.75	1.76	1.74	1.71	1.66	1.70	1.63	1.59	1.60	1.52
巴西	1.71	1.65	1.57	1.52	1.43	1.46	1.37	1.35	1.32	1.30
阿根廷	1.89	1.82	1.73	1.64	1.58	1.57	1.51	1.49	1.46	1.48
古巴	1.75	1.70	1.64	1.54	1.54	1.55	1.53	1.57	1.66	1.65
墨西哥	1.68	1.73	1.69	1.67	1.66	1.73	1.67	1.69	1.67	1.66

续表

国家和地区	2003年	2004年	2005年	2006年	2007年	2008年	2009年	2010年	2011年	2012年
巴拿马	2.08	2.05	1.99	1.95	1.88	1.85	1.72	1.71	1.68	1.71
南非	1.75	1.74	1.67	1.65	1.66	1.69	1.68	1.65	1.60	1.58
喀麦隆	2.84	2.85	2.79	2.80	2.70	2.86	2.68	2.68	2.72	2.65
埃塞俄比亚	3.17	2.88	3.08	3.03	2.96	2.97	3.03	2.92	2.92	2.87
肯尼亚	2.41	2.40	2.28	2.27	2.21	2.29	2.28	2.25	2.21	2.19
马里	2.95	3.00	2.95	2.84	2.80	2.92	2.83	2.72	2.59	2.55
平均值	1.58	1.55	1.48	1.44	1.40	1.42	1.36	1.34	1.31	1.30
差距最大值	3.75	3.73	3.51	3.40	3.36	3.22	3.05	2.92	2.92	2.87

资料来源：根据知识资本差距系数计算公式而得，并进行整理。

第四章 知识资本国际转移运行机制分析

随着以知识生产、传播、利用为主要内涵的知识经济的兴起和发展,知识资本被认为是决定一国比较优势和国际竞争力的最具战略性资源,也是区域创新能力培育与发展的根源,各国政府和企业不断加大自身知识资本的积累速度和转化效率。跨国公司通过全球学习获取并整合分布于世界各地创新网络中的关键知识已经成为其国际化的新动机,国际知识资本配置与获取能力逐渐成为跨国公司竞争优势重要来源,以跨国公司生产和经营国际化为主要推动力的经济全球化浪潮直接推动着知识资本的全球转移与配置。

第一节 知识资本国际转移方式与途径

知识资本的国际化配置过程其实就是知识资本在全球范围转移与流动过程,随着国际价值链产品内分工体系的深入与发展,知识资本国际化配置方式和内容也越来越多样化。知识转移是知识资本增值的重要环节,科恩和赫尔普曼(1995)是较早研究知识国际转移机制的学者,他们指出,中间品贸易应当是知识国际转移的重要渠道。凯勒(2004)指出,知识资本国际转移主要包括以国际商品贸易、国际技术贸易、外商直接投资(FDI)、国际劳务输出、国际专利、人口迁移以及信息交流等渠道以贸易、产业转移、技术转移、跨国并购等方式实现知识资本在全球的国际配置与获取,其中以国际贸易、外商直接投资以及合约为知识资本国际转移的主要媒介。上述三种为知识资本国际转移的主要媒介途径已经形成比较系统的研究,但人力资本跨国流动还没有得到深入而系统的研究。

一 国际贸易途径的知识资本国际转移

以进出口为主要形式的国际贸易是大多数国家采用的主要国际资源配置方式。根据赫克歇尔—俄林的生产要素禀赋理论（H—O 理论），一国通常会通过出口本国要素丰裕度较高的资源而进口本国相对稀缺的资源来调节国内资源供求的总量和结构，但是随着全球价值链分工体系的深入与发展，国际贸易的交易方式却越来越丰富，交换的形式由有形的货物贸易为主向无形的服务贸易拓展与深化。目前，通过国际贸易途径的知识资本国际转移方式主要有如下几种：

（一）货物合同贸易

这一方式是两国间的买卖双方通过探讨、协商、签订贸易合同的方式，逐笔达成交易的贸易形式，这种方式将知识资本物化到具体的产品形态上，买卖双方可直观地根据资源的供求关系实现交换，从而实现知识资本的输出或获取。现代贸易中的产业内贸易、中间品贸易、高新技术产品贸易由于内含丰富的技术创新成分，以中间品为基础的产业内贸易通常会伴随着外包和前期的资本流动，且由于中间品具有较高的技术含量以及资本投资伴随"一揽子"要素的流动，在一定程度上也伴随技术要素流动和 R&D 国际化。此外，由于知识密集型产品特别是高技术密集型产品贸易带来的利润率远远高于一般产品，各国的跨国公司竞相鼓励加大高新技术的研发与产品升级力度，高技术密集型产品贸易在世界贸易中的份额也不断上升，使得不管是物化在有形产品上的知识还是无形的 R&D 研发资本的国际流动速度加快。因而，通过货物合同贸易形式途径买卖双方可以实现知识资本的转移与获取。

（二）加工贸易

加工贸易是指东道国利用他国企业提供的设备、原材料或零部件，应用本国的劳动力和劳动技术进行生产，并将最终的制成品出口。在加工贸易的初级阶段通常都是由国外的企业提供设备、技术、管理等资源，国内企业仅利用其廉价的劳动力资源进行代工生产，处于价值链的低端，但随着加工贸易企业技术与知识的积累，国外企业逐步将由最初的 OEM 生产转向 ODM 生产，充分利用加工东道国的知识资本资源。同时，在当前的全球价值链分工体系内，跨国公司为了使各价值链环节的生产符合其产品质量、价格、及时交货和管理等方面的要求，客观需要向价值链上的代工企业转移必要的生产、技术和管理知识，在价值链上的各个环节进行知识资本的国际配置与流动，并指导代工企业积极从事组织学习；而代工企业由于受其自身能力的限制，通常都要接受跨国公司对其在生产工艺、质量控制、物流管理及其他方面的指导，这也是促使代工企业进一步提升能力、实现产业升级，在这一过程中，加工东道国也不断获取国外知识资本转移的利益。

（三）技术贸易

技术贸易主要是指技术输出方将某项技术或其使用权通过交易转让给引进方，包括纯技术知识交易和相关机器设备的交易，它有利于扩大资源经济运行的空间和规模，提高资源经济运行效率，技术贸易交易的内容包括：技术专利、商标和专有技术等。技术贸易在国际贸易结构中所占位置越来越重要，特别是高技术贸易所占有的地位将越来越重要。由于技术本身就凝聚了大量高级人力资本前期投资、R&D创新资本的投入以及类知识产权资本，因此通过技术贸易形式实现了知识资本的国际转移。在基于产品内分工的产业转移浪潮中，发达国家的买家或发包商通常会通过技术转让、关键设备转让以及专利授权等方式来帮助发展中国家的代工企业迅速提升自身生产工艺与产品设计能力，以满足全球消费市场的多样性和变化性需求，出现了知识资本的跨梯度国际转移现象。发展中国家通过加大对引进技术的消化、吸收以及模仿创新等手段逐步实现了知识资本的积累与利用。

（四）服务贸易

国际服务贸易是指不同国家之间发生的服务买卖与交易活动，根据1994年世界贸易组织签署的《服务贸易总协定》阐述，服务贸易被定义为跨境交付、境外消费、商业存在和自然人流动四种形式，具体内容主要包括12大类：（1）国际交通运输服务；（2）国际旅游及相关服务；（3）跨国银行、国际融资公司、保险及其他金融服务；（4）国际通信、视听及电视广播服务；（5）国际信息处理和传递、软件开发与执行、电脑及资料服务；（6）国际咨询、研究与开发、广告与设计、会计管理等项目服务；（7）建筑、工程承包等国际劳务输出；（8）国际教育与交流服务；（9）环境服务；（10）维修与保养、技术指导等售后服务；（11）卫生保健、文化娱乐的国际交流服务；（12）商业批发与零售及国际租赁服务等。但这些内容的划分并不是一成不变的，它是一个动态发展的过程，比如作为现代高端服务业重要组成部分的国际服务外包就属于国际服务贸易发展过程中涌现的新现象,近年来全球跨国公司转移的服务外包发展迅猛,将信息技术和业务流程外包给其他国家的专业服务提供商,以获取技术熟练而又相对廉价的人力资源,中国和印度通过国际服务外包承接,分别成为"世界工厂"和"全球办公室"。在现代国际服务贸易中,一半以上的贸易额发生在通信服务、建筑服务、金融服务、计算机和信息服务、特许权使用和许可等领域,而这其中近80%的国际服务贸易又是由发达国家和地区来完成的,而且发达国家和地区国际服务贸易的发展主要依托输出技术、知识和资本密集型服务,特别是科技进步促进了专业科技人员和高级管理人员的跨国流动,使得以资本密集、技术密集和知识密集为特征的新兴服务贸易逐渐发展壮大。由此可见,发达国家一方面可以通过以知识和技术密集型的国际服务贸易输出维持在国际市场的垄断地位;另一方面又可通过服务外包等形式获取其他国家丰富而便宜的人力资本、技术资本等资源,从而实现其知识资本的国际优化配置。当然,发展中国家也可以通过国际人力资本的引进与交流方式获取国际知识资本,比如聘请国外的技术专家或派遣相关技术人员到国外学习,或是当企业开发国际市场时聘请高级管理人员对企业的关系型客户、供应链管理方面提供指导等。

二 国际投资途径的知识资本国际转移

国际投资可以分为多种形式,其中对外直接投资(FDI)和合作经营是最常见的两种模式,国际投资与合作经营模式是实现国际资本转移的重要表现形式,它可以通过对国外被投资企业资本控制权获取进一步的利益,是一国获取或控制国外资源供给的重要途径。

国际投资途径的知识资本国际转移与国际产业转移相伴而生,只是在国际产业转移的初中期更多表现为以物质资本为主要形式的转移,但随着国际产业转移在生产能力与技术能力转移上的变化与演进,知识资本国际转移的特征表现得越来越明显。当今,经济全球化进入了研发和创新国际化的新阶段,科技活动全球化态势促使创新资源在全球范围内进行配置,创新资源国际转移的本质就是与知识有关的技术、R&D资源以及知识资本的国际化配置问题。因此,根据产业与创新资源国际转移的模式,知识资本国际转移也会通过对外直接投资(FDI)、战略联盟、合资企业以及兼并等模式来实现。

(一) 对外直接投资 (FDI) 途径

基于 FDI 路径下的国际产业转移是指一些国家或地区通过跨国公司以对外直接投资形式将其国内的某些产业转移到其他国家或地区的现象。这种以 FDI 途径的国际产业转移从外在形式来看，国外跨国公司为东道国提供了大量的资金支持或生产线的建立，但跨国公司对海外的直接投资带动了资本、技术、人才的国际流动，其在国际市场上提供的银行、保险、法律、会计、咨询等专业服务也随着跨国公司的进入在东道国市场获得渗透和发展，制造业跨国公司的对外直接投资将产生"企业移民"，并随着技术设备转移其技术人员和管理人员也产生跨国流动。发达国家根据其对外直接投资的产业与地区分布不同，实现了其在国际市场上知识资本的动态梯度国际转移。

但是，在当前的产品内国际分工体系下，高新技术产业国际转移的实践中也出现了逆梯度转移的现象，即相对落后的国家和地区某一产业发展到一定的成熟阶段后，为了获取更多的国外市场资源和技术资源，而将其高端环节或研发转移到相对发达国家和地区，表现为知识资本的逆向国际转移。

(二) 战略联盟途径

国际企业通过与具有互补性资源的公司建立战略合作伙伴关系，可充分利用企业组织外部的技术资源、创新资源、商誉资源、人力资源以及组织资源等共享要素，通过对联盟内资源进行有效组织与再配置效率的提高，从而发挥战略联盟乘数效应。国际企业间建立战略联盟的形式概括起来大致包括以下五种形式：(1) 共同出资、共担风险、共享收益而形成的合资企业形式；(2) 技术研发联盟形式；(3) 定牌合作生产形式；(4) 品牌、专利或专用技术特许经营形式；(5) 合作各方相互持股形式。由于通过战略联盟的合作形式已经成为企业获取外部知识资源的一个重要的、有效途径，现在越来越多企业对此也愈加重视，联盟内部通常也会采取一些管理控制方式以协调资源配置及战略实施等，但是联盟内采取何种管理方式对于知识流向、知识流动速度等均会产生重要影响。因此，通过战略联盟途径的知识资本国际转移虽然可以达到"双赢"，但知识资本国际转移的效果还会受到联盟各方的学习意图、转移知识的透明程度以及知识接受方的吸收能力等因素的影响。

（三）跨国并购途径

跨国并购是对跨国兼并和跨国收购的总称，指一国企业通过出资购买东道国企业的股份，达到控制东道国企业的实际经营权和管理权，从而可以获取被并购企业的商标权、商誉、客户关系渠道、技术人力资本等无形资产。1995年以来，跨国公司掀起了一股通过跨国收购或兼并方式来控制东道国企业的浪潮，并以此来实现对其他企业诸如人力资本、市场资本等知识资本的获取与利用，但企业进行跨国并购的目标企业却逐渐由自然资源类行业向先进技术类行业转变，表现为由资源获取型并购向技术获取型并购转变，企业跨国并购的重要目标越来越关注对国际创新资源的获取。特别是在2007年爆发的国际金融危机以来，高技术以及新兴产业成为跨国并购的热点领域之一，以获取和利用技术为特点的产业转移也更加明显。通过跨国并购，企业甚至还可以获得国外企业知识产权的使用权、科研创新平台以及创新团队，为创建全球创新研发网络奠定基础。此外，从服务业的跨国并购情况看，近十年来，在服务业领域的跨国并购约占全球跨国并购总额的70%左右，特别是国际金融危机后期以来，全球范围的服务业跨国投资明显增多，其增速已经超过制造业，服务业投资成为国际产业转移的新热点，国际产业转移也相应地沿着制造业向服务业和研发进行延伸与扩张。因此，跨国并购成为知识资本国际转移与配置的重要渠道。

三 人力资本跨国流动途径的知识资本国际转移

根据新经济增长理论的观点：人力资本是一国经济发展中重要的要素。国际人力资本的跨国流动分为外流和回流两种形式，然而关于人力资本国际流动对相关国家的科技进步和经济增长影响效应的观点却是多元的。最初大部分学者认为，智力资本外流是一种"零和"的流动，对流出国是一种损失，甚至会降低流出国的经济增长。20世纪80年代末以来，特别是进入21世纪后，由于经济全球化的推进以及通信、交通成本的下降，各国间的技术合作日益频繁，国际劳务市场上出现了高级人才在流出国和流入国来回流动现象明显增多，这一智力资本回流现象引起了学者们的广泛关注，学者们发现，由人力资本国际流动引起的智力环流不再是"零和"流动，而是"双赢"甚至是"三赢"流动，即能实现人才、流出国和流入国的"三方共赢"，人力资本跨国流动引起的智力流动对发达国家和发展中国家均可获益。首先，人力资本的国际流动为流入国提供了高水平的劳动力资源，同时从发达国家回流的海归人才往往比本土人才具有较高的人力资本水平，为流入国提供了人力资本的积累，海归人才回流也会产生"职位挤出效应"，促进本土人才增加教育投资来提升其竞争力，这样也会提升整个社会的人力资本水平。其次，人力资本国际流动所形成的社会网络、商务网络、技术网络有利于本国的技术交流与吸引外资，从而为贸易和投资创造便利条件。最后，由于海外人才在国外的学习和工作经历使他们能较多地掌握着最先进技术知识、关键的专业技术知识及管理技能与经验，海外人才的回流将给母国带回世界最前沿的技术知识、人文思想和管理技能，分享国外知识资本转移带来的溢出效应。此外，人力资本的跨国流动还可以是通过聘请国外技术专家来东道国进行技术培训与指导，或者是当企业进行跨国经营时聘请全球知名企业的高级管理人员作为顾问，例如，联想公司曾经就引进 IBM、戴尔等公司高管为其全球战略的实施提供条件与经验。

因此，学术界逐渐认识到人力资本的国际流动可以通过人力资本效应、竞争效应、示范效应、学习效应和网络效应等为流出国带回丰富的人力资本、技术资本、物质资本和社会资本，从而对人才流出国在投资、贸易、产业升级以及知识外溢等方面产生重大影响。通过人力资本跨国流动所带来的知识资本国际转移也越来越受到各国和学术界的重视，人才跨国流动逐渐成为知识资本国际溢出的重要渠道。

第二节 知识资本国际转移规律与趋势分析

国际产业转移是经济全球化的主要载体，是跨国公司在全球进行资源配置和公司内分工的一种实现机制，以跨国公司生产和经营的国际化为主要推动力的经济全球化浪潮直接推动着知识资本的全球转移与配置，跨国公司成为知识资本国际转移的重要载体，其海外投资和技术转让促进了先进技术在全球的传播与应用，提高了全球知识资本的配置效率，跨国公司R&D活动的全球化、智力资源、知识资本组成要素的全球性流动和配置，也使得知识资本进入了全球化发展的阶段。因此，本部分将以跨国公司国际产业转移演进规律与特征来分析知识资本国际转移的规律及其发展趋势。

一　国际产业转移演进规律

跨国公司的形成与发展过程其实就是国际产业转移的发展历史，跨国公司作为一种经营形式，最早可以追溯到 19 世纪中后期，当时主要的发达国家进入垄断资本主义阶段，这些垄断集团为追求垄断利润，以国外市场为经营目标，通过在国外设立分支机构和子公司进行跨国经营，之后由于两次世界大战和经济危机的影响，在这一期间发达国家的对外投资停滞不前，跨国公司发展速度缓慢。直到第二次世界大战以后，跨国公司得到了空前发展，全球范围内对外直接投资得到迅猛发展与扩张，在全球范围内曾出现了五次大的国际产业转移浪潮。国际产业转移的外在表现形式经历了由商品资本国际化→借贷资本国际化→产业资本国际化→知识资本国际化的四个阶段；国际产业转移客体变化的演化路径由物质要素与资本的结合→劳动要素与资本的结合→知识要素与资本的结合→知识资本与知识资本的结合；国际产业转移随国际分工的变化经历了从产业间转移→产业内转移→产品内转移→价值链（GVC）模式产业转移的过程；从国际产业转移内容的重心来看，则逐步由劳动密集型产业和资本密集型产业→传统产业、技术密集型产业→新兴产业、制造业→服务业、低附加值产业→高附加值的高新技术生产和部分研发产业转移；国际产业转移由单一形式的产业生产能力转移逐渐向产业生产能力与技术能力转移并重的方式发展，并通过技术转让、战略联盟、跨国并购等形式实现产业技术能力的转移，表现为跨国公司 R&D 国际化，国际产业转移的物质资本转移主导逐渐形成对知识资本的全球转移与获取。虽然每一次国际产业转移浪潮的特点各异，但其实质都是企业为了应对新的世界经济格局变化而对区位选择不断进行再调整的过程（Pellenbarg，2002），其发生的根本原因是国际分工不断深化的结果（Mariotti，2002）。

（一）国际产业转移发展历程

国际产业转移起步于 19 世纪中后期至 20 世纪初的资本输出，但由于第二次世界大战前各国之间以邻为壑的贸易政策，国际产业转移的规模和进展速度均较小，直到第二次世界大战后随着世界经济秩序的恢复与重构以及技术革命的快速发展，从 20 世纪 50 年代以来在全球范围内发生了几次规模较大国际产业转移的浪潮，从历史年代和国际产业转移的内容来划分的话，可以大致划分如下五次浪潮。

1. 第一次国际产业转移

第二次世界大战结束后的第一次较大规模的国际产业转移大致发生在 20 世纪 50 年代，这一时期国际产业转移由美国主导。由于美国本土并没有受到第二次世界大战的直接创伤，在战后其经济发展和科学技术上已经在世界上处于绝对的领先地位，为了能够集中发展新兴半导体、通信、电子计算机等技术密集型产业，美国在这一时期主动地将一些劳动密集型的纺织业，技术密集度较低的日用化工业，资本密集型的钢铁、造船、普通工业机械等传统产业向外进行转移，在国内掀起了产业结构调整和转移的浪潮。战后联邦德国和日本凭借其工业基础，率先抓住了美国产业国际转移的有利时机，从美国大量引进相对较先进的技术和设备，根据美国产业转移的特点，积极承接美国转移的轻工业、化工、耐用消费品工业，从而使他们在较短时间让国内经济发展得到恢复和快速提升，极大地提升了产业发展水平。

2. 第二次国际产业转移

第二次较大规模的国际产业转移则发生于 20 世纪 60 年代，经过十多年的发展，日本经济与产业发展水平得到急速提升，其产业发展水平和科技创新能力也已经上升到了世界领先地位，因此，在这一时期，美国与日本一起成为推动国际产业转移的主导力量。60 年代，随着电子技术以及航空、航天技术革命的兴起，美国和日本两国则集中力量发展电子、航空、航天等技术密集型工业，以及部分化工、汽车等资本密集型工业，而极力将劳动密集型工业向海外的其他国家进行转移，以调整其国内的产业结构。这时亚洲"四小龙"较好地抓住机遇，充分利用自身廉价劳动力以及土地等初级要素的优势，引进美、日的资本、技术、知识等初、高级要素，发展起较发达的劳动密集型产业，迅速扩大出口贸易，从而加快了资本积累和工业化进程。此时产业转移的主要领域已集中在制造业，并随着产业外移国的产业结构升级而逐步升级。

3. 第三次国际产业转移

第三次较大规模国际产业转移发生在 20 世纪 70 年代，这一时期由于受世界能源危机影响，西方国家的重化工制造业和经济发展受到严重的打击，这让西方发达国家重新审视其产业结构，认为大力发展技术密集型产业才是经济发展的新增长点，因此在这一时期以美国、英国、日本、德国等为主的发达国家开展国内产业结构调整和国际产业转移，他们把"重、厚、长、大"型的、粗放的资本密集型重化工业向具有一定工业基础的新兴工业化国家和地区转移。例如，当时日本大力进行制造业升级，将一部分国内相对落后的重工业和制造业极力向海外转移，韩国和中国台湾主动承接了日本的制造业产业转移，为了优先大力发展钢铁、石化等重工业，他们开始将国内的一些轻工产业逐渐向相对更落后的东盟国家进行转移。

4. 第四次国际产业转移

第四次较大规模国际产业转移发生在20世纪八九十年代中期，这一时期由于信息技术革命的兴起，使得西方发达国家越来越意识到大力发展知识密集型产业是抢占未来经济增长的制高点，因此他们集中精力加速发展微电子工业、生物工程、光纤通信、激光技术、新材料、新能源、宇航和海洋开发等知识密集型产业，将一部分国内相对落后的技术密集型和资本密集型产业向海外转移。这一时期以韩国、中国台湾、新加坡、中国香港为代表性的亚洲"四小龙"已经发展成为新兴的工业化国家和地区，它们为了重点承接和吸收美国、日本、西欧等发达国家的技术密集型国际产业转移，主动将国内劳动密集型产业和资本密集型产业向中国和东盟等国家进行转移，中国由此开启了承接国际产业转移的历程。

5. 第五次国际产业转移

第五次较大规模国际产业转移发生在20世纪90年代中后期以来，这一时期随着以微电子、信息技术、通信网络技术等代表的信息技术得到进一步快速发展以及新技术革命不断涌现，使得新材料、新能源、宇航等高科技产业创新周期大大缩短，由于这些高新技术产业附加值高且对相关产业的辐射范围大，这些新兴产业成为发达国家抢占未来经济增长的制高点和主要推动力，因此发达国家集中核心资源发展新材料、新能源、生物医药工程、航空航天等高新技术产业，同时将一些诸如消费类电子、交通运输设施等常规性技术产业和部分高科技产业中的劳动密集型环节转移到一些工业基础较好的发展中国家和地区，在这一轮国际产业转移中产业生产的片段化，表现为按价值链分工体系组织国际生产，中国、印度、东盟及东南欧等国家和地区成为发达国家价值链分工上的一个节点。这一时期随着国际服务贸易的快速发展，服务业逐渐成为国际产业转移的主要领域，一些发达国家甚至还将其非核心的业务外包，跨国公司通过服务外包的形式将生产基地转移到发展中国家。随着经济和科技创新全球化的深入发展,进入21世纪以来越来越多的发展中国家开始了对外直接投资形式的产业转移。

(二) 国际产业转移演进路径

1. 产业演进规律

从上述五次国际产业转移的发展经历可以看出由于时代背景和技术革命的影响,国际产业转移的具体内容存在较大差异,但就其产业转移的产品内容来看,国际产业转移的产业演进规律表现为:由初级产品→工业制成品→服务业领域转变,表现的形式则从直接投资到服务外包,从有形商品的生产向服务的提供转变。20世纪50—70年代,国际产业转移主要以发达国家通过直接投资的方式将劳动密集型和部分资本密集型的制造业外移;到80年代,工业发达国家主要将重化工业等资本、技术密集型的工业制造产业向国外大量转移;进入90年代以后,发达国家开始将部分高新技术的研发和高技术产品的生产工序向一些发展中国家进行转移,国际产业转移呈现生产能力与技术能力转移并存的阶段,但到了90年代中后期,国际产业转移出现了一些新动向,服务业投资成为国际产业转移的新热点,国际产业转移也相应地沿着制造业向服务业和研发进行延伸与扩张。

2. 主体演进规律

第二次世界大战后国际产业转移经历了由发达国家向次发达国家与发展中国家和地区逐层推进,到20世纪80年代末90年代初后,双向技术转移不仅表现为发达国家之间的投资、技术贸易、交流和技术合作,还表现为发达国家和发展中国家之间共同成长起来的相互技术转移。因而从国际产业转移的参与主体来看,其主体演进规律表现为:发达国家→次发达国家→发展中国家的单向转移→发达国家与发展中国家的双向转移。

3. 技术路径演进

20世纪60年代兴起的对外直接投资理论认为企业对外直接投资必须具备内部化优势、所有权优势、区位优势,到了80年代日本经济学家小岛清根据日本对外直接投资的实践提出了边际产业理论。90年代开始,跨国公司的全球投资战略逐步由劳动密集的生产加工型向技术密集的研发生产型转变,由单纯的技术转让向技术研发本土化转变。从国际产业转移的技术传递的时代特点来看,国际产业转移的技术路径表现为:从垄断技术→边际技术→研发生产→技术研发本土化。

(三) 国际产业转移新特征与趋势

2008年全面爆发的世界金融危机使全球经济疲软，发达国家不得不重新审视其国内产业结构，以美国、日本、欧盟等为代表的发达国家加快对新兴技术和产业发展的布局，并进一步加大了对科技创新的投入力度，以大力开发新兴技术和培育新的产业。在进入后危机时期，发达国家为创造新的经济增长点，并尽快走出危机，由其主导推动的国际产业转移呈现出的新特点与新趋势主要表现在以下方面：一是国际技术双向转移在国际产业转移中的趋势更为明显，并且转移的范围延伸至技术开发、设计、销售、服务等环节，双向技术转移已不再单单是在发达国家之间的投资、技术贸易和技术合作，发达国家与发展中国家之间的技术转移也明显增多；二是新兴产业在国际产业转移中的地位表现更加突出，为将科技创新优势迅速转化为经济竞争优势，美国、日本和欧盟等主要发达国家都确定了新兴产业的重点领域，都把对核心关键技术的突破、战略性新兴产业发展的推动，作为培育新的经济增长点、加快转变经济发展方式、抢占世界经济战略制高点的重大战略部署，虽然目前许多新兴产业尚处在科技突破和推广应用的重要阶段，但发达国家和地区间围绕新兴产业的国际布局和争夺已日趋激烈。

二 知识资本国际转移演进规律

通过对国际产业转移演进规律的研究可知，跨国公司在全球范围进行业务扩张的过程，同时也是一个对知识资本进行全球配置与获取的过程，知识资本转移贯穿于跨国经营的全过程，特别是在知识经济时代兴起之后，如果跨国公司不能有效利用其全球知识管理的力量，比竞争对手更好地识别、获取、移动和应用这些分散化和多元化的市场需求性知识，就可能会在竞争中失利。知识资本国际转移经历了跨国公司通过产品出口将固化在产品中的先进知识进行跨国转移→跨国公司通过许可生产、设备租赁、技术出售、技术与管理咨询等方式实现知识资本的有偿转移→跨国公司通过借助国际战略联盟、跨国并购和建立海外独资子公司等方式在他国直接开展生产经营活动来发现、获取、整合、控制、分配、管理其知识资本资源；知识资本的获取、创造和转移则经历了发达国家跨国公司单向、直线性为主导的输出模式→跨国公司全球机构网络化扩散与共享→发达国家与发展中国家和地区间双向转移；知识资本在全球配置与转移的态度由相对封闭、被动、选择性→开放、主动、多元化→互动、大规模、快步伐

→多方位、吸收、整合→全方位、动态、战略合作与创新。

（一）知识资本国际转移发展历程

跨国公司生产和经营的全球化，加速了跨国公司进行产业国际转移的步伐，从而也推动了知识资本在全球范围的配置、转移与管理。因此，跨国公司在全球范围进行产业转移的过程，同时也是一个对知识资本进行全球转移、配置与获取的过程。战后以来，国际产业转移的发展掀起过五次浪潮，按照国际产业转移发展浪潮及其转移内容来分，知识资本国际转移大致经历了三个浪潮。

1. 第一次知识资本国际转移浪潮

20世纪50—70年代，这一时期的国际产业转移主要以发达国家通过直接投资方式将劳动密集型和部分资本密集型制造业外移，跨国公司进行海外投资的理论指导主要是垄断优势理论和边际产业理论，跨国公司凭借资金，以及技术、管理等知识资源优势转移劳动密集型或技术密集度较低的产业，并通过实体资产（生产装配线、固定设备等）出口的形式进行产业国际转移，实现的是产业间和产业内生产能力的转移，通常需要一个完整生产过程的整体转移来实现产品的跨区域复制，表现为更多的是物质资本转移。所以，这一时期的知识资本转移则以固化在机器设备、生产装备流水线形式和部分技术指导与管理为主要转移内容。这一阶段以国际直接投资的产业转移都是相对于东道国具有比较优势的产业，公司的竞争优势依赖于全球生产、分销和销售网络的建立，跨国管理经营过程中的投入物主要是货币资金、机器设备等有形资产，而对知识、能力等无形资产的投入比较忽视。因此，在这一阶段的知识资本跨国转移是单向的知识输出，转移的规模非常有限，而且以跨国公司母、子公司之间的知识转移为主，知识资本转移的态度相对封闭、被动。

2. 第二次知识资本国际转移浪潮

20世纪80年代至90年代中期，这一时期由于信息技术革命的兴起，使得西方发达国家越来越意识到大力发展知识密集型产业是抢占未来经济增长的制高点，因此他们集中精力加速发展微电子工业、生物工程、光纤通信、激光技术、新材料、新能源、宇航和海洋开发等知识密集型产业，将一部分国内相对落后的技术密集型和资本密集型产业向海外的次发达国家和地区转移，而次发达国家为了承接发达国家的技术密集和资本密集型产业转移，它们则将国内的劳动密集型产业再向发展中国家转移。因而可见在这时期的知识资本转移的模式依然是以单向为主，且转移到发展中国家的知识资本非常有限。此外，随着产品内分工和产品内贸易的发展，劳动密集型工序与资本、技术、知识密集型工序生产之间的分离，出现了大量中间产品贸易，价值链的分工体系特征使得产业转移不需要将整体的产品生产全部转移，发达国家开始依据东道国的分工地位进行价值链的网络布局，国际产业转移也由大规模的生产能力单一转移开始向技术能力转移并举发展，特别是到了80年代末，由于发达国家拥有技术知识方面的优势，国际研发合作与投资已经在发达国家间开始发展，发达国家之间开始相互利用其优质知识资本资源，这一阶段发达国家对于知识资本优势构建的政策制定明显加快，并通过加大科技创新的投入来促进知识和技术密集型产业的发展壮大。因此，这一阶段知识资本国际转移的态度明显更加开放、主动、多元化，转移的步伐也明显加快，在互动中寻求知识资本的利用。

3. 第三次知识资本国际转移浪潮

20世纪90年代中后期以来，价值链分工体系已经成为当前国际经济与贸易中一种新的生产组织方式，在全球价值链分工体系内，跨国公司为了使各价值链环节的生产符合其产品质量、价格、及时交货和管理等方面的要求，客观上需要向价值链上的代工企业转移必要的生产、技术和管理知识，在价值链各个环节进行知识资本的国际配置与流动，并指导代工企业积极从事组织学习，国际知识资本配置与获取能力逐渐成为跨国公司竞争优势的重要来源。跨国公司已经非常注重在海外的研发活动，对外的研发投资不断加大，国际的科技交流与合作及创新模式得以快速扩散，跨国公司之间的双向国际技术转移逐渐增多，甚至一些相对落后的国家和地区某一产业发展到一定的成熟阶段后，为了获取更多的国外市场资源和技术资源，而将其高端环节或研发转移到相对发达国家和地区，表现为知识资本的逆向国际转移。此外，20世纪90年代中后期以来，国际服务外包得到了飞速发展，发达国家将部分非核心的部分外包给其他国家，充分利用他国相对廉价的人力资源与技术知识资本资源，外包合作将促进技能和知识资本的国际流动，并且增加了全球价值链中各个垂直环节的知识资本存量。同时，全球服务外包业务的兴起，加速了知识资本的全球流动，从而推动了公司在产品设计、研发、制造、营销、分销等环节的知识资本利用也越来越呈现多样化与分散化的特点，这一发展趋势迫使跨国公司不得不对知识资本进行全球的配置与管理。因此，这一阶段知识资本国际转移体现为更加注重对全球知识资本吸收、整合，并向全方位、动态管理、战略联盟与创新方向发展，注重在动态中获得知识资本的竞争优势。

(二) 知识资本国际转移演进路径

1. 产业演进规律

随着跨国公司国际产业转移过程中产业演进内容的变化，其在这一过程中伴随的知识资本国际转移的产业演进规律为：单一产品知识资本转移→多产品知识资本转移→有形产业知识资本转移→无形产业知识资本转移。传统跨国公司理论认为垄断优势主要来源于跨国公司对无形知识资产的控制，受这一理论的指导与影响，跨国公司通常利用其在专利、专有技术等无形知识资本的垄断优势，将其知识资本的垄断优势拓展和延伸到多种产品上，因而在进行国际产业转移时可能就会涉及该行业上的多个产品，从而进一步获取在该行业的控制权。随着现代经济社会的发展，由于各有形产业部门之间的联系越来越紧密，技术关联在产业间作用的也越来越重要，跨国公司利用其拥有的知识产权等知识资本优势，通过将某一产业的知识资本优势运用到对其他产业无形知识资本的开发和积累上来，以创造能够得以进入其他产业进行产品生产的机会，拓展其获利空间。20世纪90年代以后，由于高新技术产业的迅速发展和服务业对外投资的扩张，跨国公司不得不加大在技术能力和研发外包等方面的转移力度，知识资本开始从依附在有形产业上为主要表现形式逐渐单独分离出来，形成了在创新技术研发、服务外包等无形产业上的直接转移，在知识资本转移的内容上也更加丰富，不再仅仅是在跨国公司内部主要以知识的形式转移，还表现为对创新资源的转移、获取与合理配置以及人力资本资源的利用。

2. 主体演进规律

从知识资本国际转移参与国家看，知识资本国际转移与国际产业转移主体演进规律大致相同，即发达国家→次发达国家→发展中国家的单向转移→发达国家与发展中国家的双向转移→全球多边转移。知识资本作为一种内生经济增长的重要要素，各个国家由于处在不同的经济发展水准上，其知识资本积累的存量差异较大，这种积累存量上的差异可以使知识资本丰裕度较高的国家保持一定的比较优势，跨国公司为利用这一比较优势来赚取利润，通常将知识资本以直接或间接渠道从发达国家向次发达国家再向发展中国家转移，以满足不同的市场需求，维护其在世界范围的支配地位。20世纪90年代初后，随着新兴经济体和发展中国家的崛起，以技术为外在表现形式的知识资本供给来源呈现多元化的趋向，知识资本的转移方不再局限于发达国家也有发展中国家，以投资、技术贸易、国际科技交流与合作等形式的双向技术转移在发达国家之间、发达国家和发展中国家之间越来越活跃。此外，随着服务外包兴起与发展，发达国家将一部分业务外包给其他国家，充分利用国外优质而廉价的人力资本资源，像中国和印度这样的发展中国家则利用人力资本优势承接了大量服务外包业务。因此，知识资本国际转移的主体不再由发达国家单一主导，参与知识资本转移、吸收、攫取、整合的主体更加多元化。

3. 转移路径的演进规律

从国际知识资本转移实现的途径来看，大致经历了如下路径规律：内部转移→合作转移→外部转移→网络化扩散与共享。从国际产业转移的实践来看，跨国公司母公司在最初的时候通常通过知识的内部转移来节省市场交易成本和规避市场不完善，跨国公司通过对外直接投资设立海外子公司、分公司和研发中心的形式将母公司的知识资本要素资源辐射到世界各地。随着跨国公司的外海扩展与竞争，跨国公司通过合作研发、共用销售渠道、生产外包、合作培训、战略联盟等形式加强了国际企业间合作，这一合作的过程必然会伴随知识资本的流动。20世纪90年代中后期以来，跨国并购的浪潮风起云涌，一些跨国公司通过对东道国目标企业的并购，快速实现对知识资本的外部获取与转移。随着全球价值链国际分工体系的深入发展，使价值链上分工不同企业间的合作加强，为了保持其在全球价值链上的优势和地位跨国公司加大了对优秀合作伙伴的争夺和挖掘。因此，跨国公司与国外企业广泛建立的合作网络推动了知识资本在网络内部的转移，而且跨国公司有意识地向网络成员转移其知识资本要素，从而形成了知识资本要素在国际的网络化扩散与共享。

三 知识资本国际转移趋势

知识经济全球一体化进程不断加速的大环境下，技术知识、市场知识等知识资本要素日趋分散化与多样化，客观上要求跨国公司在经营与管理的过程中通过从世界范围内发现、获取、移动知识资本来以保持跨国公司的竞争优势。因此，近年来，跨国公司在知识资本国际转移的规模、形式、态度等方面出现了一些新的变化趋势。

(一) 知识资本国际转移更系统、规模更大、步伐更快

随着知识技术的扩散、溢出与吸收，一些新兴发展中国家企业快速成长，它们同跨国公司及其海外分支机构的差距不断缩小，跨国公司的优势地位受到了前所未有的再冲击，为保持其市场的垄断优势以及不断获取新的竞争优势，许多跨国公司便开始主动、系统地向他国转移相关更为先进的技术和管理知识等知识资本要素。此外，全球经济一体化使跨国公司之间的国际市场竞争激烈，跨国公司愿意并有能力转移的知识资本要素是否先进直接决定其能否占领东道国目标市场和赢得其支持，如果跨国公司在目标市场上无法有效传递、整合与配置先进知识资本要素，其面临的国际生存空间将受到严重影响。此外，随着科技全球化步伐的加快，创新资源国际流动的规模和速度也以前所未有的势头在推进，科技全球化使得跨国公司在海内外的进行创新活动所需要的人力资源、财力资源、物力资源以及相应的知识资本资源不断增多。因此，跨国公司必然要更系统地转移先进的知识资本要素，并扩大对知识资本的转移规模，加快知识资本转移步伐，加大知识资本转移力度。

(二) 知识资本国际转移的形式由单向、直线模式向网络化扩散与共享发展

跨国公司海外子公司或分支机构通常主要从事生产和销售，而其生产和销售所需专利知识、非专利技术诀窍、管理理念与方法、营销技巧等知识资本则主要通过母公司向其进行单向转移。随着全球范围的创新资源等知识资本要素丰裕度的极大提升，跨国公司为了能够充分利用全球资源，近年来海外子公司或分支机构便开始承担起重要的知识资本获取、共享、整合、吸收与消化等职责，然后再由其将从东道国获取有价值的知识资本要素及时提供给母公司，跨国公司母公司通过整合各子公司或分支机构获取和控制的知识资本资源，实现与海外子公司或分支机构的共享，共同研发出新技术或新产品以满足全球市场的需求。因此，跨国公司母公司、海外子公司或分支机构、业务合作伙伴等就共同组成了一个庞大的知识资本转移网络体系，跨国公司通过推动知识资本在全球网络体系中的转移和共享，有助于跨国公司形成强大的综合竞争优势。

(三) 知识资本国际转移态度更加开放、主动，并谋求在动态管理中创新

随着新兴发展中国家的崛起，物质资本的稀缺性大大降低，知识资本

的积累、获取与外溢在国际产业转移中的作用越来越明显，跨国公司在全球扩张中其转移的知识资本先进与否已成为对他国产生吸引力的主要原因和必备条件。因此，跨国公司要想实现其全球扩张战略，知识资本的有效国际转移是其海外生产经营活动成功实现的重要保障，跨国公司通过对知识资本要素转移的有效配置，可以在他国获取高额利润收益来维持其保持竞争优势的支出。面临越来越激烈的市场竞争和技术进步的日新月异，跨国公司已经意识到企业长期核心竞争优势的持续，需要公司创新能力优于竞争对手，而创新能力的获得需要雄厚的资金投入、优秀的人力资本储备、丰富的技术资本支持和可靠的市场资本保障。由此可见，跨国公司便改变了以前相对封闭的态度，以更加开放和主动的姿态寻求知识资本要素的全球配置，在动态中创造、整合、获取比竞争对手更多、更先进的知识资本要素，从而实现其在动态中保持优势地位的战略目标。

（四）知识资本国际转移新趋势带来的启示

通过全球学习、获取并整合分布于世界各地创新网络中的关键知识已经成为跨国公司国际化的新动机，国际知识资本配置与获取能力逐渐成为跨国公司竞争优势的重要来源。在基于产品内分工的产业转移浪潮中，发达国家的买家或发包商通常会通过技术转让、关键设备转让以及专利授权等方式帮助发展中国家的代工企业迅速提升自身生产工艺与产品设计能力，以满足全球消费市场的多样性和变化性需求，出现了知识资本的跨梯度国际转移现象。全球价值链分工体系的扩张推动了知识资本的国际扩散，这些外部知识在企业的创新活动中发挥着越来越重要的作用。外包合作将促进技能和知识资本的国际流动，并且增加了全球价值链中各个垂直环节的知识资本存量。全球价值链分工体系内的国际知识资本转移通过不同渠道对发展中国家的技术创新与技术进步产生了重要影响。因此，对于发展中国家企业来说，融入全球价值链分工体系，通过全球领先企业知识资本转移与知识资源配置提升自己的能力，有效获取先进企业的知识资本转移，有利于企业实现从价值链低端的攀升，从而带动整个国家或地区的经济发展转型与产业升级。

四 国际产业转移与知识资本国际转移的关系

在上述的研究中可以发现，在国际产业转移的过程中，也出现了不同程度的知识资本国际转移，它们是一个相伴而生的过程，在这一过程中，跨国公司成为实施的主体，虽然它们在转移浪潮的时间段上有所不同，但在产业演进、转移主体、技术路径上却呈现出高度的一致性。知识资本在进行国际转移的规模、形式和态度上表现出明显差异,特别是在进入21世纪以来知识资本国际转移更系统、更开放、更主动以及网络化扩散与共享的新趋势凸显,这对世界各国更好地利用全球知识资本资源提供了更好机会。国际产业转移与知识资本国际转移的相互依存关系可以用图4-1来表示。

第三节 知识资本国际转移理论基础与动因分析

从国际产业转移历史实践看,国际产业转移经历了商品资本国际化→借贷资本国际化→产业资本国际化→知识资本国际化四个阶段,国际产业转移由主要从物质资本转移向知识资本的获取、转移与配置转变,特别是伴随着知识经济全球化进程的加快,物质资本的流动速度加快,物质资本的稀缺程度逐渐降低,知识资本的积累与获取日益成为跨国公司保持其获取持续性的全球竞争优势最重要的力量源泉。那么,知识资本国际转移的理论基础是什么?国际产业转移由物质资本转移为主逐渐转变成对知识资本的国际转移与配置,其动因是什么?知识资本国际转移效果主要受哪些因素影响?

一 知识资本国际转移理论基础

知识资本的跨国流动与转移是国际分工不断深化与发展的结果,是跨国公司通过海外投资与经营活动在世界范围内整合、利用其自身及其他国家的优质知识资本要素的过程,其实质是跨国公司为获取垄断利润和保持核心竞争力而进行的要素配置。科格特和赞德(1993)、斯宾塞(Spencer, 1996)认为,跨国公司在海外市场进行业务扩张,其原因并不是因为其在国内市场的失败引起的,而在于其知识的转移导致了企业的国际化扩张。那么,知识资本国际化配置与转移的目的地和知识资本要素的选择依据是什么呢?根据国际产业转移与知识资本国际转移的历史实践,比较优势原理、内部化理论、产品生命周期理论、交易成本原理、动态能力原理、以知识为基础的企业观原理以及价值链分工理论是指导知识资本国际转移目标选择和要素配置理论基础。

第四章 知识资本国际转移运行机制分析

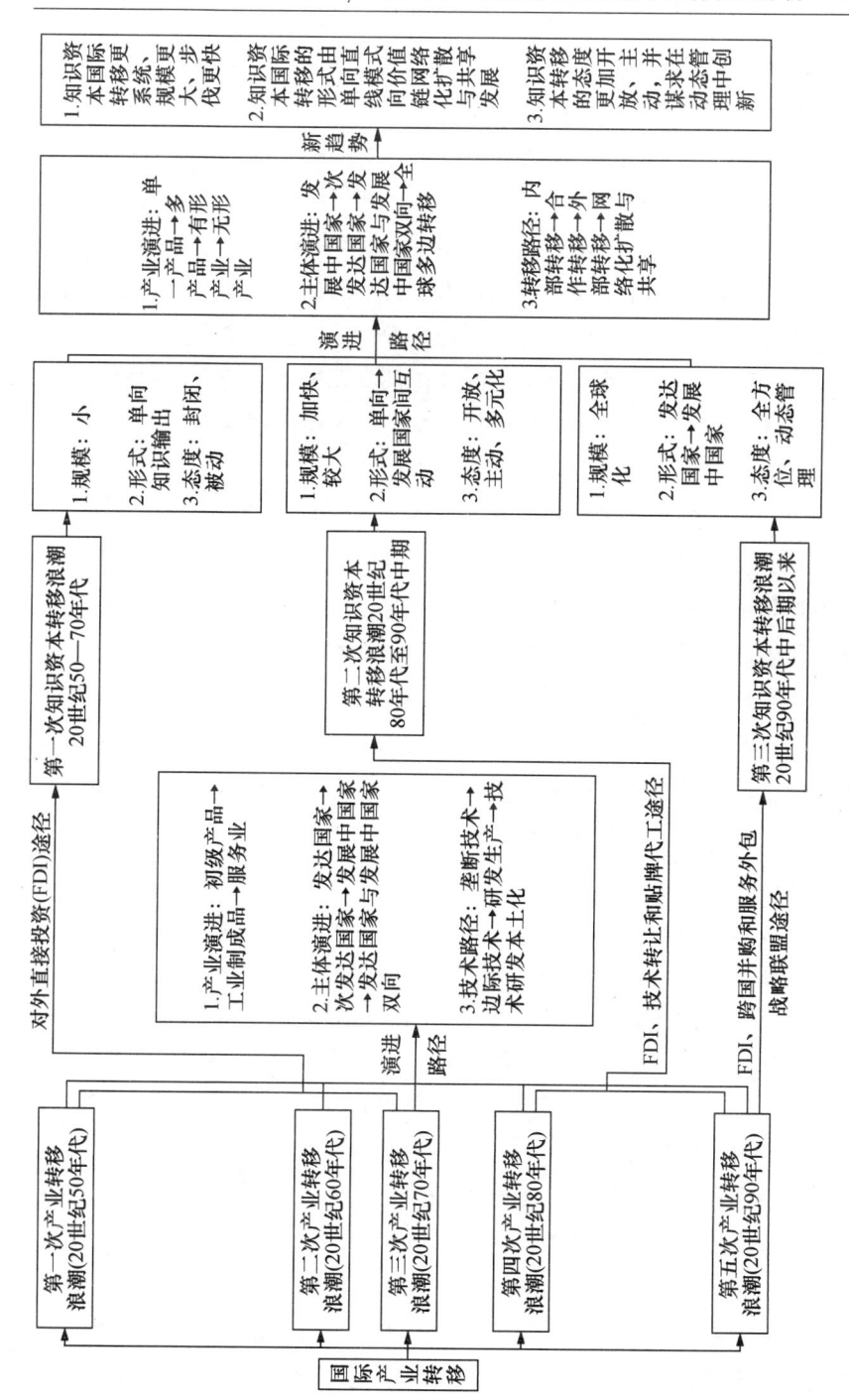

图 4-1 国际产业转移与知识资本国际转移关系

（一）20世纪80年代以前知识资本国际转移理论基础

20世纪80年代以前，国际产业转移与知识资本国际转移主要由以发达国家的跨国公司为主体，其转移路线具有明显的线性、单向特征，这一时期知识资本国际转移的指导理论主要是垄断优势理论、内部化理论、交易成本理论、产品生命周期理论。不管是60年代对外转移的垄断技术还是七八十年代日本对外转移的边际技术，其实对于东道国而言，都是具有比较优势的技术，技术上的差距可以使技术领先的国家具有技术上的某种垄断优势，跨国公司对外投资优势的获得都是通过对知识资产的控制。在当时历史背景下，主流的跨国公司理论主要是从微观层面以不完全竞争导致不完全市场为基本假设，从经济学交易成本理论的角度研究企业的海外投资行为，为减少交易成本和规避市场失灵的风险，经典理论认为公司内部的交易更易得到控制，而且拥有某种可以产生垄断优势知识资本要素的企业很难利用外部市场进行议价交易。因此，跨国公司趋向于将知识资本要素资源内部化，在母子公司内部进行知识资本要素的交易，将知识资本要素资源转移到自己可以掌控的子系统中。由弗农（1966）提出的国际产品生命周期理论则是利用动态比较优势方法来分析企业的对外直接投资行为，这种动态比较优势的变化是由产品本身存在由技术密集型向资本密集型再向劳动密集型更替演进的特征所产生的，新开发的产品在国内经过一定时期的成长期后，开始向市场需求大致相同的资本密集型发达国家进行对外投资，这时的知识资本国际转移则以技术、专利和生产许可等形式转移到其他发达国家，当产品进入到标准化的生产阶段后，对外投资的重点则转向到拥有资源禀赋优势的发展中国家这时知识资本国际转移则更多地以固化在生产设备装备线、固定设备、生产流水线等实物资产的形式上进行转移。但是，这一时期跨国公司竞争优势更多依赖于对全球生产、分销和销售网络的建立，空间上主要关注的是企业在海外的物理性全球存在而非知识性全球存在；跨国管理经营的中介主要以有形资产为主，而对知识、能力等无形资产的重视不够。

（二）20世纪90年代以来知识资本国际转移的理论基础

20世纪90年代以来，随着科技与信息技术的飞速发展、生产标准化的快速推进、物流渠道的便捷化，使得基于全球价值链网络体系下的产品内国际分工得到迅猛发展，全球经济环境的重大变化使全球市场竞争激烈程度日益加剧，产品内价值链上的分工合作加强，知识资本要素的国际转移与配置在跨国公司全球扩张中的地位不断上升。面对动态、复杂的国际市场环境,这就必然要求跨国公司在全球范围内对其能力进行战略性配置和动态管理,从而获得持续动态的而非静态的竞争优势。进入 90 年代以来,知识资本国际转移的理论基础主要有动态能力理论和全球价值链分工理论。

动态能力理论认为,企业的内部能力及其动态过程是企业参与国际竞争并获取竞争优势的法宝。蒂斯(Teece,1994)首次提出了企业动态能力的概念,并于 1997 年在战略管理框架下将动态能力定义为企业整合、建立以及重构企业内、外能力以便适应快速变化的环境的能力。马奇(March,1991)、Dyer 和 Nobeoka(2000)等一批学者认为,动态能力是企业的一种组织学习能力和知识吸收能力的综合体现与整合。佐洛和渴特(Zollo and Winter,2002)则从组织学习的视角论述了动态能力是一种稳定的集体学习模式,体现为企业已经积累了能供企业员工进行学习的知识存量或知识体系,或者能够通过知识存量的累积进行对新知识的开发。Luo(2000)、赫尔法特和彼得拉夫(Helfat and Peteraf,2003)、桑切斯和希尼(Sanchez and Heene,2004)等认为,动态能力是企业通过整合不同领域的知识创造出更多新知识和创新资源的能力。蒂斯(2007)强调动态能力还是企业或厂商重组社会资本、人力资本、技术和知识资源的能力。国内学者对厂商或企业动态能力形成进行了大量的研究,例如,祝志明等(2008)在澄清了动态能力概念和识别了其主要成分因子之后,提出了知识资本各成分如何通过交互作用影响动态能力的发展和演化的研究模型(见图 4-2);罗珉、刘永俊(2009)认为,动态能力是指为适应外部环境的变化,企业所从事资源(知识)、流程、竞争地位和路径的整合、配置、重构造、更新、学习与响应等能力。由此可见,动态能力理论普遍的观点都认为知识变异、知识共享、知识复制、知识整合和知识运用五个不断循环的知识演进过程反映了动态能力的本质。因此,企业动态能力的各要素的提升对企业的国际化竞争力将产生重要的影响,跨国公司在国际化过程中能否获得成功并保持持续的国际竞争力,取决于其对国际化相关知识的获取和积累,并进行有效的组织学习与应用新知识的能力。受这一理论影响,跨国公司的海外投资更加注重对知识、能力等无形资产的传递、管理、整合与提升,其知识资本的转移过程也不得不更加重视能力配置和能力提升。战略联盟、跨国并购是企业获取外部知识资本和新知识的重要和有效途径，越来越受到企业或组织的高度重视，通过整合联盟或兼并企业间的资源，采取人员轮岗、员工培训、业务往来与指导等形式实现知识资本要素在联盟内或兼并企业内部的转移与流动，并通过组织内部消化、吸收能力的提升，在"干中学"而掌握和运用新知识创造满意绩效。

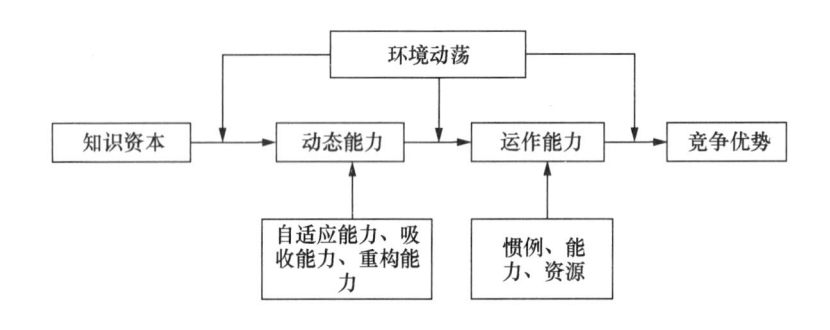

图 4-2 知识资本与动态能力模型

全球价值链分工是指同一产品内某个环节或某道工序的专业化分工，是一种基于产品内的国际分工，其核心内涵是特定产品生产过程的不同工序或区段通过空间分离展开成跨区或跨国性的生产链条或体系（Feenstra, 1998; Gereffi, 1999），其主要表现形式体现在产品生产的不同工序被分离为研发与设计的技术与知识密集型工序，低端生产的劳动密集型工序，与先进生产设备、流水线操作相关的资本密集型生产工序，并且这些工序被分割在不同的国家（地区）来完成。学者们从不同视角建立了差异性的概念来表述这一新的国际分工现象，代表性的概念有：多阶段生产（Antweilier and Trefler, 1997）、生产过程的片断化（Jones and Kierzkowski, 1990, 1998, 2000）、价值链切分（Krugman, 1995）、产品内分工（Arndt, 1997, 1998, 2001；卢峰, 2004）、垂直专业化分工（Hummels, Ishii and Yi, 1999, 2001）、生产非一体化（Feenstra, 1998）、全球价值链/全球生产网络（Gereffi, 1999; Dieter Ernst, 2002）、全球生产共享（Ng and Yeats, 2001）、外包（Grossman and Helpman, 2002）、要素分工（张二震等, 2002）等。在全球价值链的国际分工体系下，国际产业转移呈现转移对象片段化、产业转移主体多元化、产业转移环节高端化、产业转移方式出现诸如外包等多样化的特征，甚至还出现欠发达国家为争取更多的市场资源和技术资源将高端技术研发领域转移到发达国家这一逆向转移的现象。有些发达国家的跨国公司为有效利用发展中国家人力资本等知识资本资源优势将部分设计开发环节和部分研究开发环节转移到发展中国家，Feenstra 和 Hamilton（2006）的研究也表明，发达国家的买家或发包商为了满足全球消费市场的多样性和变化性特征，会主动通过技术转让、关键设备转让和专利授权等方式，将知识资本要素资源进行转移，以协助发展中国家代工企业迅速提升自身生产工艺与产品设计能力。面对价值链国际分工的深入与发展的环境，知识资本的国际转移与配置过程也就更加注重价值链网络内的共享与扩散。

二 知识资本国际转移动因

国际产业转移与跨国公司的全球经营活动过程，也是企业为了应对新的世界经济格局变化而对区位选择进行再调整的过程，这一过程必然伴随着知识资本的国际转移，其发生的根本原因是在国际分工不断深化的过程中，知识资本作为一种保持垄断优势和竞争优势的要素在全球范围内获取垄断利润。

（一）基于产业间或产品间国际分工条件下知识资本国际转移动因

所有权垄断优势理论、内部化优势理论、边际产业扩张理论、国际产品生命周期理论等经典跨国公司理论从不同角度阐述了知识资本国际转移成因。此外，马库森（Markusen，1984，1995，1997，2002）、赫尔普曼（Helpman，1991）、霍斯特曼（Horstmann，1992）、布雷纳德（Brainard，1993）、埃蒂尔（Ethier，1996）、维纳布尔斯（Venables，1998，2000）等学者从知识资本角度分析国际直接投资的决定及其区位选择，建立起了国际直接投资的知识资本模型，解释了水平型与垂直型的跨国投资活动。对于跨国公司来说都比较重视研发、员工素质、企业发展战略、市场营销、产品新颖度和复杂度以及专利、商标、声誉和品名等无形资产，这说明了跨国公司较重视使用知识资本，这就是跨国公司具有的所有权优势。马库森（1995，1998）认为，知识资本提供的服务比实物资本提供的服务更容易被传递，知识资本在公司内部具有联合投入或"公共产品"的特性，知识资本可以同时服务于多个分支机构，而不会降低其价值和生产效率，知识性资产需要更多的熟练劳动，因而总部需要更多的熟练劳动进行研发和管理等活动，此外虽然知识资本的特性一方面可以创造跨国公司的所有权优势，但由于被许可方可以较容易地吸收知识资本，跨公司为防止资产流失危险，只有通过合理的市场机制在公司内部转移知识性资产。在这一理论思想指导下，基于产业间或产品间国际分工的条件下，跨国公司的知识资本转移更多倾向于跨国公司母子公司间的内部转移，更倾向于将知识资本要素固化在机器设备、生产装备流水线等物质资本上进行转移，当然也将部分的技术指导与管理等知识资本要素直接转移。其知识资本转移的动因主要有两个：(1) 扩大全球市场份额，维持其垄断地位，获取垄断利润；(2) 转移部分标准化的知识资本要素，为国内产业升级提供更多的优质资本要素资源。

(二) 基于全球价值链产品内国际分工条件下知识资本国际转移动因

在全球价值链产品内国际分工体系下，产品价值链环节出现了垂直分解，形成同一产品不同工序或环节在空间上分布于不同国家（地区）的格局，使得企业能够专注于某一个环节的生产，从而使得价值链产品内分工既有公司内部分工协作，如分别位于不同国家或地区子公司在同一价值链上的分工协作；也有公司外部的协作，如公司的某些生产环节可以通过外包、战略联盟等方式实现，发达国家对自身的核心竞争力进行了重新定位，通过其跨国公司生产体系的纵向分离，将重心集中在产品的研发、设计和营销等高附加值环节，同时将生产制造等低附加值环节转移到发展中国家。同时，随着分工深化到产品内时，许多非核心环节的生产都标准化了，导致进入壁垒降低和利润被摊薄，承担这种环节的企业只有通过发挥专业化优势形成规模经济。在这一分工体系格局下，随着全球市场开放程度的不断提高，资源配置进一步得到优化，这就使得价值链上的每一个增值环节逐渐地配置到最有效率的国家或地区上，从而形成了国际生产网络的区域分散性和广泛性，价值链的这一分散性特征使得每个节点上的企业必须进行有效而充分的协作才能保证最终产品或服务的及时完成，为了保证每个节点上生产出来的产品符合其自身的标准和要求，甚至企业会主动地将一些复杂的知识资本要素转移到其合作的价值链环节当中去。全球价值链的这一生产格局使得企业间的知识资本要素的流动加快，也为企业间的知识资本要素资源共享和交互学习创造了机会。因此，在价值链产品内国际分工条件下，跨国公司知识资本国际转移的动因可以归结为以下方面：(1) 发挥其在价值链顶端的优势，从而获取和保持其专业化的优势；(2) 通过价值链环节的空间重组，提高知识资本资源配置效率，以获取区域要素优势；(3) 在要素比较优势的作用下使价值链各环节实现最优化,达到价值链的整体升级,从而获取价值链升级优势;(4)通过对知识资本的国际转移与共享,在全球范围内识别、整合、重组创新资源,并通过交互式学习提升其专业化能力;(5)通过知识资本的国际转移,推进产品和研发的本土化,开发适合本土化需求的产品和服务,从而达到快速开辟新的目标市场;(6)通过知识资本国际转移,缩短价值链上各环节的生产周期和研发周期,从而加快新产品的上市时间,保持其获得高额垄断利润。

三 知识资本国际转移运行机制

知识资本国际转移的运行机制是促进其更好获取、消化、整合与配置、应用和创新的知识资本要素的关键。

(一) 知识资本国际转移运行机制的构成要素

知识资本国际转移的运行机制是指在一定的外部经济环境下,知识资本国际转移的主体通过一定的转移渠道将知识资本要素进行全球配置与整合,并通过一定相互作用发挥其转移目标的过程。因此,本书认为,知识资本国际构成要素包括转移环境、转移主体、转移客体、转移渠道和转移目标几个方面。

1. 转移环境

转移环境是指影响知识资本国际转移的宏观和微观环境的综合体,良好的转移环境有利于知识资本要素的转移、分享、整合、创新,进而对知识资本国际转移的效率产生影响。具体来说,宏观环境主要是指在一定的国际分工条件下,为知识资本国际转移提供的客观环境基础,即在不同的国际分工条件下,促进知识资本进行国际转移与配置的客观条件;微观环境是指知识资本国际转移的转出方与接收方企业之间的信任、合作与消化吸收等方面的联系,是促进知识资本国际转移效率提高的微观基础。

2. 转移主体

转移主体是指知识资本的转移方与接收方,知识资本的转移方根据其产业的国际布局和国际分工的调整将一部分知识资本要素转移到东道国企业,使其能够按其质量要求和交货期顺利完成产品的生产,甚至有时还利用东道国的知识资本要素进行逆向转移输入到本国的母公司,然后由母公司再进行全球配置,而知识资本的接收方可以通过学习和吸收国外转移而来的先进知识资本要素来提升自身的技术和管理水平。因此,在知识资本国际化配置与转移的过程中,知识资本的转移方和接收方都可以获得

"双赢"。

3. 转移客体

转移客体是指知识资本国际转移过程中的对象，即是被转移与接收的知识资本要素，包含人力资本、国际市场资本、创新资本、流程资本、国家金融财富资本等丰富的内涵，但有些知识资本要素的跨国流动相对较困难，有些知识资本要素表现为显性的知识，有些表现为隐性的知识，这就使得一部分知识资本的国际转移较困难，另一部分知识资本要素难以进行描述与交流，很难进行学习与消化吸收，其转移与分享的效率难以保证。

4. 转移渠道

转移渠道是指知识资本国际转移实现的途径，知识资本由于具有无形性的特征，一般依附一定的载体和媒介来转移，通常它可以通过外商直接投资、进出口贸易、对外直接投资、跨国人力资本流动、国际技术引进等途径来实现对知识资本的国际转移。其中，最直接的渠道是国外对东道国的R&D投资和国际技术引进，间接渠道则是通过外商直接投资、进出口贸易、对外直接投资、跨国人力资本流动带来的知识资本国际溢出，对外直接投资和国际贸易渠道的国际知识资本溢出是传统的主流渠道，但随着海归人才的回流，其产生的人力资本效应、物质资本效应、社会网络效应以及学习示范效应越来越受到重视，成为知识资本国际溢出的一条新途径。

5. 转移目标

转移目标是指知识资本国际转移所要力图实现或期望达到的状态，通过对知识资本要素的跨国流动，知识资本要素的转移方实现了其在全球价值链上的领先与垄断优势，并随着跨国并购、战略联盟、国际服务外包等国际生产经营模式的兴起，知识资本的国际转移与流动加快，知识资本国际转移的规模更大，知识资本转移方的态度更加开放，并更加注重价值链网络内的共享与扩散，以实现其动态能力的提升。

(二) 知识资本国际转移运行机理

为了探究知识资本国际转移的运行机理，需要分析运行系统的外部环境机制和运行系统的内部作用机制。

1. 知识资本国际转移运行系统与外部环境的一般作用机制

知识资本国际转移的运行系统总是处于一定的国际分工条件下，由跨国公司充当载体来实现的。因此，其与环境之间的相互作用主要体现在以下两个方面：

首先，在不同宏观环境下，知识资本转移的方式不同，即知识资本国际转移受到转移环境的影响与制约。在产品间的国际分工模式下，知识资本转移的顺序是由发达国家向次发达国家，然后再向发展中国家单向转移，其转移的内容主要固化在生产设备和部分技术指导与管理上。在产品内的国际分工模式下，生产被分割和片段化，这一价值链分工体系的发展，使得生产的地理空间上更加分散与广泛，价值链上的分工与合作也更大地促进了技能和知识资本的国际流动，并且增加了全球价值链中各个垂直环节的知识资本存量，特别是随着全球服务外包业务的兴起，知识资本的全球加速流动推动了公司在产品设计、研发、制造、营销、分销等环节的知识资本利用也越来越呈现多样化与分散化，这一发展趋势迫使跨国公司不得不对知识资本进行全球配置与管理。对于微观环境而言，随着经济全球化的深入，企业之间的信任与合作不断增加，使得知识资本国际转移由被动转移和被动接受逐渐转向主动转移、价值链网络内的共享与主动消化吸收并不断创新的模式发展。

其次，知识资本国际转移运行系统对转移环境也可以起反向促进作用。知识资本国际转移使得价值链上的各企业能够顺利地完成其各环节上的价格增值过程，从而促进国际分工体系的深化与发展，也增强了企业的合作与信任。知识资本国际转移的持续运行对于促进和完善企业间的知识资本要素交流、分享、学习与消化等机制产生积极的影响，有利于促进企业间加强对知识资本国际转移基础设施和管理组织方面的建设。

2. 知识资本国际转移运行系统内部要素作用机制

知识资本国际转移运行过程中主要受转移主体对转移客体选择怎样的转移渠道的影响，因此，对于知识资本国际转移运行系统内部要素的作用机制大致可以从以下两个方面来分析。

（1）知识资本与转移渠道之间的相互作用。知识资本包含人力资本、国际市场资本、创新资本、流程资本、国家金融财富资本等，本身就具备无形性特征，且有些知识资本要素表现为显性知识，有些表现为隐性知识。因此，知识资本要素本身的特征是影响知识资本要素国际转移渠道选择的重要因素之一。人力资本由于其跨国流动比较困难，而且它一般反映出复杂的、隐性程度高的知识资本要素，所以，一般转移的渠道主要集中在国际交流、人员互派和留学人员环流等形式上，特别是留学人才的回流所转移的知识资本溢出受到了越来越广泛的关注。国际市场资本主要涉及一个国家的对外联系与交往的美誉度等问题，一般转移以对外直接投资的形式转移较多。流程资本主要考虑的是一国固化在信息技术上的知识资本，通常以电信基础设施来反映，其转移的难度较大，但它可以对显性程度较高的知识资本通过电子邮件的形式方便其实现转移。国际知识资本要素中最主要的转移与溢出是创新资本，它转移的形式可以是直接国际技术引进、R&D 直接投资，还可以通过间接的进出口贸易、外商直接投资、对外直接投资、跨国人力资本流动等方式溢出与转移，国际贸易和外商直接投资是国际技术知识资本最主要的转移与溢出渠道。

（2）知识资本转移方与接收方之间的相互作用。知识资本的转移方与接收方是国际知识资本转移的主体，双方之间的信任、合作等方面的关系直接决定和影响着国际知识资本要素能否顺利进行，这一方面要看知识资本丰裕度高或领先的跨国公司对知识资本要素进行国际转移的能力、态度；另一方面也要看知识资本接收方的学习主动性与吸收能力。双方的信任与合作关系的加强，使得双方在知识资本交流与共享方面出现道德风险和机会主义行为的风险大大降低，一旦这种信任和合作关系建立并逐渐巩固后，知识资本要素领先的企业为了使其合作方按其要求和质量完成产品或服务的生产，它愿意将自身拥有的先进技术知识转移给对方，并会在合作中主动为对方提供培训、技术指导与交流等。但知识资本相对落后的企业为了吸收先进企业的知识资本，其学习能力和消化吸收能力是一个关键因素，它直接影响到知识资本转移效率，因此，在知识资本转移国际转移的过程中，知识资本的接收方必然要加大对研发投入的程度、学习强度与学习方法、组织学习的机制等方面的投入与管理。

四　知识资本国际转移效果主要影响因素

在开放经济条件下，经济全球化的发展加快了国际贸易、投资以及人员流动与学术交流等，使得包含人力资本、市场资本、创新资本、流程资本、金融资本等丰富内涵的知识资本要素在全球范围内配置与获取加快，知识资本要素对东道国的技术进步的影响也随之加大，并主要通过进出口贸易、外商直接投资、国际技术引进、对外直接投资、人力资本跨国流动等物化和非物化的渠道进行外溢。因此，一国技术进步与科技创新不再仅仅依赖国内研发投入，国外研发投入和技术溢出对国内的技术进步与科技创新的作用也日益明显。但由于各个国家劳动力市场的分割，跨越国界的劳动力流动还较少，人力资本的国际外溢效应还不明显，当前知识资本要素外溢起主要作用的通常认为是创新资本——R&D 的国际溢出。R&D 国际溢出其实质就是 R&D 创新知识与成果对东道国技术进步的影响，从发达国家 R&D 知识外溢与发展中国家吸收国际 R&D 知识外溢的实践经验来看，决定着创新知识资本国际外溢效果的主要因素包括中间环节、传递路径、接收方的学习主动性与吸收能力、创新知识资本提供方的外溢控制、知识资本要素特性等。

（一）知识资本要素传递的中间环节及路径

知识资本要素跨国外溢的效果不仅受到中间环节多寡、路径长短的影响，还受到传递渠道规模的影响。以发展中国家对发达国家的出口为例，如果发展中国家出口到发达国家的商品在中间环节需要经过多层出口代理和进口代理，则发达国家终端消费者的新知识和高要求反馈到发展国家的时间也加长，中间环节的信息损耗和扭曲也将增加，从发达国家终端知识外溢方到发展中国家终端的知识外溢吸收方的路径将会非常长，因此发展中国家吸收发达国家知识资本要素外溢的效果也将会较差。

（二）创新知识资本提供方的外溢控制

知识资本提供方的外溢控制，包括了提供方对知识资本要素转移的意愿和能力。知识资本要素丰富的国家，技术创新能力强，为了使其企业在国际市场上保持先进技术知识的领先地位和抢占市场份额，一方面需要对人力资本、R&D 等创新资本进行大量投资以保持先进性；另一方面需要在全球范围内适当转移其先进的技术知识以获取市场。在全球价值链分工条件下，处于领先地位的企业为了降低成本、扩大市场和谋求竞争优势，他必须有能力和意愿来配置其知识资本资源，但其对知识资本要素转移的态度却影响着接收方国家企业从全球价值链中获取知识资本要素的广度与深度。比如，知识资本领先企业在进行先进技术知识转移的过程中，如果他愿意将自身拥有的先进技术知识转移给对方，他将会在合作中主动为对方提供培训、技术指导与交流等。此外，发达国家往往还对先进技术产品进行出口控制、外商投资企业对进行技术控制等都阻碍了发达国家 R&D 知识资本外溢效果。

（三）知识资本要素接收方的学习主动性与吸收能力

接收方国家企业的学习主动性与吸收能力是影响知识资本要素外溢效果的重要因素，刘常勇和谢洪明（2003）认为，企业的吸收能力主要受到先验知识的存量与内涵、研发投入的程度、学习强度与学习方法、组织学习的机制四项因素的影响。企业的学习主动性和吸收能力反映了企业认知新的外部知识并吸收与运用外部知识的能力，学习主动性反映了企业吸收外部知识的能力所愿意投入的努力程度。国内外大量研究文献表明，一国金融市场、贸易开放、人力资本等对一国吸收国外的先进技术知识具有"门槛效应"（Keller，1996；Borensztein，1998；Barro et al.，2005；Alfaro and Charlton，2007；程惠芳，2002；代谦、别朝霞，2006；钱水土、周永涛，2014）。

（四）跨国公司的投资动机差异

跨国公司对外投资动机包含高额利润追求性、自然资源导向型、市场导向型、技术导向型、效率寻求型、现成资产寻求型、全球战略型等多种类型。由于跨国公司对外直接投资的动机不同，其在东道国的知识与技术转移及其外溢程度也就会有较大的差异，例如在市场导向型的动机支配下，跨国公司为了抢占东道国市场和适宜东道国的市场需求，往往转移的知识和技术比较容易被东道国吸收和模仿；资源导向型的投资则更多关注的是东道国的自然资源或廉价的人力资本资源，跨国公司这时更多转移的是产品生产装备线，而对产品设计、技术创新与研发设计在技术水平较高国家，这时的知识资本被更多固化在物质装备中，被东道国吸收、学习的效果较差。

（五）知识资本要素的特性

知识资本包含人力资本、市场资本、更新资本、创新资本、流程资本、金融资本等丰富的内涵，知识资本各要素间的特征差异性较大，例如有些知识资本要素表现为显性知识，而有些则表现为隐性知识，显性知识通常都是已经形成正式和系统的文档说明，它很容易在传递方与接收方间进行表达与共享，而隐性知识则是高度个人化的，往往难以进行描述与交流。因此，知识资本要素的不同特征，也表明了知识资本要素进行流动的差异与难度不同，从而其国际转移的溢出效果也就会有所不同。

第五章　知识资本国际转移对中国经济增长的影响研究

20世纪80年代中期兴起的内生经济增长理论的研究表明，聚集知识资本要素的R&D影响一国创新活动和技术进步，使创新产品的种类数增加或原有产品质量得以提高，进而影响一国的内生经济增长，在开放经济条件下，其他国家的R&D活动也会通过专利许可、信息交流、人口迁移、学术会议、国际商品贸易、服务外包以及FDI等渠道进行传导和转移，从而产生知识资本要素的国际溢出效应，并通过国际知识的溢出促进东道国的组织效率、管理技能和技术水平不断得以提升，国内知识资本和通过传导渠道的国外知识资本对东道国的全要素生产率（TFP）增长起到促进作用，从而实现内生经济增长。

第一节　知识资本推动经济增长的理论基础

以罗默（1986）《递增收益与长期增长》和卢卡斯（1988）《论经济发展机制》的论文发表为代表，在此后经由格罗斯曼和赫尔普曼（1991）、阿吉翁和霍依特（1992）、琼斯（1995）等经济学家的拓展，建立起内生经济增长理论，在这一内生经济增长理论模型下，为了强调知识资本在经济增长中的重要作用，他们都认为研发（R&D）资本是经济增长最主要的驱动力之一，由此西方经济增长理论迈入了知识资本决定论的阶段。在此后的关于经济增长理论和实证分析的文献中，都强调了知识资本投资与积累在经济增长中发挥着重要的作用。其中具有代表性和影响力的知识资本内生经济增长理论主要有[①]：（1）知识资本溢出效应的内生经

[①] 详见第二章关于知识资本与经济增长理论研究的文献综述部分。

济增长理论；（2）知识资本累积效应内生经济增长模型；（3）知识资本分工效应内生经济增长模型；（4）知识资本生产效应的内生增长模型；（5）知识资本国际流通效应内生增长模型。由于知识资本在生产过程中的生产效应就是使知识资本转移的价值和新创造的价值所占份额不断提高，因此本章将借鉴格罗斯曼和赫尔普曼的质量阶梯模型（1991），推导知识资本要素在经济增长中的作用。

一 知识资本推动经济增长的理论假设

（1）社会生产投入两种要素：一种为劳动投入 L，另一种为资本投入 $\tilde{x}_j$（亦称中间品投入），$\tilde{x}_j$ 表示 j 行业经过知识资本要素积累后质量等级水平得以提升的资本投入，全社会生产的行业总数为 N。

（2）假设中间产品经过知识资本要素积累后其质量水平每次升级 q 单位，则经过一定的知识资本要素累积后，当中间产品的质量等级达到 k 级时，则中间产品的质量水平为 q^k。

（3）设 x_j 为质量等级为 k 的中间品的数量，在 t 时刻中间产品的最高质量等级为 k_j，定义 $\tilde{x}_j = \sum_{k=0}^{k_j} q^k x_{jk}$，并可表示为 $\tilde{x}_j = \int_0^{k_j} q^k x_{jk} \mathrm{d} x_{jk}$。

（4）借鉴拉姆齐模型对代表性家庭消费效应函数假设，同样假设代表性家庭消费效应函数假设为相对风险厌恶不变（CRRA）的形式，且消费效应函数假设为 $U_t = \int_0^{+\infty} \frac{C_t^{1-\theta}-1}{1-\theta} e^{-\rho t} \mathrm{d}t$，其中，$\theta$、$\rho$ 分别为消费者跨时消费替代系数和贴现率，$\theta \geq 0$，且 $\theta \neq 1$。

（5）生产函数为连续且可导的柯布—道格拉斯形式，且定义最终产品生产函数为：$Y = L^{1-\alpha} \sum_{j=1}^{N} (\tilde{x}_j)^\alpha = L^{1-\alpha} \int_1^N \left(\int_0^{k_j} q^k x_{jk} \mathrm{d} x_{jk} \right)^\alpha \mathrm{d} \tilde{x}_j$，$\alpha$ 为知识资本投入要素的产出弹性系数。

二 知识资本要素推动经济增长的理论模型推导

设中间产品的价格为 χ，劳动力投入的工资水平为 W_l，生产利润则为总产出减中间产品与劳动力的投入，根据生产利润最大化条件，即求 $\max \left(Y - \sum_{j=1}^{N} x_{jk} \chi - L \times W_l \right)$ 的条件下对 x_{jk} 求导，并令其一阶导数等于零。由其一阶求导条件等于零，得到：

$$\alpha L^{1-\alpha} q^{k\alpha} (x_{jk})^{\alpha-1} = \chi \tag{5-1}$$

$$x_{jk} = \left[\frac{\alpha q^{k\alpha}}{\chi}\right]^{\frac{1}{1-\alpha}} L \tag{5-2}$$

假设中间产品垄断利润可表示为 π，同时为了计算方便，再将中间产品的边际成本假定为 1 单位，则其垄断利润函数可表示为：$\pi = x_{jk} \times \chi - x_{jk} \times 1$，再利用垄断利润最大化的条件，即求 $\max(x_{jk} \times \chi - x_{jk} \times 1)$ 条件下对 x_{jk} 求导，由其一阶求导条件等于零，得到：

$$\alpha^2 L^{1-\alpha} q^{k\alpha}(x_{jk})^{\alpha-1} = 1 \tag{5-3}$$

将式（5-1）代入式（5-3）可以得到 $\alpha \times \chi = 1$，即 $\chi = \frac{1}{\alpha}$，并由此也可得到：

$$x_{jk} = \alpha^{\frac{2}{1-\alpha}} q^{\frac{k\alpha}{1-\alpha}} L \tag{5-4}$$

将式（5-4）代入中间产品利润函数式，得到：

$$\pi = x_{jk}(\chi - 1) = L \times \left(\frac{1-\alpha}{\alpha}\right) \times \alpha^{\frac{2}{1-\alpha}} \times q^{\frac{k\alpha}{1-\alpha}} \tag{5-5}$$

再将式（5-4）代入生产函数式中可得：

$$Y = L^{1-\alpha} \sum_{j=1}^{N} [\alpha^{\frac{2}{1-\alpha}} q^{\frac{k\alpha}{1-\alpha}} L q^k]^{\alpha} = \alpha^{\frac{2\alpha}{1-\alpha}} \times L \times \sum_{j=1}^{N} q^{\frac{k\alpha}{1-\alpha}}$$

设 $Q = \sum_{j=1}^{N} q^{\frac{k\alpha}{1-\alpha}}$，则：

$$Y = \alpha^{\frac{2\alpha}{1-\alpha}} \times L \times Q \tag{5-6}$$

又假设中间产品创新价值可表示为 V_{jk}，创新升级的概率可表示为 λ，并设 $\lambda = Z_{jk}\phi(k_j)$，其中，$Z$ 表示创新研究投入的努力，$\phi(k_j)$ 表示创新的概率。利率水平假定为 r，则在非套利条件下，由贝尔曼方程可解得：

$$V_{jk} = \frac{\pi}{r} + \frac{\dot{V}}{r} - \frac{\lambda V_{jk}}{r} \tag{5-7}$$

在长期均衡增长路径上 $\dot{V} = 0$，得到：

$$V_{jk} = \frac{\pi}{\lambda + r} \tag{5-8}$$

将式（5-5）代入式（5-8）得到：

$$V_{jk} = \frac{L \times \left(\frac{1-\alpha}{\alpha}\right) \times \alpha^{\frac{2}{1-\alpha}} \times q^{\frac{k\alpha}{1-\alpha}}}{\lambda + r} \tag{5-9}$$

又假设在长期条件下创新能够自由进入，即创新市场为完全竞争市场状况，则由完全竞争行业长期均衡的条件：边际收益等于边际成本，可得：

$\phi(k_j) \times V_{jk} = 1$，将式（5-9）代入，即 $\phi(k_j) \dfrac{L \times \left(\dfrac{1-\alpha}{\alpha}\right) \times \alpha^{\frac{2}{1-\alpha}} \times q^{\frac{k\alpha}{1-\alpha}}}{\lambda + r} = 1$，

令 $\phi(k_j) = q^{\frac{k\alpha}{1-\alpha}}$

得：

$$r + \lambda = L \times \left(\dfrac{1-\alpha}{\alpha}\right) \times \alpha^{\frac{2}{1-\alpha}} \tag{5-10}$$

在相对风险厌恶不变（CRRA）的消费效应函数约束下，通过构造汉密尔顿函数求解此预算约束的总效用最大化方程，可推导出著名的欧拉方程：

$$\dfrac{\dot{C}}{C} = \dfrac{1}{\theta}(r - \rho) \tag{5-11}$$

又由 $\dfrac{\dot{Y}}{Y} = \dfrac{\dot{Q}}{Q} = \lambda \times \dfrac{Q_t - Q_{t-1}}{Q_{t-1}} = \dfrac{\dot{C}}{C} = g = \dfrac{1}{\theta}(r - \rho) \tag{5-12}$

$$\dfrac{Q_t - Q_{t-1}}{Q_{t-1}} = \left(\dfrac{Q_t}{Q_{t-1}} - 1\right) = \left(\dfrac{q^{\frac{k\alpha}{1-\alpha}}}{q^{\frac{(k-1)\alpha}{1-\alpha}}} - 1\right) = q^{\frac{\alpha}{1-\alpha}} - 1 \tag{5-13}$$

将式（5-13）代入式（5-12），得：

$$\dfrac{1}{\theta}(r - \rho) = \lambda \times (q^{\frac{\alpha}{1-\alpha}} - 1) \tag{5-14}$$

通过式（5-10）可将 λ 用 r 表示出来，并将其代入式（5-14），得到：

$$r = \dfrac{\rho + \theta(q^{\frac{\alpha}{1-\alpha}} - 1) \times L \times \left(\dfrac{1-\alpha}{\alpha}\right) \times \alpha^{\frac{2}{1-\alpha}}}{1 + \theta(q^{\frac{\alpha}{1-\alpha}} - 1)} \tag{5-15}$$

将式（5-15）的结果代入式（5-12），得：

$g = \dfrac{1}{\theta}(r - \rho)$，得到：

$$g = \dfrac{(q^{\frac{\alpha}{1-\alpha}} - 1) \times L \times \left(\dfrac{1-\alpha}{\alpha}\right) \times \alpha^{\frac{2}{1-\alpha}} - \rho(q^{\frac{\alpha}{1-\alpha}} - 1)}{1 + \theta(q^{\frac{\alpha}{1-\alpha}} - 1)}$$

$$= \dfrac{L \times \left(\dfrac{1-\alpha}{\alpha}\right) \times \alpha^{\frac{2}{1-\alpha}} - \rho}{\dfrac{1}{(q^{\frac{\alpha}{1-\alpha}} - 1)} + \theta} \tag{5-16}$$

三 知识资本要素推动经济增长理论模型推导的主要结论

由上述式（5-16）推导结果可知：在劳动力投入水平一定的条件下，当 q 越大时，即当每次质量升级的层次单位越大时，g 值越大，即经济增长水平也越高，或在一定技术创新能力下，若知识资本要素中的人力资本的累积与质量的提升越大，其经济增长水平也越高，而且 Lopez、Themas 和 Wang（1998）、A. Castello 和 R. Domenech（2002）等的实证分析结果均表明了人力资本结构的改善是一些国家经济增长的重要原因，Ramos、Surinach 和 Artis（2009）的研究结论表明：与产业结构转化、技术进步相匹配的人力资本是经济增长源泉。此外，格罗斯曼和赫尔普曼（1991）、Stokey（1991，1995）、阿吉翁和霍依特（1992）、Young（1998）等的研究均认为提高产品质量升级层次水平有利于实现经济增长，而厂商 R&D 的不断投入促进了研发与创新，这一过程也就是知识资本不断积累与提高的过程，研发与创新可以促进原有产品质量的不断提高，即知识资本要素中的技术资本、创新资本的投入与累积有利于实现经济的长期增长。由此可见，一国知识资本的丰裕度越高，越有利于推动其经济长期增长。

第二节　知识资本国际转移计量方法

知识资本包含人力资本、市场资本、更新资本、流程资本、金融资本等无形资产内涵，尽管目前对开放经济条件下知识资本的国际溢出，主要通过对国际贸易和外商直接投资这两种渠道的技术溢出来衡量，但随着开放经济领域的不断扩大和经济全球化日益加深，国际的人员流动与学术交流也得以加快，人力资本的跨国流动也带来了国际知识资本要素的溢出，促进东道国的经济增长和技术进步（Fosfuri, 2001；Fallick, 2006；Williams, 2007；Le, 2008, 2010）。

一　知识资本国际转移衡量

对于知识资本国际转移产生国际知识溢出效应的开创性实证研究最早应当是科恩和赫尔普曼（1995），他们通过构造"国外研发知识资本存量"变量，利用 21 个 OECD 国家和以色列 1971—1990 年的面板数据实证检验了 R&D 知识通过进口贸易途径转移后的溢出效应，这一研究通常被称为 CH 法，并成为后续知识资本国际转移溢出效应研究的基石，后经利希滕伯格和波特尔斯伯格（1996）对外国 R&D 知识资本存量的权重计算方法进行改进和完善，对 CH 模型进行了修正，也通常被称为 LP 法。由于他们开创性地建了基于贸易和 FDI 途径的国外研发知识资本国际转移计量的估算模型，CH 法和 LP 法也被公认为是研究和测度知识国际溢出效应的经典方法。此后的学者基本上都是沿用上述方法从不同转移渠道、不同行业研究了知识资本国际转移的溢出效应，比如，Hakura 和 Jaumotte（1999），凯勒（Keller，2002），法尔维、福斯特和格里纳韦（Falvey, Foster and Greenaway，2002），李小平和朱钟棣（2006），曾卫锋（2008），陈继勇和盛扬怿（2008）等。

二 知识资本国际转移与溢出计量方法

（一）国际贸易途径转移的国外知识资本存量计量方法

通过国际贸易溢出的国外研发资本存量，其计算公式如下：

$$S_t^m = \sum_{j=1}^{n} \frac{M_{jt}}{GDP_{jt}} \times R_{jt} \tag{5-17}$$

其中，S_t^m 表示第 t 年通过进口渠道流入的国外研发资本存量，M_{jt} 表示第 t 年中国从 j 国的进口总额，GDP_{jt} 和 R_{jt} 分别表示第 t 年 j 国的国内生产总值和研发存量。

（二）外商直接投资途径转移的国外知识资本存量计量方法

对于通过外商直接投资（FDI）而溢出的国外研发资本存量，其计算公式如下：

$$S_t^f = \sum_{j=1}^{n} \frac{FDI_{jt}}{GDP_{jt}} \times R_{jt} \tag{5-18}$$

其中，GDP_{jt} 和 R_{jt} 依然分别表示第 t 年 j 国的国内生产总值和研发存量，FDI_{jt} 则是第 t 年 j 国对中国的直接投资，S_t^f 表示第 t 年通过直接投资渠道流入中国的国外研发存量。

（三）对外直接投资途径逆向转移的国外知识资本存量计量方法

为了获取更多国外市场资源和技术资源，发展中国家将其高端环节或研发转移到相对发达国家和地区，这已成为发展中国家学习、吸收发达国家先进创新知识的重要途径，表现为知识资本的逆向国际转移。对于通过对外直接投资（OFDI）而逆向溢出的国外研发资本存量计算公式如下：

$$S_t^{of} = \sum_{j=1}^{n} \frac{OFDI_{jt}}{GDP_{jt}} \times R_{jt} \tag{5-19}$$

其中，GDP_{jt} 和 R_{jt} 依然分别表示第 t 年 j 国的国内生产总值和研发存量，$OFDI_{jt}$ 则是第 t 年 j 国对外直接投资，S_t^{of} 表示第 t 年通过对外直接投资渠道而逆向流入中国的国外研发存量。

（四）FFG 计量方法

设 K_{dt} 表示知识资本转出国 d 在 t 时刻的知识资本存量，Q_{dt} 代表知识资本转出国 d 在 t 时刻的 GDP 水平，M_{rt} 代表知识资本接受国 r 在 t 时刻的进口总额，M_{drt} 代表知识资本接受国 r 在 t 时刻向知识资本转出国 d 的进口总额，θ_{drt} 代表在 t 时刻知识资本接受国 r 向知识资本转出国 d 的进口占其总进口份额，Q_{rt} 代表知识资本接受国 r 在 t 时刻的 GDP 水平。

$$M\overline{KS}_{rt} = \sum_d \frac{M_{drt}K_{dt}}{M_{rt}} = \sum_d \theta_{drt} \times K_{dt} \tag{5-20}$$

$$Q\overline{KS}_{rt} = \sum_d \frac{M_{drt}K_{dt}}{Q_{rt}} = \frac{M_{rt}}{Q_{rt}} \sum_d \theta_{drt} \times K_{dt} \tag{5-21}$$

$$\overline{KS}_{rt} = \sum_d \frac{M_{drt}K_{dt}}{Q_{dt}} = M_{rt} \sum_d \theta_{drt} \times \frac{K_{dt}}{Q_{dt}} \tag{5-22}$$

$$\overline{KS}_{rt} = \sum_d M_{drt}K_{dt} = M_{rt} \times \sum_d \theta_{drt} \times K_{dt} \tag{5-23}$$

$$MKS_{rt} = \sum_d \frac{M_{drt}K_{dt}}{M_{rt}Q_{dt}} = \sum_d \theta_{drt} \times \frac{K_{dt}}{Q_{dt}} \tag{5-24}$$

$$QKS_{rt} = \sum_d \frac{M_{drt}K_{dt}}{Q_{dt}Q_{rt}} = \frac{M_{rt}}{Q_{rt}} \sum_d \theta_{drt} \times \frac{K_{dt}}{Q_{dt}} \tag{5-25}$$

（五）基于智力回流渠道转移的国外知识资本存量计量方法

关于智力回流渠道的国外知识资本溢出存量的计算，国内研究比较少，其主要代表有林琳（2009），李平、许家云等（2011，2012，2013），杨河清、陈怡安（2013），朱敏、许家云（2013），李程宇、卢现祥（2014），他们在对海归人才所引致的国际知识资本溢出存量的计量上都是借鉴利希滕伯格和波特尔斯伯格（1996）国际研发知识溢出存量计量的经典方法，其计算方法和公式如下：

$$S_t^{flow} = \sum_{j=1}^{n} (S_{jt}^d / GJ_{jt}) \times FLOW_{jt} \tag{5-26}$$

其中，各变量代表的含义如下：S_t^{flow} 表示东道国以智力回流渠道所获得的国外知识资本溢出存量，S_{jt}^d 表示 j 国在第 t 年的国内知识资本存量，GJ_{jt} 表示 j 国在第 t 年的高校在校生人数，$FLOW_{jt}$ 表示在第 t 年从 j 国学成回国的留学生人数，而 $FLOW_{jt}$ 又可以由以下计算公式来衡量：

$$FLOW_{jt} = H_{j,t-1}^{flow} + HN_{jt}^{flow} - H_{j,t}^{flow} \qquad (5-27)$$

其中，$H_{j,t-1}^{flow}$ 表示东道国第 $t-1$ 年在 j 国的海外留学生人数，HN_{jt}^{flow} 表示东道国在第 t 年新流入到 j 国的海外留学生人数，$H_{j,t}^{flow}$ 表示东道国第 t 年在 j 国的海外留学生人数。

本书将借鉴以上方法，分别计量进出口贸易渠道、外商直接投资渠道、对外直接投资渠道、智力回流渠道获得的国外知识资本转移存量。

第三节　知识资本国际转移对中国区域经济增长的实证分析

知识资本是知识、信息、知识产权和经验等可用于创造财富的知识要素，是经济长期增长的决定性因素。在开放经济条件下，知识资本国际转移通常以国际商品贸易、国际技术贸易、外商直接投资（FDI）、国际劳务输出、国际专利、人口迁移以及信息交流等国际化渠道以贸易、产业转移、技术转移、跨国并购等方式实现知识资本在全球的国际配置与获取，并以知识资本要素国际外溢形式对东道国的技术进步产生影响，从而促进东道国的经济增长。

一　知识资本国际转移对经济增长的模型构建

本章第一节中从数学上推导了知识资本要素对经济增长的决定作用，为了检验国内的知识资本和从国际流入的知识资本对中国经济增长的作用，本书借鉴德梅洛（De Mello，1997）、拉米雷斯（Ramirez，2000）和 Chun–Chien（2008）的模型，将国内知识资本和国际转移的知识资本一起纳入经济增长理论的模型中，构建如下形式的柯布—道格拉斯生产函数：

$$G_{it} = A_{it}(\lambda L_{it})^{\alpha} C_{it}^{\beta} K_{it}^{\gamma} e^{\varepsilon_{it}} \qquad (5-28)$$

其中，$\lambda = H^z$，且 $0 < z < 1$，$0 < \alpha < 1$，$0 < \beta < 1$，$0 < \gamma < 1$，i 和 t 分别为地区与年份，在式（5-28）中；G_{it} 表示产出，A_{it} 表示技术水平，L_{it} 表示初级劳动投入，λ 表示初级劳动投入的人力资本系数，H 表示教育水平，z 表示教育对原始劳动投入的反馈，C_{it} 表示固定物质资本投入，K_{it} 表示知识资本投入，e 表示其他未知的因素和干扰项。

在开放经济条件下,一国物质资本的形成不仅包括国内物质资本的投入,还包括从国外以 FDI 形式流入的资本(程惠芳,2004),但国外流入的资本和国内资本并非同质(江锦凡,2004),因此不能对这两个物质资本进行简单加总,需要对一国的固定物质资本形成进行加权平均处理(温怀德,2013),将其数学表达式定义如下:

$$C_{it} = C_d^\delta FDI^{1-\delta} \qquad (5-29)$$

其中,C_d 为国内资本,δ 为国内资本在总资本构成中的权重,$0 < \delta < 1$。

内生经济增长理论模型强调了知识资本在经济增长中的重要作用,在知识资本模型中 R&D 资本是经济增长的主要驱动因素,同样国内知识资本的积累与形成也包括国内 R&D 资本和通过各种渠道转移到国内的国外知识资本,由于国外知识资本对本国经济增长的作用主要受溢出效应和吸收能力的影响。因此,一国总的知识资本 K 也可定义为国内资本知识资本累积与国外知识资本溢出的加权平均,其数学表达式定义如下:

$$K_{it} = K_d^\phi K_f^{1-\phi} \qquad (5-30)$$

其中,K_d 为国内知识资本累积存量,K_f 为通过转移渠道传递的国外知识资本累积存量,ϕ 为国内知识资本累积存量在总的知识资本构成中的权重,$0 < \phi < 1$,由于国外知识资本的溢出可通过贸易渠道、外商直接投资渠道、对外直接投资渠道以及人力资本国际流动渠道(海归人才回流)四种方式实现,因此将 K_f 表示为:$K_f = K_{fm}^{\alpha_1} K_{ff}^{\alpha_2} K_{fo}^{\alpha_3} K_{fg}^{\alpha_4}$,其中,$K_{fm}$、$K_{ff}$、$K_{fo}$、$K_{fg}$ 分别表示贸易渠道、FDI 渠道、OFDI 渠道和海归人才回流渠道的国外知识资本溢出存量,α_1、α_2、α_3、α_4 则分别表示其在国外知识资本溢出上的权重。因此,式(5-30)可进一步拓展为如下形式:

$$K_{it} = K_d^\phi K_f^{1-\phi} = K_d^\phi (K_{fm}^{\alpha_1} K_{ff}^{\alpha_2} K_{fo}^{\alpha_3} K_{fg}^{\alpha_4})^{1-\phi} \qquad (5-31)$$

结合式(5-28)、式(5-29)、式(5-30)、式(5-31),包含知识资本变量的生产函数可以拓展为如下形式:

$$G_{it} = A_{it} \lambda^\alpha H_{it}^{Z\alpha} L^\alpha C_d^{\delta\beta} FDI^{(1-\delta)\beta} K_d^{\phi\gamma} (K_{fm}^{\alpha_1} K_{ff}^{\alpha_2} K_{fo}^{\alpha_3} K_{fg}^{\alpha_4})^{(1-\phi)\gamma} e^{\varepsilon_{it}} \qquad (5-32)$$

对该方程取自然对数后,可以将方程转化成如下线性形式:

$$\begin{aligned}\ln(G)_{it} = &\alpha_0 + \alpha_1 \ln(A)_{it} + \alpha_2 \ln(H)_{it} + \alpha_3 \ln(L)_{it} + \alpha_4 \ln(C_d)_{it} + \\ &\alpha_5 \ln(FDI)_{it} + \alpha_6 \ln(K_d)_{it} + \alpha_7 \ln(K_{fm})_{it} + \alpha_8 \ln(K_{ff})_{it} + \\ &\alpha_9 \ln(K_{fo})_{it} + \alpha_{10} \ln(K_{fg})_{it} + \varepsilon_{it}\end{aligned} \qquad (5-33)$$

其中，α_0 和 ε_{it} 分别表示常数项和误差项，α_1、α_2、α_3、α_4、α_5、α_6、α_7、α_8、α_9、α_{10} 则分别表示为各个自变量的回归系数，ln 表示为对数符号。

由于一阶差分法可以减少变量的内生性（Griliches，1986），尽管一阶差分会损失最早样本年份数据，但为保证各变量的平稳性、消除变量内生性、多重共线性和降低模型的异方差性，以及避免被解释变量和解释变量之间出现非线性关系，再将上述式（5-33）两边同时进行一阶差分，这样就相当于以变量增长率（$\Delta \ln X \approx \Delta X/X$）作回归分析。因此，这样进行对数差分形式的回归处理方法，依然可以保证其系数为增长率的经济学含义。假定 A 历时不变，则其一阶差分后的结果为零，因而，可将式（5-33）表述为如下线性经济计量模型：

$$\Delta\ln(G)_{it} = \beta_0 + \beta_1 \Delta\ln(H)_{it} + \beta_2 \Delta\ln(L)_{it} + \beta_3 \Delta\ln(C_d)_{it} + \beta_4 \Delta\ln(FDI)_{it}$$
$$+ \beta_5 \Delta\ln(K_d)_{it} + \beta_6 \Delta\ln(K_{fm})_{it} + \beta_7 \Delta\ln(K_{ff})_{it} + \beta_8 \Delta\ln(K_{fo})_{it}$$
$$+ \beta_9 \Delta\ln(K_{fg})_{it} + \varepsilon_{it} \qquad (5-34)$$

二 变量的设定及数据来源与处理

（一）变量含义与处理

根据上述计量模型，对相关变量的代表含义表述如下，并借鉴相关文献对相应变量计算进行了说明。

（1）$(G)_{it}$ 代表各省（市、区）经济实际增长率，是剔除物价因素后的区域经济实际增长率，即利用 GDP 平减指数计算出的各省（市、区）各年实际 GDP 增长率。

（2）$(H)_{it}$ 代表各省（市、区）教育水平，通常的研究使用各地区平均教育年限作为教育水平的代理变量，它表示的是一个人力资本存量的概念，本研究以各省（市、区）的区域内接受高等教育在校学生人数与该区域的常住人口总数之比来近似估算其区域人力资本存量（王志鹏、李子奈，2004；姚树洁，2007 等）。

（3）$(L)_{it}$ 代表各省（市、区）劳动力投入，以各省（市、区）的年末全社会就业人数来表示。

（4）$(C_d)_{it}$ 代表各省（市、区）国内物资资本存量，对于国内物质资本存量的计算，由于并没有现成的数据直接可用，通常用固定资产投资来衡量，目前国内主要参考张军（2004）、单豪杰（2008）的方法来处理物质资本存量的计算，即使用永续盘存法按如下公式来计算 $C_{it} = \dfrac{I_{it}}{p_{it}} + (1-\delta) C_{it-1}$，其中，$I_{it}$ 表示当年该区域新增加的固定资本投资，p_{it} 表示固定资产投资价格指数，其中西藏自治区的固定资产投资价格指数仅公布了 2011 年的，其余年份该指数用陕西、青海、宁夏、甘肃、新疆五省区的平均数替代，δ 表示固定资产的平均折旧率，参照姚（2006）做法，折旧率取值为 7.5%，这暗含了资本设备的平均使用年限为 13.3 年，这也和政府推荐的折旧年限期限大致相当，C_{it-1} 表示上年度的物质资本存量总额。

(5) $(FDI)_{it}$ 代表各省（市、区）由国外流入的物资资本存量，用各省（市、区）实际利用外商直接外资的存量来表示，然而统计年鉴统计的数据都是当年实际使用外资的流量，而且当年新吸收的外商直接投资并非全部参与生产，因此也借鉴永续盘存法对国外流入的物质资本存量进行计算，其计算公式如下：

$$(FDI)_{it} = \dfrac{I_{it}}{p_i^{fdi}} + (1-\delta) \times (FDI)_{it-1}$$

其中，I_{it} 表示当年实际利用外资的数量，折旧率 δ 仍按 9.6% 来取值，p_i^{fdi} 表示 FDI 价格指数并以美国 PPI 指数来代替。

(6) $(K_d)_{it}$ 代表各省（市、区）国内知识资本累积存量，关于国内知识资本存量也无现成统计数据，目前通常的方法依然是采用永续盘存法来近似估算，可借鉴以下公式来计算国内的知识资本存量，即 $(K_d)_{it} = (k_d)_{it} + (1-\delta) \times (K_d)_{it-1}$，对于基期知识资本存量的计算借鉴格瑞利克斯和帕克斯（Griliches and Pakes, 1980）的方法来处理，即如下公式：$K_d = \dfrac{k_d}{(g+\delta)}$，其中，$k_d$ 为基期年份的知识资本投入，g 为各省（市、区）每年知识资本投入增长率的平均数（按 R&D 投入增长的平均数来代替），δ 为知识资本存量的年折旧率，沿用科恩和赫尔普曼（1995）对研发资本的折旧率结果及国际通用的做法，δ 取值为 5%。

(7) $(K_{fm})_{it}$ 代表通过贸易渠道的国外知识资本转移存量，为简化计算，本书仅计算进口贸易渠道溢出的国外知识资本。由于对各省（市、区）在上述样本国家贸易数据比较难获得，首先参照第二节中关于国际贸易渠道的研发资本溢出计算公式估算出中国与样本国家通过进口贸易渠道获得的国外知识资本溢出，在此基础上再用历年各省（市、区）占当

年全国进口总额的比重作为权重,估算出各省(市、区)贸易渠道获得的国外知识资本存量,即可用如下计算公式来表示:

$$(K_{fm})_{it} = \sum_{j=1}^{n} \frac{M_{jt}}{GDP_{jt}} \times R_{jt} \times \frac{M_{it}}{M_t}$$

其中,$(K_{fm})_{it}$表示第t年通过进口渠道流入的国外研发资本存量,M_{jt}表示第t年中国从j国的进口总额,GDP_{jt}和R_{jt}分别表示第t年j国的国内生产总值和研发知识资本存量,M_{it}表示第t年i省(市、区)的进口额,M_t表示第t年中国的进口总额,其中,国外样本国家的研发知识资本存量R_{jt}的估算方法参照国内知识资本存量的计算方法。

(8) $(K_{ff})_{it}$代表通过外商直接投资渠道的国外知识资本转移存量,与上述贸易渠道的国外知识资本转移存量处理方法类似,先计算出中国与样本国家的国外知识资本溢出,然后再用各省(市、区)实际利用外资占全国实际利用外资的比重作为权重去调整各省(市、区)的外商直接投资渠道的国外知识资本溢出存量,其计算公式表述如下:

$$(K_{ff})_{it} = \sum_{j=1}^{n} \frac{FDI_{jt}}{GDP_{jt}} \times R_{jt} \times \frac{FDI_{it}}{FDI_t}$$

其中,$(K_{ff})_{it}$表示第t年通过外商直接投资渠道流入的国外研发资本存量,FDI_{jt}表示第t年中国从j国的引进实际利用的外资额,GDP_{jt}和R_{jt}分别表示第t年j国的国内生产总值和研发存量,FDI_{it}表示第t年i省(市、区)的实际利用外资额,FDI_t表示第t年中国实际利用外资的总额。

(9) $(K_{fo})_{it}$代表通过对外直接投资渠道的逆向回流的国外知识资本存量,先计算中国历年通过对外投资渠道逆向获取的国外知识资本存量,再利用各省(市、区)对外直接投资占全国对外直接投资比重为权重调整到各省(市、区)获取国外知识资本,可用公式表达如下:

$$(K_{fo})_{it} = \sum_{j=1}^{n} \frac{ODI_{jt}}{GDP_{jt}} \times R_{jt} \times \frac{ODI_{it}}{ODI_t}$$

其中,$(K_{fo})_{it}$表示第t年通过对外直接投资渠道逆向流入的国外研发资本存量,ODI_{jt}表示第t年中国对j国直接投资额,GDP_{jt}和R_{jt}分别表示第t年j国的国内生产总值和研发存量,ODI_{it}表示第t年i省(市、区)对外直接投资额,ODI_t表示第t年中国对外直接投资的总额。由于海南省2003—2004年两年、重庆市2003年、贵州省2003—2006年的4年、西藏自治区2003—2007年以及2009年的6年、青海省2004年、宁夏回族自治区 2003 年对外直接投资数据缺失，为保证进行实证分析时能够取对数处理有数学上的意义，这些省市在当年该数据用一个较小数据代替。

（10）$(K_{fg})_{it}$ 代表人力资本跨国流动渠道的智力回流的国外知识资本存量，由海归人才所带的国外知识资本转移以留学生回流溢出产生的国外研发资本存量代替，依然借鉴本章第二节中关于海归回流带来的国外研发资本溢出存量的计算公式估算出全国这一渠道所获取的国外知识资本，但由于回流到各省（市、区）的海归人才数据无法直接得到，在权重的处理上不能直接用各省（市、区）海归人才的占比来处理，借鉴国内学者张勇等（2009）、李平等（2011）、仇怡等（2015）对海归回流指数的处理方法，构建各省（市、区）海归回流综合指数作为权重，本书依然分别选取 GDP、中国历年高校在校生数、国家财政教育经费支出、进出口贸易和外商直接投资、国家财政性科技拨款 5 个指标作为解释变量，以历年海外归国人数为被解释变量，运用时间序列的方法进行回归分析，将依次得到的各变量对海归人数贡献作为权数加总，得出各省（市、区）历年的海归回流综合指数，指数可用如下公式表示：

$$index_{it} = \alpha_1 x_{gdp} + \alpha_2 x_{gxs} + \alpha_3 x_{edj} + \alpha_4 x_{ief} + \alpha_5 x_{tej}$$

其中，x_{gdp}、x_{gxs}、x_{edj}、x_{ief}、x_{tej} 分别表示各省（市、区）GDP、高校在校生人数、财政教育经费支出、进出口贸易和 FDI、财政科技拨款占全国的比重。

因此，依据上述处理方法就可以得到各省（市、区）通过海归人才回流获得的国外知识资本存量，即可用如下公式表达：

$$(K_{fg})_{it} = \sum_{j=1}^{n} \left(\frac{Stu_{jt}}{GJ_{jt}} \right) \times S_{jt}^d \times index_{it}$$

其中，Stu_{jt} 表示在第 t 年从 j 国学成回国的留学生人数，这一指标用中国流入该国的学生数与当年留学生回流的比重相乘估算而得，GJ_{jt} 表示 j 国在第 t 年的高校在校生人数，S_{jt}^d 为 j 国在第 t 年的国内知识资本存量。

（二）数据来源说明

对于通过贸易、投资和人力资本跨国流动渠道转移的国外知识资本存量测度，根据第三章全球知识资本存量分布的结果可知，知识资本丰裕度较高的国家主要集中在 OECD 和部分新兴发达经济体中，综合考虑在我国的外商直接投资、进出口贸易、我国对外投资以及中国海外留学生人数较集中的国别情况，选择美国、日本、英国、德国、法国、加拿大、澳大利亚、意大利、韩国、新加坡、中国香港 11 个国家和地区作为实证研究分析样本。另外，由于对知识资本的替代指标通常以 R&D 来衡量，由于我国从 2000 年开始才有比较完整的分省（市、区）科技统计数据，在 2003 年才开始统计对外直接投资的数据，鉴于本书主要分析四个渠道的国际知识资本转移效应，因此本书将以全国 31 个省（市、区）2003—2012 年的面板数据作为实证分析的数据样本，其中，全国各省（市、区）的 R&D 指标数据来源于《中国科技统计年鉴》（2001—2013），其他数据均来源于《新中国 60 年统计资料汇编》（1949—2009），《中国统计年鉴》（2001—2013）及各省（市、区）统计年鉴（2013）、《中国对外直接投资统计公报》（2003—2012 年），国外的相关数据来源于《国际统计年鉴》、联合国教科文组织数据库、世界银行、OECD 数据库以及 EPS 统计数据库，由于联合国教科文组织数据库没有统计出中国赴新加坡留学人数，这一数据根据中国留学网、教育部留学中心网站收集相关数据进行估算而得。此外，为了实证分析的需要，保持变量数据单位的统一性和可比性，实证分析时将进口额、FDI、ODI 的美元值先用当年人民币兑美元汇率的年平均值将其转换为人民币表示的金额，然后用 GDP 平减指数将其转换为以 2003 年为基期的不变价格金额。

三 实证检验与结果分析

1. 数据的平稳性检验

由于面板数据反映时间和截面两个维度上的信息，因此面板数据与时间序列数据一样可能存在单位根。为了保证估计结果的有效性和有效防止伪回归，通常需要以样本数据的平稳性为前提才能进行时间序列的回归分析。因此，在对样本数据进行回归分析前，首先对面板数据序列进行平稳性分析，通常对数据平稳性的检验最常用的方法为单位根检验法，本部分将运用 Eviews 软件工具所提供的 LLC（commmom root – Levin, Lin, Chu 检验）、IPS、FADF（Individual root – Fisher – ADF 检验）、FPP（Individual root – Fisher – PP 检验）、Hadri 五种单位根检验法对面板数据序列的平稳性进行检验，利用 Eviews6.0 软件工具进行检验的结果如表 5 – 1 所示，表中结果显示各变量对数的一阶差分值总体是水平平稳的，虽然其中国内物质资本存量对数一阶差分 $\Delta\ln(C_d)$ 含截距项、含截距项和趋势项的 IPS 检验统计值不显著，但其他各项检验法的检验统计值均显著，综合判断仍

表 5-1 面板数据水平平稳性检验结果

因变量	LLC	IPS	FADF	FPP	Hadri	检验类型
$\Delta\ln(G)$	-14.33* (0.00)	-6.80* (0.00)	172.21* (0.00)	245.39* (0.00)	9.65* (0.00)	含截距项
	-17.898* (0.00)	-2.595* (0.0047)	137.931* (0.00)	240.707* (0.00)	43.579* (0.00)	含截距项和趋势项
$\Delta\ln(H)$	-16.90* (0.00)	-7.475* (0.00)	182.530* (0.00)	191.822* (0.00)	1.304*** (0.096)	含截距项
	-16.084* (0.00)	-2.865* (0.0021)	143.196* (0.00)	240.864* (0.00)	15.993* (0.00)	含截距项和趋势项
$\Delta\ln(L)$	-17.028* (0.00)	-8.664* (0.00)	205.075* (0.00)	336.935* (0.00)	9.520* (0.00)	含截距项
	-12.438* (0.00)	-2.187** (0.0144)	120.464* (0.00)	274.097* (0.00)	57.693** (0.04)	含截距项和趋势项
$\Delta\ln(C_d)$	-5.823* (0.00)	-1.037 (0.1499)	75.676 (0.1141)	110.285* (0.0002)	8.163* (0.00)	含截距项
	-9.479* (0.00)	-0.442 (0.3294)	79.801*** (0.0636)	99.301* (0.0018)	15.234* (0.00)	含截距项和趋势项
$\Delta\ln(FDI)$	-27.663* (0.00)	-15.323* (0.00)	290.356* (0.00)	412.747* (0.00)	8.778* (0.00)	含截距项
	-29.524* (0.00)	-3.539* (0.0002)	139.183* (0.00)	275.891* (0.00)	14.314* (0.00)	含截距项和趋势项
$\Delta\ln(K_d)$	-49.904* (0.00)	-27.328* (0.06)	445.320* (0.00)	614.497* (0.00)	10.680* (0.00)	含截距项
	-24.421* (0.00)	-4.816* (0.00)	187.209* (0.00)	427.166* (0.00)	12.759* (0.00)	含截距项和趋势项
$\Delta\ln(K_{fm})$	-15.762* (0.00)	-7.024* (0.00)	177.130* (0.00)	236.487* (0.00)	8.001* (0.00)	含截距项
	-12.639* (0.00)	-1.509*** (0.0675)	109.930* (0.0002)	271.992* (0.00)	43.676* (0.00)	含截距项和趋势项
$\Delta\ln(K_{ff})$	-23.398* (0.00)	-9.342* (0.00)	204.079* (0.00)	234.963* (0.00)	2.513* (0.006)	含截距项
	-28.359* (0.00)	-5.166* (0.00)	193.530* (0.00)	230.730* (0.00)	12.735* (0.00)	含截距项和趋势项

续表

因变量	LLC	IPS	FADF	FPP	Hadri	检验类型
$\Delta\ln(K_{fo})$	−18.596* (0.00)	−9.385* (0.00)	223.566* (0.00)	351.900* (0.00)	9.777* (0.00)	含截距项
	−29.347* (0.00)	−3.770* (0.00)	156.796* (0.00)	238.735* (0.00)	45.324* (0.00)	含截距项和趋势项
$\Delta\ln(K_{fg})$	−22.548* (0.00)	−9.311* (0.00)	219.681* (0.00)	143.089* (0.00)	2.843* (0.0023)	含截距项
	−20.650* (0.00)	−2.225** (0.013)	125.956* (0.00)	84.283** (0.0314)	22.265* (0.00)	含截距项和趋势项

说明：未加括号的数字代表各变量一阶差分单位根检验的 T 统计值，括号中的数字代表检验伴随概率 P 值的大小，*、**、*** 分别代表 1%、5%、10% 的显著水平。

可认为 $\Delta\ln(C_d)$ 是水平平稳的。因此，这就有效地防止了模型回归分析时出现的伪回归问题。

2. 面板数据的回归结果

在对数据的平稳进行检验后，利用 Eviews 6.0 软件工具首先对全国样本进行回归分析，为对比分析各个解释变量对被解释变量的作用大小，依次逐步加入解释变量进行回归；为了考虑区域的资源禀赋和经济条件的差异性，将全国分成东部、中部和西部三个区域，并分别建立东部、中部和西部三个区域模型；最后根据豪斯曼检验结果判断确定采用固定效应还是随机效应的估计结果。

（1）全国样本的面板分析。为了对比区分四种不同渠道的国际知识资本转移溢出效应，以 GDP 的实际增长率为被解释变量，在国内知识资本的基础上，依次加入进口贸易、外商直接投资、对外直接投资、国际人力资本回流四种渠道溢出的国际知识资本变量对式（5-33）进行面板数据回归检验分析，实证检验结果如表 5-2 所示。从实证检验的结果来看，回归方程的调整后 R^2 值均在 0.8 以上，表明模型的拟合度较高，模型设定总体上具有一定的解释能力，另外根据豪斯曼检验结果的概率值来判断，方程 1 至方程 5 均采用随机效应模型。从方程 1 结果来看，在没有引入海外知识资本溢出变量的情况下，即不考虑国外知识资本溢出的条件下，国内的物质资本和研发知识资本对经济增长的贡献为正，且这两个变量均通过了10%的显著性水平的检验,其中国内物质资本系数最大,达到0.3152,国内研发知识资本的系数次之,达到0.1132,这表明在国外知识资本溢出有限的情况下,国内经济增长主要还是依靠物质资本的投入和研发知识资本的积累,但现阶段物质资本投入对经济增长贡献大于知识资本对经济增长的贡献,人力资本和国外以FDI形式的物质资本的系数虽然均为正,表明其对经济增长的贡献是积极的,但并没有通过10%以内的显著性水平的检验,这表明FDI对经济增长的作用是需要一定的条件,即FDI对东道国经济增长效应并不一定会自动促进,这一点也得到了国内外很多经济学者的验证(Balasubrananyam et al.,1996;Aitken and Harrison,1999;Alfaro et al.,2004;Barro et al.,2005;Alfaro and Charlton,2007;程惠芳,2002;赖明勇等,2002;代谦、别朝霞,2006等),大部分学者还认为,FDI对东道国经济增长效应与匹配人力资本吸收能力有关,劳动力投入变量对经济增长作用的系数为负,这一现象表明我国劳动密集型的格局还没有得到根本性的改变,劳动力的过度投入并不一定能促进经济增长。在逐步引入各渠道流入的国外知识资本变量后,实证检验的估计结果如方程2至方程5所示(见表5-2)。在方程2中,考虑了贸易渠道的国外知识资本转移效应,实证检验结果表明,国内物质资本、国内研发知识资本、贸易渠道的国外知识资本的系数分别为0.3101、0.1064、0.0689,且都通过了10%以内的显著性水平检验,其系数表明它们对经济增长的贡献为国内物质资本>国内研发知识资本>贸易渠道的国外知识资本,劳动力投入的系数依然为负,表明劳动力数量的增加并不意味着经济一定增长;方程3中加入了FDI渠道的所转移而来的国外知识资本变量,方程中国内物质资本、国外转移的物质资本FDI、国内研发知识资本、贸易渠道的国外知识资本、FDI渠道的国外知识资本的回归系数分别为0.2502、0.1902、0.1059、0.0625、0.0961,且都通过了10%以内的显著性水平检验,这些正的系数表明物质资本和知识资本对经济增长的作用,其贡献大小则为"国内物质资本>国外转移的物质资本FDI>国内研发知识资本>FDI渠道的国外知识资本>贸易渠道的国外知识资本",劳动力投入系数为负,且通过了1%的显著性水平检验;方程4中加入了对外直接投资渠道所获取的国外知识资本变量,方程中国外转移的物质资本FDI、国内研发知识资本、贸易渠道的国外知识资本、FDI渠道的国外知识资本的回归系数为正且均通过了10%以内的显著性水平检验,而这时国内物质资本的系数虽然为正，但没有通过显著性水平检验，而对外直接投资渠道的国外知识资本系数为负，这表明对外直接投资渠道所获得的国外知识资本并没有促进国内经济增长，或者说目前通过这一渠道获取的国外知识资本溢出效应非常有限，并没有成为促进经济增长的有利因素；在方程 5 中将四种渠道所获取的国外知识资本转移纳入同一方程，回归方程中人力资本、国内物质资本、国内研发资本、贸易渠道的国外知识资本、人力资本回流渠道的国外知识资本的系数为正，且它们均通过了 10% 以内的显著性水平检验，其对经济增长的贡献大小顺序依次为：国内研发知识资本＞国内物质资本＞人力资本＞贸易渠道的国外知识资本＞人力资本回流渠道的国外知识资本，劳动力投入变量和 FDI 渠道的国外知识资本变量的系数为负，但对经济增长作用不显著，以中国留学生回流为代表的人力资本回流对经济增长的系数为正，且通过了 1% 的显著性水平检验，这表明这一渠道成为中国获取国际先进技术的重要渠道，其有利于促进经济增长，但从其对经济增长的回归系数来看，目前其对经济增长的贡献度还很小，也表明了我国当前人力资本的国际化水平还较低，海归人才技术溢出所引致的经济增长效应还不是特别明显，而且在引入智力回流这一渠道的国外知识资本变量后，贸易渠道或 FDI 渠道的国外知识资本的经济增长效应或全要素生产率影响效应可能变得不显著，这一点也和帕克（Park，2004）对 OECD 21 个国家与以色列之间留学生回流技术效应以及李平、许家云（2011）对中国海归人才回流的技术扩散效应的检验相同，这可能是由于当前的海归规模比较有限，其对贸易和 FDI 的引致功能的基础不稳固所致。

上述实证检验结果表明：①当前中国经济增长与技术进步还主要依赖物质资本的投入，知识资本对经济增长的促进作用较显著，特别是国内研发知识资本贡献较大，在开放经济条件下，研发知识资本积累的提升使得其对经济增长的贡献越来越明显。②国内通过进口贸易对国外的知识资本要素进行了解、模仿、消化和吸收，产生一定的"干中学"效应，从而促进了中国经济增长。③海归智力回流的国外知识资本经济增长效应通过显著性检验，且其对经济增长表现为正的积极作用，但目前贡献率较低，仍有较大提升空间。④对外直接投资渠道获取的国外知识资本对经济增长的促进作用不明显甚至为负，这表明我国对外直接投资技术逆向获取的能力有待提升。⑤综合四种渠道的国外知识资本经济增长效应来看，其贡

表 5-2　国际知识资本不同渠道溢出对全国经济增长影响的实证检验结果

解释变量	全国样本回归方程				
	方程 1	方程 2	方程 3	方程 4	方程 5
C	-0.1265*	-0.1294*	-0.1228*	-0.0956*	-0.029861
	(-3.3436)	(-3.4434)	(-3.2912)	(-2.5949)	(-0.7956)
$\Delta\ln(H)$	0.0035	-0.0082	0.0041	0.0307	0.0593**
	(0.1371)	(-0.3197)	(0.1608)	(1.1860)	(2.3430)
$\Delta\ln(L)$	-0.0607*	-0.0537**	-0.0554*	-0.0138	-0.0041
	(-2.8952)	(-2.5507)	(-2.6530)	(-0.6048)	(-0.18926)
$\Delta\ln(C_d)$	0.3152***	0.3101***	0.2502***	0.1836	0.1648***
	(1.700468)	(1.8847)	(1.8608)	(1.0257)	(1.9690)
$\Delta\ln(FDI)$	0.0357	0.0269	0.1902**	0.2204*	0.1233
	(0.6439)	(0.4870)	(2.2769)	(2.7103)	(1.5448)
$\Delta\ln(K_d)$	0.1132**	0.1064**	0.1059***	0.1037***	0.16780*
	(2.2546)	(2.1294)	(1.7511)	(1.7174)	(2.9935)
$\Delta\ln(K_{fm})$		0.0689**	0.0625***	0.0806*	0.0408***
		(2.1831)	(1.9940)	(2.6223)	(1.8866)
$\Delta\ln(K_{ff})$			0.0961*	0.1078*	-0.0033
			(2.6086)	(2.9815)	(-0.0804)
$\Delta\ln(K_{fo})$				-0.0229*	-0.0192*
				(-3.9262)	(-3.4317)
$\Delta\ln(K_{fg})$					0.0087*
					(4.8453)
调整后 R^2	0.8695	0.8249	0.8384	0.8220	0.8020
F 统计量	154.5322	138.3043	144.6221	134.5024	129.9372
Hausman 检验值(P 值)	6.1246	5.9222	4.9220	7.0532	11.1687
	(0.2943)	(0.4320)	(0.6695)	(0.5309)	(0.2643)
估计方法	RE	RE	RE	RE	RE
样本区间	2003—2012	2003—2012	2003—2012	2003—2012	2003—2012
样本观测值	279	279	279	279	279

注：(1) 括号中数据为 t 检验值 *、**、*** 表示为在 1%、5%、10% 水平下显著；(2) P 值表示拒绝原假设（随机效应）犯错误的概率，当概率低于 0.1 时采用个体固定效应（FE），否则采用个体随机效应（RE）。

大小依次为：外商直接投资（FDI）渠道＞贸易（进口贸易）渠道＞智力回流（海归回流）渠道＞对外直接投资（ODI）渠道。

（2）地区差异的面板分析。为了分析知识资本国际转移对不同区域经济增长效应影响，按地理区位和经济发展因素，参照国家统计局传统分法，将中国按地理空间分布的区域特征划分成东部、中部、西部三大区域，其中东部地区包括北京、天津、上海、辽宁、海南等 11 个省（市、区），中部地区包括山西、安徽、河南、湖南、吉林、黑龙江等 8 个省（市、区），西部地区包括内蒙古、广西、四川、贵州等 12 个省（市、区）①，这样，可以较直观地反映国际知识资本对不同区域经济增长效应的影响及差异。根据与全国面板数据检验相同的方法来估计东部、中部、西部国际知识资本的经济增长效应，其中东部和西部地区应采用随机效应模型，中部地区应采用固定效应模型，三个不同区域的实证检验结果如表 5 - 3 所示。从东部地区检验结果看，人力资本、国外以 FDI 形式转移的物质资本、国内知识资本、FDI 渠道的国外知识资本、海归智力回流渠道的国外知识资本变量的系数为正，且都通过了 10% 以内的显著性水平检验，而国内物质资本变量对经济增长的影响虽然为正，但其积极影响并未通过显著性检验，劳动力投入变量对经济增长的影响为负，这表明了在东部地区已经逐步进入以知识经济为主导的增长阶段，东部地区凭着优越的地理区位优势，引进了大量 FDI，通过 FDI 形式所弥补的物质资本和这一渠道获取的国外知识资本均对东部地区经济增长产生了明显的促进作用。此外，由于东部地区集聚了大量的研发资本和人力资本优势，引致了大量的海外学成回国人员主要集聚在北京、上海、江苏和广东等开放程度和经济发展水平高的东部地区，因此智力回流渠道的国外知识资本引致的经济增长效应较显著，而贸易渠道的国外知识资本经济增长效应为负且不显著，对外直接投资渠道的国外知识资本经济增长效应为负，尽管东部沿海发达省市积极实施"走出去"战略，但通过这一战略获取的海外知识资本促进经济增长效果并不明显。从中部地区样本检验结果看，国内物质资本、国外以 FDI 形式转移的物质资本、国内研发知识资本、智力回流渠道

---

① 东部地区包括北京市、天津市、河北省、上海市、江苏省、浙江省、福建省、山东省、广东省、辽宁省和海南省；中部地区包括山西省、安徽省、江西省、河南省、湖北省、湖南省、吉林省和黑龙江省；西部地区包括内蒙古自治区、广西壮族自治区、四川省、贵州省、云南省、青海省、陕西省、甘肃省、宁夏回族自治区和新疆维吾尔自治区。

的国外知识资本对经济增长的影响为正，物质资本对经济增长的影响作用较大，知识资本对经济促进作用主要还是依靠国内知识资本，FDI 渠道和对外直接投资渠道获取的国外知识资本对经济增长的影响为负，但未通过 10% 以内显著性水平的检验，贸易渠道的国外知识资本对经济增长的作用虽然为正，但也未通过 10% 以内显著性水平检验。从西部地区样本检验结构看，劳动力投入、国内物质资本、国外以 FDI 形式转移的物质资本对经济增长的影响为正，且均通过了 10% 以内的显著性水平检验，其中国内物质资本投入对经济增长的影响最大，国内研发知识资本对经济增长的影响虽然为正，但其影响并未通过显著性检验，而 FDI 渠道、对外直接投资渠道以及智力回流渠道的国外知识资本对区域经济增长的影响为负，且均通过了 10% 以内的显著性水平检验，这表明在西部地区主要还是依靠物质资本和大量劳动力投入来推动经济增长，知识资本促进经济增长的作用还比较微弱，也表明了西部地区劳动密集型产业较多、技术水平较低，人力资本和研发资本投入相对不足导致对国外知识资本的吸收消化能力有限。另外，也反映了西部地区对外直接投资的规模和海归人才回流都较少。

　　从上述对东部、中部、西部三个区域的对比分析可以得到以下结论：（1）由于区域经济发展水平及技术吸收能力差异，知识资本对推动经济增长的贡献大小差异较大，其中东部地区国内知识资本和国外知识资本溢出对其经济增长的作用较明显，迈入以知识资本作为主导支撑因素的增长阶段，而中西部地区物质资本投入推动经济增长的依赖性依然较高，特别是西部地区对国外知识资本的吸收消化能力有限，不能发挥国际知识资本溢出对经济增长的促进作用。（2）FDI 形式的国际资本转移作为对国内物质资本投入的补充，对东部、中部、西部经济增长都起到促进作用。（3）国内人力资本存量对区域经济发展均有积极作用，除东部地区人力资本明显促进了经济增长，中西部地区这一作用并不显著。（4）在东部和中部地区，以海归人才回流所带来的国外知识资本溢出虽然对区域经济增长的贡献还有待提升，但这一渠道的国外知识资本外溢将成为对国外先进技术和重要知识获取的又一平台和良好载体。（5）国际知识资本对经济增长效应的贡献存在明显的地区差异，在东部地区除对外直接投资渠道的国外知识资本外，其他途径所获取的国际知识资本都对区域经济增长产生了显著的作用，特别是 FDI 渠道的国际知识资本溢出对东部地区的经济

表 5-3　　　　国际知识资本不同渠道溢出对经济增长
影响的分区域实证检验结果

解释变量	东部地区样本	中部地区样本	西部地区样本
C	-0.0300 (-0.6120)	0.0957 (0.4940)	-0.0096 (-0.1595)
$\Delta\ln(H)$	0.0913*** (1.7958)	0.1193 (1.3306)	0.0252 (0.8735)
$\Delta\ln(L)$	-0.0976** (-2.1268)	-0.0109 (-0.1868)	0.0188*** (1.6984)
$\Delta\ln(C_d)$	0.1104 (0.4670)	0.25412*** (1.7374)	0.2416*** (1.8504)
$\Delta\ln(FDI)$	0.4365** (2.1706)	0.2016*** (1.6892)	0.0393** (2.3948)
$\Delta\ln(K_d)$	0.1401*** (1.7895)	0.1268*** (1.7510)	0.0706 (0.8416)
$\Delta\ln(K_{fm})$	0.0556*** (1.8483)	0.1126 (1.1127)	-0.0571 (-1.4523)
$\Delta\ln(K_{ff})$	0.2218*** (1.9768)	-0.0191 (-0.1645)	-0.0152*** (-1.8202)
$\Delta\ln(K_{fo})$	-0.0327* (-3.4300)	-0.0235 (-1.3621)	-0.0107*** (-1.7292)
$\Delta\ln(K_{fg})$	0.0548* (4.3666)	0.02106** (2.0164)	-0.2400* (-2.6041)
调整后 R^2	0.5305	0.6538	0.3638
F 统计量	11.1743	22.8229	15.5326
Hausman 检验值 (P 值)	2.9883 (0.9648)		7.1735 (0.6191)
估计方法	RE	FE	RE
样本区间	2003—2012 年	2003—2012 年	2003—2012 年
样本观测值	99	72	108

注：(1) 括号中数据为 t 检验值，*、**、*** 分别表示为在 1%、5%、10% 水平下显著。(2) P 值表示拒绝原假设（随机效应）犯错误的概率，当概率低于 0.1 时采用个体固定效应 (FE)，否则采用个体随机效应 (RE)。(3) 中部地区截面数小于变量数，不适合做随机效应估计。

增长效应产生的影响最大，中西部地区在 FDI 渠道和对外直接投资渠道的国际知识资本溢出均为负，中部地区贸易渠道的国际知识资本溢出系数虽然为正，但未通过显著性检验，而西部地区贸易渠道的国际知识资本溢出系数也为负，表明其"干中学"效应和消化吸收能力还有待提升。

四 主要结论

本章通过建立涵盖国际知识资本在内的生产函数，利用 2003—2012 年全国 31 个省（市、区）的面板数据，研究了不同渠道转移的国际知识资本对中国经济增长效应贡献，并分东部、中部和西部三大区域对比分析了国际知识资本对区域经济增长的不同影响。总体上看，主要有以下几方面的结论。

（一）不同渠道的国际知识资本转移对经济增长效应贡献大小差异明显

通过不同渠道转移到我国的国外知识资本对中国经济增长的效果存在较大的差异，甚至有些渠道的国外知识资本转移对我国经济增长效应不稳定，但综合各渠道的国外知识资本经济增长效应系数来看，各渠道的国际知识资本经济增长效应贡献为"外商直接投资（FDI）渠道 > 贸易（进口贸易）渠道 > 智力回流（海归人才回流）渠道 > 对外直接投资（ODI）渠道"。当前外商直接投资从生产能力的国际转移为主逐渐向与技术能力（R&D 国际化）并重转移的转变，使得国际知识资本要素的溢出加快，但大量的研究表明外商直接投资渠道往往需要东道国具备一定的吸收能力，因此应加大对人力资本和研发知识资本的投入以提升对国际高端知识资本要素溢出的吸收能力。进口贸易可以通过产品进口了解、消化和吸收国外同行的知识和技术窍门，逐步掌握生产这些中间产品的技术和能力来提升技术能力和技术效率，因而在贸易渠道上应加大对高端技术产品和中间品的进口，通过"干中学"效应促进制成品出口的互动贸易模式。由于海外留学生回流和对外直接投资的规模、时间相对较短，目前海归人才回流渠道和对外直接投资渠道的国外知识资本经济增长效应还较小。

（二）基于智力回流渠道的国际知识资本转移成为经济增长重要新途径

以海归人才回流为代表的智力回流所产生的国际知识资本溢出促进了中国经济增长，能够带来国内的技术外溢效应，通过智力回流渠道的国际知识资本对经济增长贡献系数为 0.0087，这一方面表明了海归人才的回流对中国经济增长有促进作用，同时也表明了海归人才是中国技术创新不可或缺的要素，是中国对国外先进技术和重要知识获取的又一平台和良好载体。另一方面也表明目前这一渠道的国际知识资本经济增长效应还比较小，其仍然存在较大提升空间。区域的对比分析发现除西部地区外，东、中部地区海归人才所引致的国外知识资本溢出均较显著促进了区域经济增长，但东部地区的效应要大得多。因此，今后要进一步加大国际化教育的步伐促进国际人才的培养，改善国内的科研教育环境，通过政策支持和体制环境的改善吸引和鼓励更多的海外留学生回流，同时要继续加大科研与教育经费的投入来提升区域人力资本水平和对先进技术的消化吸收能力，通过政策支持和引导来协调区域海归人才的合理分布。

（三）国际知识资本经济增长效应地区差异显著

在东部、中部和西部间各渠道的国际知识资本经济增长效应存在明显的地区差异，东部地区除对外直接投资渠道的国外知识资本外，其他途径所获取的国际知识资本都对区域经济增长产生了显著的作用，特别是 FDI 渠道的国际知识资本溢出对东部地区的经济增长效应产生的影响最大，这主要是因为东部地区凭借优越的经济基础、地理优势、人力资本优势，并随着发达国家在东部地区的投资由生产能力为主转向以生产和技术能力并重转型，R&D 国际投资集聚优势明显。在中部地区外商直接投资和对外直接投资渠道的国际知识资本经济增长效应系数均为负，而西部地区四个渠道的国际知识资本经济增长效应系数均为负，这表明了在广大的中西部地区对国外知识资本要素溢出的吸收能力有待进一步提升。

（四）对外直接投资渠道的国际知识资本经济增长效应微弱

中国通过实施"走出去"战略鼓励企业进行海外直接投资，本来有利于企业占领国际市场和逆向获取国际先进技术，但从对外直接投资渠道的国际知识资本经济增长效应系数来看，其对经济增长的作用为负，这表明了我国通过对外直接投资这一途径所获取的海外知识资本比较有限。其原因可能主要是由于我国对外直接投资主要是基于劳动密集型的生产能力转移，而基于 R&D 的对外直接投资规模小、起步晚和经验不足等原因导致，从 2013 年中国对外直接投资行业分布比例来看，采矿业占 23%、租赁和商务服务业占 25.09%、金融业占 14%、制造业占 6.67%、科学研究和技术服务业仅占 1.66%，且投资集中在亚洲和拉丁美洲，这两个区域的投资占对外总投资的 83.42%，其中，在中国香港的投资就占 58.25%，而对美国、澳大利亚、日本、加拿大、英国、法国、德国、韩国等知识资本丰裕度较高国家的投资仅占 10.79%。因此，在科技创新全球化新形势下，我们应调整对外直接投资的区位选择和产业分布，大力推动基于 R&D 国际化的海外投资，进一步提升对全球知识资本获取、整合和配置能力。

第六章 知识资本国际转移对中国产业升级的影响研究

发达国家的产业结构由工业经济向知识经济转换的发展经验表明：随着知识资本不断投入到生产过程中，其产业升级的速度也随之加快，知识资本的大量投入与高级知识资本的积累成为决定其经济增长和结构变化的关键因素。随着经济全球化和全球价值链国际分工体系的深化，科技、经济的国际交流与合作不断扩大，产业技术升级加快，这就使各国以更开放的思维提升其全球知识资本资源的获取与配置能力，促进产业升级。

第一节 知识资本对产业升级影响的内在机理分析

知识经济的到来，使得以知识资本和知识创新为核心的新生产力系统得以形成，生产力结构由物质资本主导型逐渐向知识资本主导型转变。知识资本的改善与提升使现代生产工具和劳动力结构得到极大变革，引起了产业结构的大规模调整和产品构成的全方位变化，从而促进了产业的升级。但知识资本结构是如何影响产业升级的呢？本章将从产业升级的内涵入手，通过数理模型的推导来揭示知识资本对产业升级的内在机理。

一 产业升级内涵的界定

（一）国外学者对产业升级内涵的理解

产业升级这一概念的正式提出始于20世纪90年代末，代表人物有格雷菲、厄恩斯特、汉弗莱斯、施米茨等（Gereffi, Ernst, Humphrey, Schmitz et al.），在此之前，学者们对于产业升级的称呼更多地被称为

"产业结构调整"或"产业结构优化升级"。例如，在经济发展史上，由经济学家配第和克拉克通过对经济结构演变的历史分析，提出产业结构升级至少包含产业结构高度化和产业结构高效化这两种层次，即表达产业结构高度化的三次产业结构比重变化的演进过程由一、二、三产业向三、二、一产业的模式转变，而表明产业结构高效化方面的主导产业演进经历劳动密集型→资本密集型→技术密集型的更替过程；波特（Porter，1990）提出产业结构升级的实质是在技术进步条件下，由于经济生产要素禀赋的相对比重随着资本累积及人力资本的提升而变化，促使生产逐步移向资本较为密集环节的过程；其他关于产业结构升级的理论中比较有代表性的理论还有：（1）刘易斯的二元结构转变理论；（2）罗斯托的主导部门理论；（3）赫希曼的不平衡增长理论；（4）筱原三代平的两基准理论等。20世纪90年代末以后，国外学者对产业升级的研究与阐述更加转向和关注从价值链角度上升级的理解，从不同视角对产业升级进行了大量的理论与实证分析研究（Ernst，1998，2001；Gereffi，1999，2005；Poon，2004；Humphrey，Schmitz，2002，2005），这些研究为后来的价值链分工体系下的产业升级研究打下了坚实理论基础。美国社会经济学家格雷菲（1999）认为，产业升级是一个经济体迈向更具获利能力的资本和技术密集型经济领域的过程，他还是较早从微观企业的层面分析了产业升级四个层次问题：（1）从简单到复杂的同类型产品上的产品升级；（2）设计、生产和营销能力上的管理模式升级；（3）在生产环节上的价值和服务升级；（4）从劳动密集型产业到资本和技术密集型产业上的跨行业升级。厄恩斯特（2001）研究认为，从企业的角度来看，产业升级大致可以划分为从一个产业转向另外一个产业生产的产业间升级、生产过程中对生产要素更替与改造的要素间升级、市场对产品需求变化上的需求升级、最终产品设计与使用等方面上的功能升级、从低端生产到研发设计攀升上的链接升级五种类型；汉弗莱斯和施米茨（2002）的研究则更加明确地提出了企业可以实现由低到高渐进的四种升级模式，即工艺升级（Process Upgrading）、产品升级（Product Upgrading）、功能升级（Function Upgrading）、跨产业升级（Intersector Upgrading）；Poon（2004）对产业升级的表达则是指生产制造商成功地从生产低附加值的劳动密集型产品转向生产具有更高附加值资本或技术密集型产品，并获得成功的一系列经历与过程。

(二) 国内学者对产业升级的理解

改革开放前我国理论界没有"产业结构"这一提法，多数学者从政治经济学的视角将研究内容和现在比较相近的"产业结构"称为"再生产理论""经济结构"等。改革开放后，第一、第二、第三产业间出现了较快的发展变化，"产业结构"发展不均衡等问题逐渐成为人们关注与研究的热点，"产业结构调整"以及"产业升级"概念在我国学术界也才开始逐渐被提及和使用。在国内最早对产业升级的概念进行理论探讨的学者应属吴崇伯，他早在 1988 年时就曾对产业升级进行过阐释，他指出产业升级就是应该"迅速淘汰劳动密集型行业，转向从事技术与知识密集型行业"，因此他所认为的产业升级其实就是指"产业结构的升级换代"。进入 21 世纪后，随着国内外对产业升级理论研究的深化与拓展，国内学者对产业升级的研究在理论上和实践上也更加丰富（林毅夫，1999；刘志彪，2000；王洛林、江小涓，2002；张军，2002；郭克莎，2003；左大培，2003；张幼文，2005；张耀辉，2005；华民，2006；张其仔，2008；金碚，2010；沈坤荣，2014 等）。刘志彪（2000）认为，产业升级是指产业由低技术水平、低附加价值状态向高新技术、高附加价值状态的演变趋势，随着更高级的知识资本和人力资本投入生产过程，产业升级的速度就会加快；张耀辉（2005）指出，产业结构升级是一种传统的叫法，当前产业升级真正含义应是高附加值产业代替低附加值产业的过程，产业升级的过程实质上是产业创新与产业替代的过程，而产业创新是产业升级的主要方面；梁琦等（2006）直接将产业升级定义为"产业从劳动密集型向资本密集型升级"，并利用 1998—2003 年的相关数据对长三角区域内 16 个城市的产业升级进行了测度；张其仔（2008）从比较优势演化的视角分析了产业升级问题；金碚（2010）[①] 指出，"产业升级说到底就是以资本、技术密集型产业替代劳动和资源密集型产业，将竞争优势从劳动密集型产业转换到资本、技术密集型产业，是资本有机构成不断提高即资本不断替代劳动的过程"；张晓宏（2012）则认为，产业结构升级的外在表现是经济良性发展和国际贸易条件改善；谭晶荣（2012）认为，产业转型升级有两

---

① 金碚、吕铁、李晓华：《关于产业结构调整几个问题的探讨》，《经济学动态》2010 年第 8 期。

条主要路径：产业间转型升级和产业内转型升级，其中产业间转型升级主要是指从第一产业为主向第二、第三产业为主转变，或者是从劳动密集型为主的产业转向资本、技术密集型为主的产业，产业内转型升级主要指在同一产业内部实现工艺（技术）升级、产品升级、功能升级和价值链升级；潘冬青、尹忠明（2013）认为，产业结构升级应该体现在产业的国际分工地位得到了提升、技术创新得到了推动、生产要素的利用率得到了提高和产品的附加值得到了攀升四个主要方面；冯梅（2014）认为，产业升级是一个产业结构转换和产业效率提高的过程，产业升级的过程就是要素禀赋结构不同的产业或产业环节的替代，或者要素禀赋贡献率提高的过程；李子伦（2014）认为，产业结构升级是指产业结构从低级形态向高级形态的变迁过程，其外在表现是一国产业体系的国际竞争力增长、国际分工地位提高、产品的附加值提升，并且他还认为产业结构的升级应从产业体系的科技创新能力、人力资本积累水平与资源利用效率水平三个方面进行综合衡量。

（三）产业升级内涵的简要述评与界定

以上这些研究从不同视角分析了在经济发展过程中产业结构优化升级内涵的理解与表达，从中可以看出学者们对产业升级内涵的理解主要基于产业结构优化升级和价值链产业升级两条思路，产业结构优化升级通常指产业结构向协调化和高度化方向演进，全球价值链视角下的产业升级则更强调产业由低技术水平、低附加值产品生产转向高新技术、高附加值产品生产以及不断向研发、设计等价值链高端攀升的过程。尽管学者们从两种思路来阐述产业升级的定义，但很多学者还是将这两个概念的实质进行等同，都强调了产业升级是一个产业结构转换和产业效率提高的过程，即高附加值、高技术产业在国民经济结构中的比重不断提高，低附加值、低技术产业不断替代和淘汰，都强调了产业升级的过程中科技创新、人力资本水平和能源利用率发挥的重要作用。

基于对上述研究的理解，本书认为，产业升级就是实现从附加值低的产业向附加值高的产业攀升，促进三次产业结构不断进行优化调整，实现产业内不断向研发、设计、销售等附加值较高价值链两端的攀升，从而推动工业结构向新型化和高端化发展，服务业向现代化和高效化推进，整体劳动生产效率不断得到提高的过程。

二 知识资本要素对产业升级影响的数理模型分析①

由上述对产业升级的内涵分析可知,产业升级的过程就是从低附加值的劳动密集型产业逐渐向附加值高的技术密集型产业攀升的过程。以罗默、卢卡斯、格罗斯曼、赫尔普曼为代表的经济学家开创的内生经济增长理论认为,人力资本、技术创新资本不仅是决定经济增长的核心因素,而且还是推动产业结构转化与提升的重要支撑。那么,在产业升级的这一过程中知识资本要素是如何决定与推动产业升级的呢?

(一) 数理模型的基本假设

假定经济体生产分为熟练劳动生产和非熟练劳动生产,其所对应的产品为技术密集型产品和劳动密集型产品,技术密集型产品的生产需要投入熟练劳动力和与其匹配的机器,劳动密集型产品的生产需要投入非熟练劳动力和与其匹配的机器,且不考虑这两种机器可进行交叉使用,技术密集型产品和劳动密集型产品的生产技术表明:对于机器投入和劳动投入,生产函数是规模报酬不变的(潘士远,2008)。

(二) 知识资本促进产业升级的数理推导

借鉴 Acemoglu (1998, 2002) 关于技术进步偏向的 DTC (Directed Technical Change) 模型,并参考质量阶梯升级模型 (Quality Ladder Model, Grossman and Helpman, 1991) 设定生产函数为如下形式:

$$Y_h = \int_0^{A_h} q_h^\alpha k_h(i)^{1-\alpha} \mathrm{d}i \times H^\alpha \quad (6-1)$$

$$Y_l = \int_0^{A_l} q_l^\alpha k_l(i)^{1-\alpha} \mathrm{d}i \times L^\alpha \quad (6-2)$$

其中,Y_h 表示技术密集型产品的产出水平,Y_l 表示劳动密集型产品的产出水平,A_h、A_l 分别为技术密集型和劳动密集型生产相匹配的机器(通常称为中间产品)的种类数,机器种类数越多表示技术水平越高 (Grossman and Helpman, 1991; Aghion and Howitt, 1992; Acemoglu, 1998),q_h、q_l 分别表示熟练劳动力和非熟练劳动力使用机器的质量水平,$k_h(i)$、$k_l(i)$ 分别表示熟练劳动力与非熟练劳动力使用的第 i 种机器,H 表示生产技术密集型产品的熟练劳动力人数,L 表示生产劳动密集型产品的非熟练劳动力的人数。

---

① 该部分主体内容发表于《统计与决策》2014 年第 2 期(《人力资本结构、技术资本配置结构与产业转型升级能力研究》)。

由于假设经济体生产分为熟练劳动生产和非熟练劳动生产,因此,可以认为,总生产是技术密集型和劳动密集型产品的加总。下面将总生产函数定义为 CES 加总函数形式:

$$Y = \left[Y_h^{\frac{\varepsilon-1}{\varepsilon}} + Y_l^{\frac{\varepsilon-1}{\varepsilon}} \right]^{\frac{\varepsilon}{\varepsilon-1}} \tag{6-3}$$

其中,ε 表示两种产品之间的替代弹性,当 $\varepsilon > 1$ 时,熟练劳动的增加会导致技术进步偏向于技术密集型(潘士远,2008),并假设知识累计方程:$\dot{A} = \frac{X_z}{\mu} z = h, l$,其中,$X_z$ 为提高技术水平的总投入,μ 为中间产品的单位生产成本,令最终产品 Y 的价格为 1,Y_h 和 Y_l 的价格分别为 p_h 和 p_l,设中间产品(机器)的价格为 $\chi_z(i)(z = h, l)$,人力资本的价格即工资为 w_y,由利润最大化条件:$\max \left[p_h Y_h - \int_0^{A_h} k(i) \chi_h(i) di - w_y \times H \right]$,并由对 $k(i)$ 的一阶条件为零,得到:

$$\chi_h(i) = p_h(1-\alpha) k_h(i)^{-\alpha} H^\alpha q_h^\alpha \tag{6-4}$$

$$k_h(i) = \left[\frac{p_h(1-\alpha)}{\chi_h(i)} \right]^{\frac{1}{\alpha}} \times H \times q_h \tag{6-5}$$

同理可得:$k_l(i) = \left[\frac{p_l(1-\alpha)}{\chi_l(i)} \right]^{\frac{1}{\alpha}} \times L \times q_l \tag{6-6}$

假设中间产品发明后生产中间产品的边际成本与技术先进水平无关,生产任何质量水平的中间产品的边际成本都为 $(1-\alpha)^2$,又由中间产品利润最大化条件,即:

$$\max[k_h(i)\chi_h(i) - k_h(i)(1-\alpha)^2]$$

对 $k_h(i)$ 求导可得:

$$k_h(i) = (p_h)^{\frac{1}{\alpha}} H \times q_h \tag{6-7}$$

将式(6-7)代入式(6-5)可得到 $\chi_h(i) = 1 - \alpha$,同理可得:$\chi_l(i) = 1 - \alpha$ 再将式(6-7)代入式(6-1)可得:

$$Y_h = p_h^{\frac{1-\alpha}{\alpha}} A_h H \times q_h \tag{6-8}$$

同理可得:$Y_l = p_l^{\frac{1-\alpha}{\alpha}} A_l L \times q_l \tag{6-9}$

由 $\max[Y - p_h Y_h - p_l Y_l]$ 的条件,分别由 Y_h 和 Y_l 的一阶条件为零,得:

$$p_h = \left[Y_h^{\frac{\varepsilon-1}{\varepsilon}} + Y_l^{\frac{\varepsilon-1}{\varepsilon}} \right]^{\frac{1}{\varepsilon-1}} \frac{\varepsilon}{\varepsilon-1} \frac{\varepsilon-1}{\varepsilon} Y_h^{\frac{-1}{\varepsilon}} \tag{6-10}$$

$$p_l = \left[Y_h^{\frac{\varepsilon-1}{\varepsilon}} + Y_l^{\frac{\varepsilon-1}{\varepsilon}} \right]^{\frac{1}{\varepsilon-1}} \frac{\varepsilon}{\varepsilon-1} \frac{\varepsilon-1}{\varepsilon} Y_l^{\frac{-1}{\varepsilon}} \qquad (6-11)$$

则两种产品的相对价格：$P = \dfrac{p_h}{p_l} = \left(\dfrac{Y_h}{Y_l}\right)^{-1/\varepsilon}$ (6-12)

由式 (6-8) 和式 (6-9) 可得：

$$\left(\frac{Y_h}{Y_l}\right) = \left(\frac{p_h}{p_l}\right)^{\frac{1-\alpha}{\alpha}} \times \frac{A_h}{A_l} \times \frac{H}{L} \times \frac{q_h}{q_l} \qquad (6-13)$$

由此可得：

$$P = \frac{p_h}{p_l} = \left[\frac{A_h}{A_l} \times \frac{H}{L} \times \frac{q_h}{q_l}\right]^{\frac{-\alpha}{1+\alpha(\varepsilon-1)}} \qquad (6-14)$$

中间产品的垄断利润函数：$\pi_{h,l} = k_{h,l}(i)\chi(i) - k_{h,l}(1-\alpha)^2$，得到：

$$\pi_h = \alpha(1-\alpha)(p_h)^{\frac{1}{\alpha}} H \times q_h \qquad (6-15)$$

$$\pi_l = \alpha(1-\alpha)(p_l)^{\frac{1}{\alpha}} L \times q_l \qquad (6-16)$$

假设创新自由进出，中间产品创新的价值为：

$$V_h = \int_t^\infty e^{-\int_t^\tau r(s)ds} \pi_h(\tau) d\tau \qquad (6-17)$$

$$V_l = \int_t^\infty e^{-\int_t^\tau r(s)ds} \pi_l(\tau) d\tau \qquad (6-18)$$

在非套利条件下，由贝尔曼 (Bellman) 方程可解出：

$$V_h = \frac{\pi_h}{r} = \alpha(1-\alpha)(p_h)^{\frac{1}{\alpha}} \frac{H}{r} \times q_h \qquad (6-19)$$

$$V_l = \frac{\pi_l}{r} = \alpha(1-\alpha)(p_l)^{\frac{1}{\alpha}} \frac{L}{r} \times q_l \qquad (6-20)$$

在长期条件下，$V_h = V_l = \mu$，由此可得：

$$\left(\frac{p_h}{p_l}\right)^{\frac{1}{\alpha}} \times \frac{H}{L} \times \frac{q_h}{q_l} = 1 \qquad (6-21)$$

将式 (6-21) 代入式 (6-14)，得到下列两式：

$$\frac{A_h}{A_l} = \left(\frac{H}{L} \times \frac{q_h}{q_l}\right)^{\alpha(\varepsilon-1)} \qquad (6-22)$$

$$\frac{Y_h}{Y_l} = \left(\frac{H}{L} \times \frac{q_h}{q_l}\right)^{\alpha\varepsilon} \qquad (6-23)$$

(三) 理论模型的主要结论

由式（6-22）、式（6-23）的比例关系表明了技术密集型与劳动密集型产业配置的决定因素，即表明产业结构的高端化程度，其比例越高表明产业升级的水平越高，同时也表明技术密集型与劳动密集型产业比率结构的影响因素，即产业由劳动密集型向技术密集型攀升的过程受哪些因素的制约。从上述两式中还可以推导出技术进步的方向与要素禀赋结构和产品质量升级水平层次有关，即技术由劳动密集型向技术密集型升级的方向是由熟练劳动与非熟练劳动的相对供给结构、熟练劳动产品与非熟练劳动产品的质量升级水平层次以及这两种要素的替代弹性决定。为了说明技术进步偏向技术密集型，根据式（6-3）的说明选择 $\varepsilon > 1$，因此当熟练劳动力相对丰富时，即当人力资本质量较高时，其与熟练劳动匹配的机器需求相对越大，发明与熟练劳动力匹配的收益相对越高，促进与熟练劳动力匹配的技术进步，因此技术进步偏向与熟练劳动相匹配，即逐渐偏向于技术密集型，产业升级方向也就表现为由劳动密集型逐渐向技术密集型攀升；同时，在一定的人力资本结构下，产品质量升级水平层次能力越强，也越有利于实现产业由劳动密集型向技术密集型升级，而 R&D 投入可以促进原有产品质量的提高（Grossman and Helpman, 1991; Stokey, 1991, 1995; Young, 1998），由此也可以推论技术与创新资本的投入在产业升级中发挥着重要的作用。由此可见，一个经济体的产业结构由劳动密集型向技术密集型升级的过程受到人力资本结构和技术资本配置结构的约束。

通过上述理论模型推导可以发现，作为知识资本中最重要的两种要素——人力资本结构和技术资本的配置结构对一个经济体产业升级的作用至关重要。因此，在经济全球化的背景下，国内外的人力资本、技术资本、创新资本等知识资本要素的流动与溢出都将影响一国的人力资本和技术资本的配置结构，进而对一国的产业升级水平产生影响。

三 知识资本国际转移推动产业升级的作用机理

知识资本国际转移主要以国际商品贸易、国际技术贸易、外商直接投资（FDI）、国际劳务输出、国际专利、人口迁移以及信息交流等为传递渠道，并以贸易、产业转移、技术转移、跨国并购等方式实现知识资本在全球的国际配置与获取。知识资本要素以国际贸易、外商直接投资、跨国人才流动以及合约等主要途径在世界范围实现流动与转移，促进国际技术的溢出，从而改变产业要素的国际供给结构、催生新产业的产生、改善传统产业、产业间的关联效应加强，使得跨产业间的升级、产品功能升级、生产工艺升级、产品品种升级进一步加快。在这一开放经济系统中，知识资本的国际转移与流动促进了人力资本的积累、技术的模仿与自主创新、国内外产业的竞争以及产业的集聚效应、提升了东道国高新技术产业的发展等，使得各国在价值链分工体系内实现了不同形式与状态的产业升级。

（一）国际贸易途径下的知识资本国际转移产业升级机理

国际货物贸易加速了高技术产品的国际流动，物化在商品中的高技术知识资本要素投资不断更新与升级。在加工贸易条件下，代工企业由于受其自身能力的限制，通常都要接受跨国公司对其在生产工艺、质量控制、物流管理及其他方面的指导，这也是促使代工企业进一步提升能力、实现产业升级，在这一过程中，加工东道国也不断获取国外知识资本转移的利益。通过技术转让、关键设备转让以及专利授权等技术贸易方式发达国家帮助发展中国家的代工企业迅速提升自身生产工艺与产品设计能力，而发展中国家通过加大对引进技术的消化、吸收以及模仿创新等手段逐步实现了知识资本的积累与利用。资本密集、技术密集和知识密集为特征的新兴服务贸易逐渐发展壮大，加速专业科技人员和高级管理人员的跨国流动，特别是以服务外包等形式获取其他国家丰富而便宜的人力资本、技术资本等资源成为可能。

（二）国际对外投资途径下的知识资本国际转移产业升级机理

对外直接投资一方面加速国际技术要素的流动与 R&D 等创新资源的国际化，另一方面发展中国家通过将其高端环节或研发转移到相对发达国家和地区，表现为知识资本的逆向国际转移。国际企业通过与具有互补性资源的公司建立战略合作伙伴关系，可充分利用企业组织外部的技术资源、创新资源、商誉资源、人力资源以及组织资源等"共享"要素。通过跨国并购，企业甚至还可以获得国外企业知识产权的使用权、科研创新平台以及创新团队，为创建全球创新研发网络奠定基础。此外，Fosfuri 和 Motta（2001）建立模型分析了跨国公司与本土企业间人员流动所产生的产业内技术外溢的作用。他们认为，受雇于跨国公司的经过系统培训、掌握先进技术的高级技术和管理人员流入到本土企业后，随之带来先进的技术和管理方法，当本土企业通过学习、模仿以及吸收后，可以极大地提升本土企业整体的技术水平，从而推动内资企业的技术升级。

（三）跨国人才流动途径下的知识资本国际转移产业升级机理

随着经济全球化、信息技术的发展、交通的快捷和便利化，20世纪80年代末在世界范围内开始出现的智力回流现象现在变得越来越普遍，跨国人才流动已经成为知识资本国际溢出的重要渠道，跨国人才作为先进知识技术的关键和重要载体，大量高智力人才流入美国硅谷和中国台湾地区新竹科技工业园的海归人才对产业升级的经验表明，人力资本的国际流动成为人才流出国实现产业优化升级一个重要而便捷的桥梁。目前，国内外学者通过人力资本效应、学习效应、竞争效应、示范效应、网络集聚效应等作用机理分析了人力资本国际流动的技术溢出效应（Kapur and McHale，2005；McCormick and Wahba，2001；Kannakutty and Burrelli，2007；李平和许家云，2011；仇怡和聂萼辉，2015）。跨国人才集聚的企业不但可以通过自身拥有高素质的人力资本和技术优势直接促进当地的技术进步与全球价值链的融入，还可以通过与其他本土企业间的示范效应、员工流动效应以及产业集聚效应带动和促进技术升级，从而有利于整个国家的产业升级。

（四）知识资本国际转移对产业升级作用机理的关系图

由上述对各种途径的知识资本国际转移的作用机理分析，可知知识资本通过国际贸易、国际投资、合约、人力资本的跨国流动等主要途径实现其在全球范围的流动与配置，使得产业体系的科技创新能力、人力资本积累水平与资源利用效率水平得到提升，从而促进了知识资本要素转移方与接受方的产业升级。同时，对于接受知识资本国际转移的东道国来说，通过多种途径国际知识资本溢出效应和人力资本的积累与提升，吸收国外先进的知识资本要素来改造传统产业、发展高新技术产业、提升产业集聚度和产业生产效率，实现在生产加工工艺升级、产业间升级、产品品种升级、产品功能升级等方面能力的提升，从而促进产业的全面升级（见图6-1）。

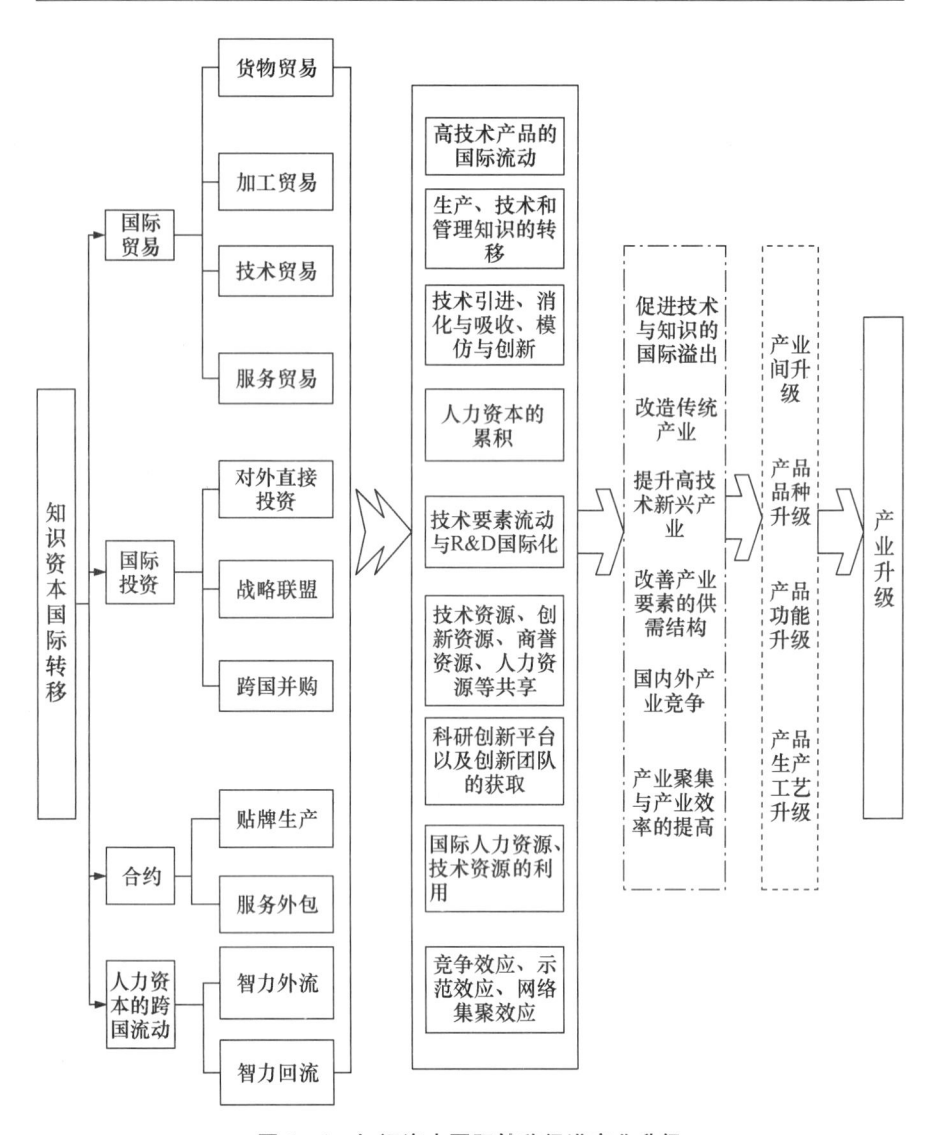

图 6-1　知识资本国际转移促进产业升级

第二节　知识资本国际转移对产业升级的实证研究

改革开放 30 多年来，伴随着经济的快速发展，我国的产业结构持续不断的变迁与优化。从历年来三大产业增加值占国内生产总值的比重可以发现：尽管第二产业增加值所占比重维持相对平稳，但第一产业增加值所占比重由 1982 年的 33.4% 下降到 2013 年的 10.0%，而第三产业增加值所占比重呈现由 1982 年的 21.9% 发展到 2013 年的 46.1%，产业结构呈现不断优化与合理的趋势。然而，在这一经济发展过程中伴随中国经济高速增长的显著特征之一是对外贸易、外商直接投资的快速增长，通过这两个传递渠道溢出的国际知识资本对中国的产业升级所起的作用能否同步显著呢？

一 知识资本要素国际溢出对产业升级的研究

由于知识资本要素的国际转移主要是通过对外贸易和外商直接投资的渠道来实现的，国际贸易和 FDI 的知识溢出被认为是推动产业升级和高新技术产业发展重要的影响因素。FDI 通过弥补资本缺口和技术外溢推动东道国产业结构变动与升级，随着技术进步内生化，FDI 渠道带来的技术、知识、管理等知识资本要素国际转移的溢出效应越来越受到重视。而通过国际贸易各参与国可以发挥自身的比较优势，更广泛地参与国际分工，可以学习和吸收先进国家的技术与管理经验，通过"干中学"效应来提升整个产业的水平。此外，由于知识密集型产品特别是高技术密集型产品贸易所带来的利润率远远高于一般产品，高技术密集型产品贸易所占的份额也越来越高，为了增强本国产品的国际竞争力以及获取更多的垄断利润，各国的跨国公司竞相鼓励加大研发与产品升级力度，因而，通过货物贸易形式的途径买卖双方可以实现知识资本的转移与获取。

关于外商直接投资、对外贸易对产业结构升级的影响国内外学者进行了大量的研究，并从 FDI 的物质资本供给、技术溢出等效应对产业结构的优化调整进行实证研究。例如，马库森和维纳布尔斯（1999）指出，FDI 的流入对于行业结构调整具有重大的积极意义；卡米拉（Camilla，2000）的研究发现，外商直接投资促进了波兰技术密集型产业出口能力的提升；在国内，关于外商直接投资对我国产业结构优化升级的影响学者们进行了持续的研究，并对这种影响关系进行了大量实证研究与分析（郭克莎，2000；卢荻，2003；江锦凡，2004；宋京，2005；赵果庆，2006；陈继勇、盛杨怿，2009；聂爱云、陆长平，2012 等）；而在进出口贸易对产业结构优化升级影响方面的研究成果也较为丰硕，取得了不同的结论，例如，吴进红（2005）利用长江三角洲地区的进出口贸易数据实证分析了对外贸易对三次产业的拉动作用，其实证研究结果表明进出口贸易对我国三次产业结构升级的贡献度不同,其中对第三产业升级的贡献度最大,对第二产业升级的贡献次之,对第一产业升级的贡献最小;黄庆波、范厚明(2010)基于中国、印度和亚洲"四小龙"的对外贸易与产业结构升级之间的关系实证检验指出,通过发展对外贸易实现规模经济、技术进步,从而促进产业结构升级;杨邦慧(2013)认为,对外贸易通过技术溢出提高产业生产率、改善要素供需结构、催生新生产业和产业关联效应四个方面促进了产业结构升级;陶锋(2011)深入分析了基于全球价值链国际知识溢出对代工企业升级过程的影响,并在全球价值链国际代工联盟知识溢出的框架内,分析了吸收能力对知识溢出和创新绩效关系的调节机制;孙晓华等(2012)的研究认为,国际贸易和FDI渠道下的R&D知识资本溢出对中国制造业的全要素生产率有正向效应,促进了制造业的技术进步与产业升级;孙晓华、王昀(2013)基于半对数模型和结构效应的实证检验分析了进出口贸易的结构效应对产业升级产生了显著的积极影响;但也有学者对贸易是否能真正促进技术溢出和产业升级提出了一定的质疑,比如胡兵、乔晶(2009)参考费德(Feder)模型,通过实证检验得出结论认为:在我国的出口贸易中,促进经济增长和产业结构升级的主要原因是各企业全要素生产率的差异,而并非是由于出口部门的技术溢出效应促进了产业升级。赵红岩和田夏(2013)基于1995—2011年长三角面板数据,从内生创新能力、创新环境及跨国资本技术溢出三个方面分析了其对长三角高技术产业升级的影响,其研究结论认为:内生创新能力是高技术产业升级的决定性因素,而跨国资本技术溢出仍然是产业升级的主导性因素;李佳(2014)从企业微观层面归纳和总结了外商直接投资的技术溢出对产业升级的影响机制,研究表明FDI的技术溢出可经由不同途径促进产业升级;卞淑贤(2015)的研究表明,服务贸易的发展与产业结构优化之间存在相互促进的关系,货物贸易进口的发展有助于产业结构优化,而产业结构优化促进了货物贸易出口的发展。尽管以上研究从FDI或对外贸易的角度对市场结构、资本供给、技术溢出、贸易产品结构等方面分析了知识资本要素国际流动的溢出效应对产业升级的影响,但得出的结论也各有差异,国内对不同途径的国际知识资本要素溢出对我国产业升级的影响缺乏相关研究,特别随着以技术创新为决定经济长期增长的主导因素的内生经济增长理论影响,作为生产要素的知识资本对全球技术创新的作用日益凸显,然而当前的研究很少从一般贸易、加工贸易、服务贸易和技贸易等不同的角度来梳理是哪一类型贸易的国际知识资本要素溢出对产业升级的作用更大。此外，这些研究对产业升级使用的某一行业升级或是某一产业升级，很少有知识资本国际转移对综合产业升级的实证研究，特别缺少服务贸易途径知识资本国际转移对产业结构升级的研究。为此本部分将对通过货物贸易、对外直接投资方式的知识资本国际转移的产业升级效应进行对比分析。

二 产业升级水平的测度

本章第一节通过对文献的梳理可知，产业升级可以分为产业内价值链攀升的升级和产业间的产业结构优化升级，产业升级就是要实现从附加值低的产业向附加值高的产业攀升的过程，就是三次产业结构不断优化调整、产业内不断向附加值较高的价值链攀升，促进工业结构向新型化和高端化发展，服务业向现代化和高效化推进的过程。从宏观层面看，产业升级过程其实就是一国产业结构转换和产业效率不断提高的过程，即指通过产业结构的调整，产业的技术水平和生产效率不断提高，使得国民经济结构中高技术、高附加值产业的比重不断上升，创新能力和要素禀赋贡献率得到提升。根据上述定义，如何科学地度量产业结构水平来客观地反映产业结构的优化升级状况呢？

目前，国内学者通常利用第一、第二、第三产业增加值，或者第一、第二、第三产业增加值占国内生产总值比重来考察和衡量产业结构水平，这一方法只是反映了产业结构的演进规律，并不能反映产业结构的高度化和高端化，没有反映各产业劳动生产率的变化情况，也无法反映产业结构优化升级的程度。为了测度我国产业结构优化升级的变化趋势，综合反映出三次产业结构和效率的变化情况，参考周昌林、魏建良（2007）测度产业结构水平的方法，建立产业结构优化升级系数 H，并用三次产业各自在 GDP 中所占比重和各自的劳动生产率的乘积来表示，这样设计的产业结构优化升级系数就是对三次产业结构和效率的总体表达，因而 H 的计算公式可表达如下：

$$H_t = \sum_{i=1,t=1}^{n} k_{it} \times h_{it} (i = 1,2,3; t = 1,2,\cdots,18)$$

其中，k_{it} 表示第 i 产业在第 t 年的增加值占国内生产总值的比重；h_{it} 表示第 i 产业在第 t 年的实际劳动生产率，其中，h_{it} 又可由如下公式来计算而得：

$$h_{it} = \frac{p_{it}}{l_{it}} \ (i=1,\ 2,\ 3;\ t=1,\ 2,\ \cdots,\ 18)$$

其中，p_{it} 表示第 i 产业在第 t 年的实际增加值，l_{it} 表示第 i 产业在第 t 年的就业人数（用按三次产业分的年底就业人数代替）。

根据上述计算公式可以较清晰、客观地反映产业结构水平优化升级的变化情况，当产业结构水平优化升级系数 H 值增大时，就意味着产业结构得到了优化，即实现了产业的优化升级。根据数据的可获得性和本章研究的需要，选择 1985—2013 年为时间序列的样本，为了消除价格因素对增加值的影响，利用 GDP 平减指数将每年各产业的增加值转化成以 1985 年为基期的不变价的实际值，数据来源为有关年份《中国统计年鉴》。然后依据上述计算公式可得到 1985—2013 年中国产业结构优化升级系数（计算结果见表 6-1），从表中可以看出 1985—2013 年我国的产业结构优化升级系数 H 呈现不断上升趋势（变化趋势见图 6-2），而从产业结构优化升级系数的变化趋势反映出我国产业结构转换和产业效率不断得到提升。

表 6-1　　　　1985—2013 年我国产业结构水平优化升级系数

年份	h_{1t}	h_{2t}	h_{3t}	k_{1t}	k_{2t}	k_{3t}	H_t
1985	823.77	3723.61	3092.52	0.284	0.429	0.287	2718.93
1986	851.82	3824.04	3243.76	0.271	0.437	0.291	2845.89
1987	926.98	4065.85	3453.54	0.268	0.436	0.296	3043.39
1988	970.84	4390.62	3743.09	0.257	0.438	0.305	3314.24
1989	958.40	4536.29	4015.16	0.251	0.428	0.321	3470.95
1990	917.43	3928.16	3466.85	0.271	0.413	0.315	2963.01
1991	901.88	4286.85	3912.54	0.245	0.418	0.337	3331.39
1992	924.47	4970.18	4356.69	0.218	0.435	0.348	3879.69
1993	979.01	5824.49	4456.74	0.197	0.466	0.337	4409.00
1994	1147.89	6438.34	4580.35	0.199	0.466	0.336	4767.70
1995	1319.02	7074.52	4570.55	0.200	0.472	0.329	5106.69
1996	1460.39	7576.41	4720.96	0.197	0.475	0.328	5434.97
1997	1481.55	8109.27	5233.26	0.183	0.475	0.342	5912.80
1998	1518.57	8470.69	5845.45	0.176	0.462	0.362	6296.78
1999	1507.60	9123.06	6439.40	0.165	0.458	0.378	6861.21

续表

年份	h_{1t}	h_{2t}	h_{3t}	k_{1t}	k_{2t}	k_{3t}	H_t
2000	1483.23	10047.38	6985.95	0.151	0.459	0.39	7560.24
2001	1519.74	10690.68	7711.25	0.144	0.452	0.404	8166.37
2002	1572.83	11976.89	8296.98	0.137	0.448	0.415	9024.37
2003	1630.48	13313.38	8803.63	0.128	0.46	0.412	9959.96
2004	1952.88	14049.59	9024.58	0.134	0.462	0.404	10398.53
2005	2049.09	15070.24	9769.37	0.121	0.474	0.405	11347.83
2006	2216.51	16166.06	10801.91	0.111	0.479	0.409	12407.56
2007	2549.51	17060.66	12488.05	0.108	0.473	0.419	13577.53
2008	2859.52	18406.03	13292.04	0.107	0.474	0.418	14586.50
2009	3114.16	19099.45	14622.50	0.103	0.462	0.434	15490.87
2010	3474.31	20538.47	15782.75	0.101	0.467	0.432	16760.52
2011	3965.33	21712.07	16703.48	0.100	0.466	0.434	17763.67
2012	4430.95	22062.82	18263.80	0.101	0.453	0.446	18587.64
2013	5048.26	23086.32	18954.34	0.100	0.439	0.461	19377.67

资料来源：根据有关年份《中国统计年鉴》相关数据计算整理而得。

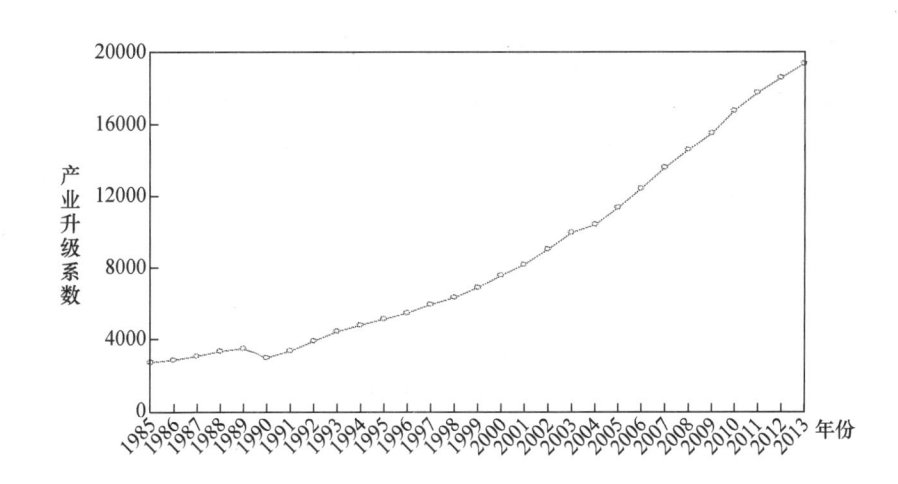

图6-2 产业结构优化升级变化趋势

三 知识资本国际转移对产业升级的实证分析

从第五章实证检验分析得知，国际知识资本转移的经济增长效应贡献大小为外商直接投资（FDI）渠道＞贸易（进口贸易）渠道＞智力回流

(海归回流)渠道>对外直接投资(ODI)渠道。由于中国海归人才回流和海外直接投资在规模上有限且时间较短，考虑到样本区间长度对实证回归分析准确性的影响，结合数据的可获得性，本章主要分析通过贸易及外商直接投资途径的知识资本国际转移对产业升级的不同影响，以产业升级水平系数作为被解释变量，进出口贸易和外商直接投资获得的国外知识资本为解释变量，利用我国1985—2013年的时间序列数据对国际知识资本的产业升级效应进行实证检验。

(一) 变量选取与模型构建

1. 产业结构优化升级系数

根据第一节对产业升级的内涵界定，产业结构优化升级表现为三次产业结构的变化和效率的提升。因此，本书将以在上述第二部分中计算得到的产业结构优化升级系数 (H_t) 来度量我国1985—2013年29年的产业升级水平，并以这一系数作为被解释变量。

2. 贸易和外商直接投资渠道的国际知识资本

对于国际化渠道的国际知识资本溢出的数量估计的经典方法是C—H法 (Cohen and Helpman, 1995) 和 L—P 法 (Lichtenberg and Pottelsberghe, 1996)。这首先需要估算主要贸易伙伴国和外商投资主要来源国的知识资本存量，然后借鉴L—P法分析国际化渠道溢出的国际知识资本带来的技术进步对中国产业升级的影响，国外知识资本存量用 R_{jt} 表示，贸易(进口)渠道所获取的国际知识资本用 S_t^m 表示，外商直接投资渠道所获取的国际知识资本用 S_t^f 表示。国外知识资本存量依然以国外研发资本存量来代替，则通过这两种渠道获取的国外知识资本可通过如下计算公式进行估算：

$$S_t^m = \sum_{j=1}^n \frac{M_{jt}}{GDP_{jt}} \times R_{jt} \qquad (6-24)$$

$$S_t^f = \sum_{j=1}^n \frac{FDI_{jt}}{GDP_{jt}} \times R_{jt} \qquad (6-25)$$

其中，S_t^m 表示第 t 年通过进口渠道流入的国外研发知识资本存量，S_t^f 表示第 t 年通过直接投资渠道流入的国外研发知识资本存量，M_{jt} 表示第 t 年中国从 j 国的进口总额，FDI_{jt} 则是第 t 年 j 国对中国的直接投资，GDP_{jt} 和 R_{jt} 分别表示第 t 年 j 国的国内生产总值和研发知识资本存量。

3. 其他控制变量

中国对外开放吸引了大量海外直接投资，弥补了产业结构优化调整过程中的资本供给不足，其对产业结构的优化升级不仅存在知识资本的溢出效应还存在资本供给效应。此外，由于改革开放以来的很长一段时间我国的外贸以出口导向型为主，这一政策导向对产业结构的调整与升级产生了重要的影响。因此，在模型设定时需要考虑出口贸易和FDI的资本供给效应对产业结构优化升级的影响，为此在模型构建时设计FDI物质资本供给和出口贸易这两个控制变量，并分别用 F_t^k、E_t^k 表示，其中：

$$F_t^k = FDI_t / K_t \qquad (6-26)$$

$$E_t^k = E_t / GDP_t \qquad (6-27)$$

其中，FDI_t、K_t、E_t、GDP_t 分别表示第 t 年中国实际利用外资、新增固定资产投资总额、出口总额、国内生产总值。

4. 模型设定

基于上述讨论，考虑时间序列可能存在异方差的现象，为了消除这一可能出现的异方差现象，在进行计量经济学模型处理时，通常要对各变量取自然对数进行变换，经过变化处理后将通过如下的实证模型来分析各变量对产业结构优化升级的影响。

$$\ln(H_t) = C + \alpha_1 \ln(S_t^m) + \alpha_2 \ln(S_t^f) + \alpha_3 \ln(F_t^k) + \alpha_3 \ln(E_t^k) + \varepsilon_t \qquad (6-28)$$

其中，C 表示常数项，α_1—α_4 分别表示为各解释变量的系数，ε_t 表示误差项。

（二）数据来源及说明

实证研究时选取1985—2013年的时间序列数据，其中，国内GDP、实际利用外资额、新增固定资产投资、出口总额、中国与主要贸易伙伴国的进口额的数据均来自有关年份《中国统计年鉴》，其中将各年的GDP以2005年为基期，利用GDP平减指数将其调整为不变价的实际值，各年的固定资产投资也以2005年为基期，利用固定资产价格指数进行调整，但《中国统计年鉴》只公布1990年以来的固定资产价格指数，因此借鉴张军（2004）对固定资产价格指数构建方法，估算1985—1989年固定资产价格指数。根据第三章对世界知识资本的分布估算和第五章国际渠道的知识资本估算情况，依然选择美国、加拿大、英国、法国、德国、意大利、日本、韩国、新加坡、中国香港、澳大利亚11个国家和地区作为中国获取国际知识资本的主要来源国，这些国家的GDP和R&D投入强度数据来源于 OECD 数据库、世界银行数据库以及 EPS 统计数据库，其中各国 GDP 为按购买力平价（PPP）衡量的 GDP（2005 年不变价美元），样本国家各年 R&D 支出数据由 2005 年不变价美元表示的 GDP 乘以 R&D 投入强度得到，然后利用永续盘存法估算出样本国家各年研发知识资本存量，计算方法参照第五章的处理。此外，为了保证变量数据间的可比性，借鉴姚利民（2011）的做法：先将用美元表示的进口额和实际利用外资额按当年人民币兑美元的平均汇率将其转换为人民币表示的金额，然后用 GDP 平减指数将其转换为以 2005 年为基期的不变价格的金额，最后再用 2005 年人民币对美元的 PPP 汇率将其转换为以 2005 年为基期的美元金额。

（三）实证分析过程

1. 序列平稳性检验

为了解各变量的平稳性，避免"伪回归"现象发生，利用常用的 ADF 单位根检验方法分别对模型中的五个变量进行平稳性检验，如果 ADF 检验的 T 统计值的绝对值大于 1%、5%、10% 某一水平临界值的绝对值，表明该变量序列是平稳的；反之，如果 ADF 检验的 T 统计值的绝对值均小于 1%、5%、10% 三者水平临界值的绝对值，则表明该变量序列是非平稳的。利用 Eviews 6.0 软件对模型中的五个变量进行 ADF 单位根检验的结果见表 6-2，从 ADF 的检验结果来看，模型中五个变量的水平序列的 ADF 单位根的 T 统计值均小于 1%、5%、10% 三者水平临界值的绝对值，这一结果表明这五个变量的水平序列都是非平稳的，但它们的一阶差分序列在 5% 显著性水平下都是平稳的，均满足 I(1) 过程，即同属于一阶单整序列，满足了进行协整检验的前提条件。

表 6-2　　　　　　　　　各变量单位根检验结果

变量	检验形式	ADF 检验值	1%临界值	5%临界值	10%临界值	结论
$\ln H$	(C, T, 1)	-3.1054	-4.3393	-3.5875	-3.2292	不平稳*
$D\ln H$	(0, 0, 0)	-2.2315	-2.6534	-1.9539	-1.6096	平稳**
$\ln(S_t^m)$	(C, 0, 0)	1.1729	-3.6892	-2.9719	-2.6251	不平稳*
$D\ln(S_t^m)$	(C, 0, 0)	-4.5340	-3.6999	-2.9763	-2.6274	平稳*
$\ln(S_t^f)$	(C, 0, 1)	-1.4899	-3.6999	-2.9763	-2.6274	不平稳*
$D\ln(S_t^f)$	(0, 0, 1)	-2.6187	-2.6569	-1.9544	-1.6093	平稳**
$\ln(F_t^k)$	(C, T, 2)	-2.1011	-4.3561	-3.5950	-3.2335	不平稳*

续表

变量	检验形式	ADF 检验值	1%临界值	5%临界值	10%临界值	结论
$Dln(F_t^k)$	(0, 0, 0)	-2.1334	-2.6534	-1.9539	-1.6096	平稳**
$ln(E_t^k)$	(C, T, 0)	-1.8342	-4.3240	-3.5806	-3.2253	不平稳*
$Dln(E_t^k)$	(C, 0, 0)	-5.2131	-3.6999	-2.9763	-2.6274	平稳*

注：(1) $DlnH$、$Dln(S_t^m)$、$Dln(S_t^f)$、$Dln(F_t^k)$、$Dln(E_t^k)$ 表示这五个变量的一阶差分序列，(2) *表示1%临界值，**表示5%临界值，***表示10%临界值。

2. 协整检验

为判断各变量之间是否存在某种长期均衡关系，即检验各变量是否与产业结构优化升级存在长期动态均衡关系，需要对变量进行协整检验。在计量经济学上对于非平稳时间序列的协整分析通常有 EG 两步法和 Johansen 协整检验方法两种处理方法，但是 EG 两步法最多只能判断多个变量存在的一个协整关系，对于多变量协整分析最为常用的是 Johansen 协整检验方法。因此，本章的研究将采用 Johansen 协整检验法来考察上述模型中变量间是否存在协整关系，为了检验变量间协整向量个数，在 Eviews 中 Johansen 协整检验通常是通过计算迹统计量（Trace）和最大特征值（Max - Eigenvalue）统计量来进行判断，表6-3 和表6-4 分别显示了以迹统计量和最大特征值为判断方法的协整向量个数检验结果。

表6-3　　　　　　　　　迹统计量的协整检验结果

原假设	特征值	迹统计量	5%水平的临界值	概率 P 值
不存在协整关系	0.955815	179.2170	60.06141	0.0000
至少存在1个协整关系	0.882834	98.11318	40.17493	0.0000
至少存在2个协整关系	0.779117	42.36493	24.27596	0.0001
至少存在3个协整关系	0.109922	3.101776	12.32090	0.8348
至少存在4个协整关系	0.002849	0.074183	4.129906	0.8231

从上述迹统计量检验判断看，在最多两个协整关系的原假设下所计算得到的迹统计量值为42.36493，大于5%水平的临界值24.27596且概率 P 值为0.0001，可以拒绝该假设，认为至少存在3个协整关系，在最多存在3个协整关系的原假设下计算所得到的迹统计量值为3.101776，小于

5%水平的临界值12.32090且概率P值为0.8348，可以接受原假设，认为变量间存在3个协整关系。再从最大特征值的检验判断结果来看，在最多存在3个协整关系原假设下计算所得到的最大特征值为3.027593，小于5%水平的临界值11.22480且概率P值为0.7835，可以接受原假设，即可认为该模型的变量间存在3个协整关系。由此可见，这两种方法得到的检验结果一致，都认为在5%显著水平上变量间存在3个协整关系。

表6-4　　　　　　　　最大特征值的协整检验结果

原假设	特征值	最大特征值	5%水平的临界值	概率P值
不存在协整关系	0.955815	81.10378	30.43961	0.0000
至少存在1个协整关系	0.882834	55.74825	24.15921	0.0000
至少存在2个协整关系	0.779117	39.26315	17.79730	0.0000
至少存在3个协整关系	0.109922	3.027593	11.22480	0.7835
至少存在4个协整关系	0.002849	0.074183	4.129906	0.8231

3. 协整方程

以产业优化升级系数为被解释变量，由此得到对数似然值最大的标准化协整方程如下，其中方程公式下方括号中的数据为标准差。

$$\ln(H_t) = 0.1132\ln(S_t^m) + 0.1060\ln(S_t^f) + 0.1501\ln(F_t^k) + 0.0647\ln(E_t^k) + c$$
$$\quad\quad\quad (0.02702) \quad\quad (0.03124) \quad\quad (0.01666) \quad\quad (0.03631)$$

从协整方程的回归结果来看：贸易渠道和外商直接投资渠道的国际知识资本系数为正，表明了国际知识资本对产业优化升级具有长期积极的正面效应；外商直接投资的资本供给为我国产业结构优化升级提供资金支持，对产业结构优化升级产生了积极的影响；虽然出口贸易对我国产业结构的优化升级也产生了积极的影响，但其影响要比其他几个途径小，这也表明了我国长期的出口导向政策促进了大量劳动密集型的商品出口，其对产业结构优化升级的效果还较小，需要对出口商品的结构进行调整。

从进口贸易和外商直接投资渠道获取的国际知识资本对我国产业优化升级贡献看，进口贸易渠道比外商直接投资渠道的国际知识资本对产业优化升级的效果要稍大些，其主要的原因是进口贸易可以根据国内的需要选择技术性产品和国内短缺的产品，而外商直接投资更容易被技术锁定和技术封锁，而且还跟引资的质量、类型以及吸收能力有关。

四 主要结论

（一）国际知识资本与产业结构优化升级存在长期协同关系

从上实证分析可知，通过进口贸易渠道和外商直接投资渠道获得的国际知识资本与我国产业优化升级变化之间存在着长期的协同关系，国际知识资本的溢出效应对于我国产业结构的高端化和高效化的发展具有积极的正面影响，但进口贸易渠道比外商直接渠道的国际知识资本产业升级效应的贡献要稍大些，所以当前应加大引导外商更多地投入到技术密集型和高新技术产业，促进对国际 R&D 研发在国内的直接投资与合作。此外，在进口贸易上应更加注重对技术密集型和现代服务业产品的进口，通过加强对进口产品的消化与吸收提升产业竞争力。

（二）外商直接投资对产业结构优化升级的资本供给效应大于知识资本溢出效应

外商直接投资对我国产业优化升级起到了积极的推动作用，FDI 引进额每增加 1 个百分点，就有利于产业结构优化升级 0.15 个百分点，而由 FDI 所引致的国际知识资本溢出的产业升级效应为 0.106 个百分点，表明了外商直接投资对产业结构的优化与调整的资本供给效应要大于知识资本的溢出效应。因此，一方面要继续积极、合理、有效地引进外商直接投资，并引导和鼓励外资更多地流向高新技术产业和现代服务业；另一方面充分利用外商直接投资所带来的国际知识资本的溢出效应。目前，外商直接投资主要还集中在第二产业中的制造业，要加强在第二产业上外资引进的技术要求，大力引进深加工和技术密集型的项目，而对一般加工和劳动密集型的外资进入进行适当的限制；加快对专业科技服务、金融、会计、法律服务、会计税收筹划、管理咨询以及教育等现代服务产业的外资投资引导，促进外商投资在产业结构上的优化。

（三）国际知识资本溢出对产业结构优化升级的整体效应还有待提高

由进口贸易和外商直接投资渠道引致的国际知识资本对我国产业结构优化升级起到了一定促进作用，但整体的效果还有待进一步提升。因此，一方面需要认识到国际知识资本对提升产业的技术水平和竞争力的重要性；另一方面要更加有效地促进国际知识资本的溢出效应和增强对知识资本的消化吸收能力。通过跨国公司在全球的业务调整，促进跨国公司在华设立更多的研发中心、加快对华的核心技术及产品的转移，通过鼓励科技国际化来加强外商投资企业与国内的合作，以此来提高国际知识资本的溢出效应；同时要积极改善国内的人力资本结构以及技术资本的配置结构来增强对国际知识资本的消化、吸收以及创新的能力。

第三节　知识资本国际转移对高新技术产业升级的影响

高新技术产业是知识高度密集、技术高度密集和人力资本高度密集的产业，知识资本是高技术产业的核心要素。高新技术产业就是在货币资本初始推动和持续推动下，运用知识资本生产新的物质产品、知识产品和服务产品的企业的集合（余功甫，2008），高技术企业的创业、成长过程主要在于对知识资本要素的投入、管理与配置。因此，高新技术产业的发展能够提高国民经济技术含量和集约化程度，推动经济结构的优化升级，对提升一国的产业国际竞争力至关重要。

一　中国高新技术产业发展概况[①]

（一）高新技术产业生产经营及研发活动概述

对于高新技术产业按我国国家统计局的分类标准可以分为医药制造业、航空航天器及设备制造业、电子及通信设备制造业、计算机及办公设备制造业、医疗仪器设备及仪器仪表制造业五大类，包括计算机与通信技术、生命科学技术、电子技术、计算机集成制造技术、航空航天技术、光电技术、生物技术、材料技术等产品。若按当年价格计算的高新技术产业名义主营业务收入由1995年的3917亿元上升至2013年的116048.90亿元，增长了28.63倍，名义利润总额由1995年的178亿元上升至2013年的7234亿元，增长了39.64倍、名义实现上缴利税由1995年的326亿元上升至2013年的11117亿元，增长了33.10倍、名义出口交货值则由1995年的1125亿元上升至2013年的49285亿元，增长了42.81倍。若以1995年为基期，按GDP平减指数法剔除物价因素影响后的实际值来衡量，主营业务收入由1995年的3917亿元上升至2013年的64308.51亿元，实际增长了15.42倍，利润总额由1995年的178亿元上升至2013年的4008.58亿元，实际增长了21.52倍，上缴利税由1995年的326亿元

[①] 以下原始数据来源于中国科技部、国家统计局和国家发展和改革委员会，由EPS整理。

上升至 2013 年的 6160.49 亿元，实际增长了 17.90 倍，而出口交货值则由 1995 年的 1125 亿元上升至 2013 年的 27311.34 亿元，实际增长了 23.28 倍。在规模不断得到快速发展的同时对高新技术产业研发投资也不断加大，高新技术产业 R&D 经费内部支出由 1997 年的 40.02 亿元上升至 2013 年的 1734.37 亿元，增长了 42.34 倍，新产品开发经费支出由 1997 年的 52.64 亿元上升至 2013 年的 2069.50 亿元，增长了 38.31 倍，在新产品销售收入方面则由 1997 年的 805.18 亿元上升至 2013 年的 29028.84 亿元，增长了 35.05 倍，拥有发明专利数由 1997 年的 341 件上升至 2013 年的 115884 件，增长了 338.84 倍。这些无论是由名义值表示还是由实际值表示的数据均表明，随着中国融入经济全球化和科技进步与发展，在这近 20 年来的时间内中国的高新技术产业在规模上得到了快速的发展。

（二）高新技术产业分行业生产经营及研发活动情况概述

按高新技术产业分类看，各行业按当年价格计算的名义主营业务收入分别为：医药制造业由 1997 年的 1177.58 亿元上升到 2013 年的 20484.2 亿元，增长了 16.40 倍；航空、航天器及设备制造业由 1997 年的 300.16 亿元上升至 2013 年的 2853.2 亿元，增长了 8.51 倍；电子及通信设备制造业由 1997 年的 2933.71 亿元上升至 2013 年的 60633.9 亿元，增长了 19.67 倍；计算机及办公设备制造业由 1997 年的 801.29 亿元上升至 2013 年的 23214.2 亿元，增长了 27.97 倍；医疗仪器设备及仪器仪表制造业由 1997 年的 405.38 亿元上升至 2013 年的 8863.5 亿元，增长了 20.86 倍。新产品的研发与销售代表了产品的升级，新产品研发投入强度的加大有利于促进产品的升级，新产品销售收入的变化状况可以较好地反映出产业升级的能力，其中各行业在新产品销售收入方面分别为：医药制造业由 1995 年的 61.53 亿元上升至 2013 年的 2990.83 亿元，增长了 47.71 倍；航空、航天器及设备制造业由 1995 年的 59.01 亿元上升至 2013 年的 716.15 亿元，增长了 11.14 倍；电子及通信设备制造业由 1995 年的 350.18 亿元上升至 2013 年的 18424.62 亿元，增长了 51.61 倍；计算机及办公设备制造业由 1995 年的 36.64 亿元上升至 2013 年的 6612.99 亿元，增长了 179.49 倍；医疗仪器设备及仪器仪表制造业由 1995 年的 31 亿元上升至 2013 年的 1243.77 亿元，增长了 39.12 倍，其变化趋势如图 6-3 所示。

从对高新技术产业各行业的主营业务收入及新产品销售收入的对比分

析来看，各行业的规模和增长速度表现出一定的差异性，其中航空、航天器及设备制造业无论在规模和增长速度上均为最低，电子及通信设备制造业的规模最大，而计算机及办公设备制造业则在增长速度上为最快。近年来医药制造业得到较快发展，但医疗仪器设备及仪器仪表制造业和航空、航天器及设备制造业的新产品开发和销售的规模依然相对较小。

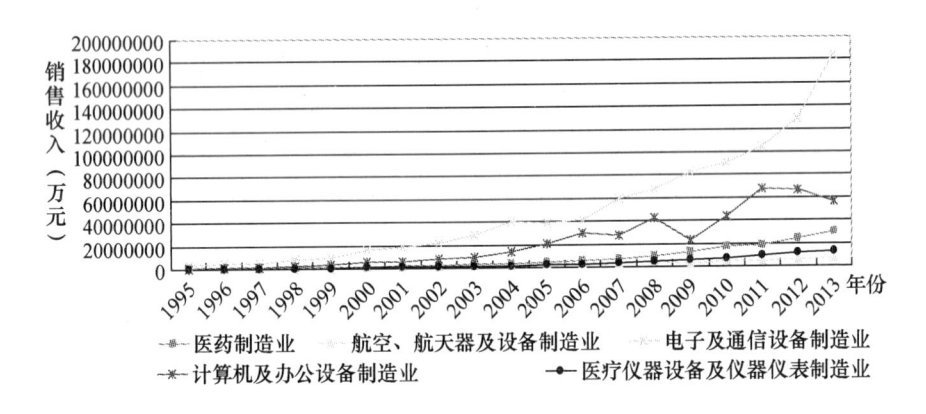

图 6-3 1995—2013 年高新技术产业新产品销售收入变化趋势

（三）高新技术产业分地区生产经营及研发活动情况概述

若从高新技术产业的地区分布来看，截至 2013 年年底，全国共用高新技术企业 26894 家，其中东部地区 18761 家，占全国总数的 69.76%，而在东部地区的长三角地区（上海、江苏、浙江）8271 家，占据了东部地区的 44.09%，中部地区 4319 家，占总数的 16.06%，西部地区 2502 家，占全国总数的 9.3%，东北地区（黑龙江、吉林、辽宁）1312 家，占全国总数的 4.88%。从其主营业务收入来看，2013 年全国高新技术产业主营业务收入达到 116048.90 亿元，其中东部地区为 85972.23 亿元，占全国总数的 74.08%，中部地区为 14123.34 亿元，占全国总数的 12.17%，西部地区为 11548.84 亿元，占全国总数的 9.95%，东北地区为 4404.50 亿元，占全国总数的 3.80%，而地处东部地区的长三角地区为 36037.60 亿元，占全国总数的 31.05%。从出口交货值来看，2013 年，全国高新技术产业出口交货值为 49285.09 亿元，其中东部地区占全国总数的 82.26%，中部地区占全国总数的 7.60%，西部地区占全国总数的 9.23%，东北地区占全国总数的 0.91%，长三角地区占总数的 36.88%。

从研发活动看：1997—2013 年，高新技术产业 R&D 经费内部支出的增长比率各地区差异较大，其中东部地区增长 45.16 倍、中部地区增长 30.81 倍、西部地区增长 18.25 倍；新产品开发经费支出增长的地区差异也较明显，其中东部地区增长 46.01 倍、中部地区增长了 23.56 倍、西部增长了 15.82 倍；新产品销售收入东部地区增长了 41.40 倍、中部地区增长了 39.06 倍、西部地区增长了 6.94 倍；在拥有发明专利数上东部地区增长了 475.27 倍、中部地区增长了 30.40 倍、西部地区增长了 101.64 倍。

从上述高新技术产业地区分布对比分析可以看出，高新技术产业的地区差异依然非常明显，东部地区无论在表达规模层次的企业数量、主营业务收入、出口交货值还是在表示研发层面的 R&D 内部经费支出、新产品开发经费支出、专利数上均占有绝对的优势，并呈现由东向中、西阶梯式递减的状态，特别是地处东部地区的长三角地区（江苏、上海、浙江）的高新技术产业发展优势处于全国的前列。东部地区由于具有雄厚的经济基础以及在资金、人才、配套环境等多方面的优势，成为高新技术产业发展集聚地。

二 知识资本国际转移对中国高新技术产业创新与升级影响的争议

1992 年国家实施高技术产业开发区战略以来，高新技术产业作为国民经济发展的战略性先导产业得到了较快的发展，高新技术产业由于高度密集知识、技术以及人力资本等要素，高新技术产业的发展、创新绩效、技术溢出以及转型升级能力等一直是学术界的热门话题（Liu and Buck，2007；赖明勇等，2008）。尽管学者们从 FDI、出口、技术引进等国际技术溢出渠道来进行分析和实证研究国际知识资本对一国高新技术产业的影响，但国际知识资本要素溢出对高新技术影响的效应依然存在争议。

（一）国际知识资本转移对高新技术产业创新与升级效应有积极影响

徐康宁、冯伟（2010）认为，借助于跨国公司先进技术的溢出，通过吸收和整合，转化成自我创新能力是中国产业升级的一种战略选择；赵红岩、田夏（2013）通过对本土创新能力、跨国资本技术溢出与长三角高技术产业升级的实证分析研究，得出跨国资本技术溢出仍然是产业升级的主导性因素；李晓钟、何建莹（2012）研究表明，FDI 通过竞争效应、人员流动效应、示范效应以及产业关联效应等带动高新技术内资企业劳动生产率提高；钟鸣长、郑慕强（2009）通过对广东和福建两省 7 个地市 139 家企业数据的实证分析，对比分析了 FDI 对高新技术产业与传统产业的技术外溢效应,其研究结果表明,高新技术产业在某些方面比传统产业技术外溢程度要高。

(二) 国际知识资本转移对高新技术产业创新与升级效应不显著

拉尔(Lall, 2000)[1]指出,发展中国家高技术产品出口爆炸式的增长是一种"统计假象",他们仅仅是在高技术产业的劳动密集型加工环节实现了专业化,并没有真正实现技术密集型的升级。肖洛克(Scholec, 2007)[2]的研究也表明,发展中国家大量出口高技术产品并非是因为他们在高技术领域实现了高度专业化,发展中国家只是吸引了跨国公司的高技术产品组装加工阶段的生产,而那些资本和技术密集型的生产仍然集中在其母国。魏守华等(2010)通过1997—2006年的面板数据实证分析了本土技术溢出与国际技术溢出对中国高技术产业创新的影响,其实证分析结果表明,外资R&D活动所引发的国际技术研发资本溢出效应对中国高新技术产业创新绩效并不明显。黄先海、杨高举(2010)认为,在新的国际分工模式下,传统的出口总量统计法由于不考虑进口的中间产品值,中国高新技术产品的爆炸式出口增长"统计假象"高估了中国高新技术产业的国际分工地位,这一结论表明,在我国外资高新技术企业出口占据一半的情况下,其带动我国高新技术产业创新与升级效应并没有预期的那么大。王华、赖明勇、柴江艺(2010)将外商直接投资、进出口贸易、国际技术许可一起纳入中国本土企业技术创新内生决定机制的分析框架内,利用1548家微观企业的数据分析结果表明,外商直接投资并没有直接促进企业技术创新,相对而言,反而是进出口贸易和国际技术许可对中国企业技术创新能力的培育作用更加积极明显;程惠芳、陆嘉俊(2014)利用1997—2010年中国大中型工业企业面板数据对不同类型的知识资本创新效应进行实证分析,高新技术产业的回归结果表明国外引进技术资本与全要素生产率和效率变化呈负相关,这一结论表明,我国高新技术产业的产业升级主要依靠自主创新,知识资本国际转移的高新技术产业升级效应不明显。

三 知识资本国际转移对高新技术产业升级的实证分析

尽管知识资本国际转移对高新技术产业影响效应存在争议,但高新技

---

[1] Lall, S., The Technological - Structure and Performance of Developing Country Manufactured Exports, 1985 - 1998 [J], *Oxford Development Studies*, 2000, 28 (3): 337 - 369.

[2] Scholec, M., High - Tech Exports from Developing Countries: A Symptom of Technology Spurts or Statistical Illusion? [J], *Review of World Economics*, 2007, 143 (2): 227 - 255.

术发展的实践表明：在开放经济条件下，若仅仅依靠本土技术创新很难实现高新技术产业"跨越式"升级，只有主动获取和吸收发达国家的知识资本与国际技术溢出提升企业的创新能力，才能实现高新技术产业的跨越式升级模式。鉴于我国高新技术产业分布的区域不均衡，本书将跨国知识资本要素的技术溢出、高新技术产业创新环境、本土创新能力等因素一同纳入分析模型中来实证检验国际知识资本转移对我国不同区域高新技术产业升级的影响，跟以往的研究不同之处在于按高新技术产业区域分布的特征将分成环渤海、长三角、华南、东北、中部、西南、西北七大区域的地域框架进行实证分析。

（一）模型设计

弗马内尔（Furmanel，2002）认为，创新环境是一个区域的创新能力的影响因素；江小涓（2002，2008）认为，跨国知识资本通过技术扩散、技术竞争和技术应用等效应对一国的技术进步产生影响；魏守华（2009，2010）认为，本土技术溢出、国际技术溢出、创新环境对高新技术产业创新具有影响；赵红岩（2013）认为，内生创新能力、创新环境及跨国资本技术溢出的综合作用有利于高新技术产业加速升级。在借鉴他们实证分析模型的基础上，本书将人力资本、研发资本、创新环境、国外知识资本引进等要素变量纳入模型中实证检验国际知识资本转移对高新技术产业升级的影响，构建的模型如下：

$$\ln(Y_{it}) = \beta_0 + \beta_1 \ln(H_{it}) + \beta_2 \ln(RD_{it}) + \beta_3 \ln(ND_{it}) + \beta_4 \ln(FC_{it}) + \beta_5 \ln(TI_{it}) + \beta_6 \ln(NE_{it}) + \varepsilon_{it}$$

其中，i 代表区域，t 代表年份，Y_{it} 表示高新技术产业创新产出，其表达了产品升级的能力，这里用来表达高新技术产业升级，并用新产品销售收入来替代；H_{it} 表示高新技术产业研发人员投入，RD_{it} 表示研发经费投入量，ND_{it} 表示新产品开发投入，这三项指标代表了高新技术产业内的本土创新努力程度和创新能力；FC_{it} 表示固定资产投资规模，这项指标代表了高新技术产业创新的硬环境；TI_{it} 表示国外技术的引进，NE_{it} 表示新产品出口，这两项指标可反映跨国知识资本技术溢出效应，也可反映对国际市场的了解及先进技术的把握（Liu and Buck，2007），用这两项指标来近似替代知识资本国际转移的渠道；β_0 表示截距项，β_1，…，β_7 则分别表示人力资本、国内研发资本等对高新技术产业升级的效应系数，ε_{it} 表示随机误差项，ln 表示自然对数。

(二) 变量说明及数据来源

1. 变量的含义及其代理指标说明

格瑞利克斯（1990）认为，由于有些专利并没有商业化价值，或为了商业保密技术不去申请专利，以专利变量来衡量高新技术创新产出存在不足。费尔德曼和菲罗达（Feldman and Firoda，1994）、Liu 和 Buck（2007）的研究均选择了新产品销售额作为创新产出，以反映高技术产业的创新绩效。而高新技术产业创新成果可以用来反映高新技术产业的升级状况，因此用新产品销售收入来表达高新技术产业升级（赵红岩，2013），并以这一变量为被解释变量，以本土创新能力、创新环境、国际资本溢出等变量为解释变量，具体指标含义及测度方法如表6-5所示。

表6-5　　　　　　　　变量含义及其代理指标说明

变量	变量名称	变量定义及代理指标与单位
Y_{it}	高新技术产业创新产出	创新的实际产出代表了产业升级能力，用新产品销售收入来（万元）代替
H_{it}	高效技术产出研发人员投入	高新技术产业的人力资本投入，以R&D活动人员折合全时当量（人年）来代替
RD_{it}	研发经费投入	高新技术产业的技术创新资本投入，以R&D内部经费支出（万元）来代替
ND_{it}	新产品研发投入	高新技术产业对内外部知识资本的吸收能力以及综合创新反映能力，以新产品开发经费支出（万元）来代替
FC_{it}	高新技术固定资产投资规模	高新技术产业升级需要具备一定的硬性基础设施条件，以年末固定资产规模（万元）来代替
TI_{it}	国外技术引进	高技术产业吸收国际知识资本溢出，以国外技术引进经费支出（万元）来替代
NE_{it}	新产品出口	高新技术产业通过出口学习效应促进产业升级，以新产品出口总额（万元）来代替

2. 数据来源

数据来源于《中国高技术统计年鉴》（2001—2014），数据涉及2000—2013年除西藏外（因西藏数据缺失过多）的30个省（市、区），海南省、青海省、新疆维吾尔自治区等省区部分年份缺失数据用移动平均法进行插补，其中，R&D活动人员折合全时当量、R&D经费内部支出

（万元）、新产品开发经费支出（万元）、新产品销售收入（万元）、国外技术引进经费支出（万元）五项指标数据来源于中国科技部、国家统计局和国家发展和改革委员会，由EPS整理。

3. 数据处理

由于样本数据涉及30个省（市、区）2000—2013年总计14年的面板数据，为了消除价格因素对各变量的影响，利用GDP平减指数将每年各变量值转化成以2000年为基期的不变价的实际值，其中高新技术固定资产投资以固定资产投资价格指数进行调整为以2000年为基期的不变价的实际值，人力资本投入的替代指标——R&D活动人员折合全时当量则以当年的统计量来计算。

4. 分析结果

由于高新技术产业的区域分布不均衡，本书按七大区域的地域框架进行分析，具体分成环渤海地区（包括北京、天津、河北、山东四省市）、长三角地区（包括上海、江苏、浙江三省市）、华南地区（包括广东、福建、海南三省）、东北地区（包括辽宁、吉林、黑龙江三省）、中部地区（包括山西、河南、湖北、湖南、安徽、江西六省）、西南地区（包括四川、重庆、云南、贵州、广西五省市区，其中地处西南区域的西藏自治区由于数据缺失较多而不列入模型分析）、西北地区（包括甘肃、青海、宁夏、新疆、陕西、内蒙古六省区），以此来考察知识资本国际转移对不同区域高新技术产业升级的差异。通过使用Eviews 6.0软件对七大区域面板数据的分析，得到七大区域所有模型都应采用个体固定效应的OLS方法进行估计，回归结果如表6-6所示。

表6-6 2000—2013年七大区域高新技术产业面板回归结果对比分析

解释变量	东部 环渤海	东部 长三角	东部 华南	东北	中部	西部 西南	西部 西北
C	3.2506* (3.8600)	2.6504*** (1.7172)	7.7436** (2.6694)	-2.1572 (-0.7750)	3.4192* (4.3418)	4.5381* (5.8841)	0.7345 (0.3948)
$\ln(H_{it})$	-0.0470 (-0.2120)	-0.1033 (-0.4191)	-0.1835* (-2.8812)	0.6456** (2.4748)	-0.4559** (-2.4104)	0.0925 (0.5524)	0.0133 (0.0485)
$\ln(RD_{it})$	0.3309*** (1.7954)	0.4830* (3.0959)	0.2946* (4.5488)	0.1462 (0.3746)	0.2691** (2.4579)	0.2204*** (1.6953)	-0.3108 (-1.2769)

续表

解释变量	东部 环渤海	东部 长三角	东部 华南	东北	中部	西部 西南	西部 西北
$\ln(\text{ND}_{it})$	0.0530*** (1.7887)	0.1982*** (1.7605)	0.0574*** (1.7056)	-0.26540 (-0.8816)	0.3871** (2.3555)	0.1090 (0.5360)	0.1457* (3.6494)
$\ln(\text{FC}_{it})$	0.1650*** (1.8495)	0.1715*** (1.8477)	-0.1958 (-0.7684)	0.3151 (1.4809)	0.1059 (0.9933)	0.1514 (1.5495)	0.1106 (0.6700)
$\ln(\text{TI}_{it})$	0.0353 (0.7789)	0.3459* (2.8301)	-0.1000 (-0.5178)	0.0105 (0.2082)	-0.0431 (-1.1557)	-0.0377 (-1.1804)	-0.0999 (-0.9969)
$\ln(\text{NE}_{it})$	0.4833* (4.4110)	0.4489*** (1.8348)	-0.2230** (-2.0317)	0.4416* (2.0882)	0.2361** (2.4395)	0.0350 (0.4862)	0.4163* (2.6714)
R^2	0.9628	0.9240	0.9759	0.84340	0.8865	0.9290	0.8570
调整后 R^2	0.9555	0.9056	0.9701	0.8061	0.8691	0.9170	0.8352
F	132.1215	50.1441	167.3052	22.3089	51.1136	77.2094	39.2421

注：括号内数据为 t 统计值，*、**、*** 分别表示在 1%、5%、10% 水平显著。

由表 6-6 可知，各区域回归方程调整后 R^2 均在 0.84 以上，其中环渤海、长三角、华南以及西南四个地区的拟合度都在 0.9 以上，且 F 统计量的值均较高，因此，从整体来看，模型的拟合效果较好，表明模型的设立具有一定的解释力，按七大区域框架来进行实证经验分析的模型能较好地区分知识资本要素对高新技术产业升级的影响。

四　主要结论

根据上述回归结果可得到如下结论：

（一）本土创新努力与创新能力是高新技术产业升级的基本动力

高新技术产业研发人员数投入、研发经费投入量、新产品开发投入，这三项指标代表了高新技术产业内的本土创新努力程度和创新能力，以上的回归分析结果表明，尽管高新技术产业 R&D 人员投入的贡献不稳定，且检验结果不够显著，但 R&D 经费投入和新产品开发经费支出对各区域高新技术产业实际创新产出的影响效应是积极的，其中在环渤海、长三角、华南、中部以及西南地区，R&D 经费投入对高新技术产业创新产出的贡献度分别为 0.3309、0.4830、0.2946、0.2691 和 0.2204，这也表明了创新活动的投入促进了高新技术产业创新产出的提升，进而带动了高新技术产业的产业升级。这一回归检验结果说明，当前在中国本土创新努力与创新能力依然是高新技术产业升级的基本动力。

（二）技术引进渠道的国际知识资本对高新技术产业升级整体效果不明显

回归结果表明，尽管国外技术引进资本对高新技术产业升级的贡献系数在环渤海、长三角、东北、西北四个区域均为正，但只有长三角地区的系数通过10%以内的显著性水平检验，而华南、中部以及西南地区的系数均为负。因此，以国外引进技术资本所表示的国际知识资本对高新技术产业升级的全国总体效果并不明显，也表明了国外对中国高新技术产业的技术封锁依然存在。另外，也反映出各区域对国外技术引进的消化吸收能力存在一定差异。

（三）新产品出口渠道的国际知识资本有利于推动高新技术产业升级

上述的回归结果表明高新技术新产品出口渠道的国际知识资本对高新技术产业升级具有积极的影响，除华南地区系数为负和西南地区未通过显著性水平检验外，其他区域的系数均为正，其中在环渤海、长三角、东北、中部及西北地区的贡献度分别为0.4833、0.4489、0.4416、0.2361、0.4136，且均通过10%以内的显著性水平检验，这表明高新技术新产品出口可反映对国际市场的了解及先进技术的把握，通过开发出适应国外市场需求的高新技术新产品有利于吸收和扩散国际前沿技术知识，从而推动高新技术产业的升级。从高新技术新产品出口对高新技术产业升级的贡献度可以看出，充分利用国际知识资本开发适应海外市场需求的高新技术产品能够有效地推动本区域高新技术产业的升级。因此，挖掘、整合以及配置利用好国际知识资本来开发满足国际市场要求的新产品将更有利于促进高新技术产业的升级。

（四）国际知识资本溢出对各区域高新技术产业升级效应差异明显

将全国按七大区域的地域框架进行回归结果表明，国际知识资本溢出是环渤海和长三角地区高新技术产业升级的重要因素，特别是在长三角地区以国外技术引进和新产品出口渠道获得的国际知识资本对高新技术产业的升级效应显著，长三角凭借雄厚的经济基础以及在资金、人才、配套环境等多方面的优势，高新技术产业的创新环境和吸收能力得到增强，相对于国内创新努力而言，国际知识资本溢出对高新技术产业升级的贡献度要更大，国际技术引进带来的国际知识资本是长三角地区高新技术产业技术进步与产业升级的重要影响因素，这也表明长三角地区成为我国吸收和扩散国际前沿技术知识、发展高新技术产业的青睐之地，可以充分利用本土的市场空间和高端需求来吸引国外的高端知识资本以获取其正的外部效应。其他区域的国外技术引进渠道的国际知识资本对产业升级效应不明显，特别是华南、中部、西南和西北四个区域国外技术引进渠道的国际知识资本产业升级效应系数为负，表明这些区域对国际知识资本的吸收和消化能力还有待提高，以市场空间换国外技术或通过技术引进来实现高技术产业跨越式升级的战略并不可取。在新产品出口渠道的国际知识资本对高技术产业升级的效应方面，总体上新产品出口有利于国际知识资本的溢出效应发挥以推动高新技术产业升级，且在环渤海和长三角地区的效应明显大于其他地区，华南地区的这一系数为负，这表明以广东为代表的华南地区以加工贸易为主导的高新技术产业发展方式不利于产品创新与产业升级，需进一步加快对自主创新能力的培育。

第七章　知识资本国际转移对中国技术创新的影响研究

全球价值链分工体系的扩张使国际产业转移由生产领域逐渐拓展到研发领域,这一过程极大地推动了知识资本的国际扩散,特别是价值链上的外包与合作促进了技能和知识资本的国际流动,增加了全球价值链中各个垂直环节的知识资本存量,这些外部的技术、R&D 资源等知识资本要素流动在企业的创新活动中发挥着越来越重要的作用并推动着技术创新国际化,R&D 国际化所带来的知识资本转移通过不同渠道的溢出作用对东道国的技术创新与技术进步产生重要影响。

第一节　知识资本国际转移对自主技术创新影响的定性分析

知识资本的跨国转移主要指跨国公司通过贸易、FDI、人力资源跨国流动等渠道以产业转移、技术转移、R&D 国际化等方式实现知识资本要素在全球的国际配置与获取,这些知识资本资源在不同国家和区域间的流动带来的知识和技术溢出效应给我国自主技术创新带来了机遇;而由于跨国公司对全球知识和技术的国际垄断、知识资本具有隐性、知识资本国际转移的区域不均衡性以及知识资本国际溢出的吸收能力条件等影响,对我国吸收国际知识资本提出了挑战。具体来说,知识资本国际转移对我国自主技术创新产生积极影响的同时,也将带来一些消极的影响。

一　技术创新概念的理解

国内外学者对于技术创新的研究取得了丰硕研究成果,关于技术创新这一概念的基本观点总结起来大概有如下三种:第一种观点认为,技术或发明只有得到在商业上的应用与推广才能视为技术创新;第二种观点认为，技术创新是指新思想、新概念、新构想被运用到生产过程中形成新的生产力，并进入市场应用与推广全过程，包括新技术的发明创造；第三种观点认为，技术创新是指能有力推动经济与社会发展的技术与知识，而且这一技术和知识能够和经济与社会发展有机结合，才能被称为技术创新；尽管对技术创新的概念在语言表达上有一定的差异，但上述三种观点的共同核心思想是新技术、新思想在经济社会的应用与传播。

现代创新理论的提出者约瑟夫·熊彼特教授是第一种思想的代表，他认为，要创新必须先有发明，发明即是对新工具或新方法的发现，而创新是对新工具或新方法的应用与实施，如果发明得不到实际的应用，它对经济就不会起到任何的作用。[①] 熊彼特的这一观点被此后大多数研究者和经济学家继承和发展，如英国经济学家弗里曼（C. Freeman）对创新的理解侧重于技术进步与经济发展的结合，是新产品、新装备、新系统等被首次进行商业化转换的过程；美国经济学家曼斯菲尔德（E. Mansfield）侧重于产品创新，并指出，创新就是技术的首次商业化或实际利用；迈尔斯（S. Myers）和马奎斯（D. G. Marquis）则认为，技术创新是指通过运用新思想和新概念不断解决各种问题，最终使新项目能实现经济和社会价值，并能够成功应用；我国学者傅家骥是国内技术创新理论研究的权威代表性人物，他在1998年曾对技术创新的阐述指出：技术创新是一种包括科技、组织、商业和金融等一系列活动的综合过程（傅家骥，1998）。我国技术经济与管理学术界比较集中于第一种理解，并随着对技术创新理论研究的不断深入，理论界更加强调科学技术与经济发展的有机结合才能称得上技术创新，认为科技成果只有进入并实现了商业化和产业化的过程，才算真正意义上的技术创新，技术创新是指企业应用创新的知识和新技术、新工艺，采用新的生产方式和经营管理模式，提高产品质量，开发生产新的产品，提供新的服务，技术创新是发展高科技、实现产业化的重要前提。因此，技术创新也是一国经济发展转型升级的重要表现形式。

二 知识资本国际转移对中国自主技术创新的积极影响

（一）有利于发挥人力资本效应

随着国际技术扩散研究的日益深入，学术界认识到国际人力资本流动

[①] 熊彼特：《经济发展理论》，何畏、易家祥译，商务出版社1990年版。

也是一国科技进步和经济增长的重要影响因素[①]，国内外学者通过人力资本效应、学习效应、竞争效应、示范效应、网络集聚效应等方面的作用机理分析了人力资本国际流动所带来的知识技术溢出效应（Kapur and McHale，2005；McCormick and Wahba，2001；Kannakutty and Burrelli，2007；李平和许家云，2011；仇怡和聂尊辉，2015）。在全球价值链分工体系不断深化与科技全球化背景下，由国际人力资本流动所带来的知识资本国际转移的步伐也在不断加快，特别是在进入21世纪以来，国际人才流动呈现出外流、回流、环流等多种形式，跨国人才流动已经成为知识资本国际溢出的重要渠道。

首先，跨国人才作为先进知识技术的关键和重要载体，海归人才的回流不仅为母国带来了人力资本量的积累和质的提高，而且给母国带回世界最前沿的技术知识、人文思想和管理技能，分享国外知识资本转移带来的溢出效应。此外，海归人才回归所引致的知识资本国际转移还可以通过海归企业与非海归企业间的员工流动产生示范和学习效应，他们将先前学习和积累的先进技术应用于新企业，直接引致技术在行业间的横向扩散和普及（Borensztein et al.，1998）。海归人才作为高层次人力资本，其回流将会对国内产生"职位挤出效应"，这将激励国内人员不断努力来提高自身的学历层次和职业技术水平，从而提高了全国的整体人力资本水平，进而增强一国的自主技术创新能力和对外来知识资本的吸收能力（Mountford，1997）。

其次，科技创新全球化加快了国际科技合作步伐，国际科技合作有利于更加有效地利用全球科技创新资源，它必然影响着发达国家与发展中国家的科技创新，发达国家新技术必然会遵循国际技术转移规律通过国际技术知识转移渠道向发展中国家转移，这使得以考察访问、国际会议、合作研究、培训、展览会等形式出国和来华的国际人才流动更加频繁，这将有利于提升我国人力资本和引进国外高级人力资本。

（二）有利于更加广泛吸收国外研发投资与技术资本

当今，经济全球化进入了研发和创新国际化新的阶段，其表现形式是发达与发展中国家间的双向R&D国际化步伐加快，科技活动全球化态势

[①] 李平、许家云：《国际智力回流的技术扩散效应研究——基于中国地区差异及门槛回归的实证分析》，《经济学》（季刊）2011年第4期。

也促使创新资源等高级知识资本要素在全球范围内进行配置，而且国际知识资本配置与获取能力逐渐成为跨国公司竞争优势的重要来源，为了保持垄断地位和抢占国际市场，以及让价值链上的代工企业及时按质按要求交货，这客观上要求跨国公司必须加快对国际知识资本的转移。中国作为最具发展活力和巨大市场空间的国家，成为世界上吸引外商直接投资最多的发展中国家，也逐渐成为跨国公司 R&D 投资的首选之地，特别是 2002 年以来，越来越多跨国公司在华设立各类研发中心，截至 2009 年年底，跨国公司在华设立各类 R&D 中心超过 1200 家。[①] 跨国公司向我国转移的研发资本等知识资本资源的速度和数量均呈现迅猛增长的势头，包括微软、英特尔、朗讯、通用电气等在内的世界 500 强跨国公司都不断扩大在华的 R&D 投资规模和提升 R&D 的投资层次，另据国家统计局和科学技术部的统计，到 2011 年年底，在华设立了 R&D 机构的规模以上外商直接投资工业企业已达到 2963 家。同时，国内企业也可以利用跨国公司加大对知识资本转移与配置的机遇，通过与国际跨国公司的科技合作、成立技术战略联盟和兼并收购的方式获得更多的研发投资和国际技术资本。

（三）有利于我国企业"走出去"，进行海外研发投资以逆向获取国外知识资本

跨国公司对知识资本的全球配置与转移，使得发达国家与发展中国家之间双向投资成为可能，特别是科技全球化促进了创新资源等知识资本要素在全球范围内进行优化配置，这就使得发展中国家有机会和可能利用发达国家对创新资源等知识资本要素的整合，将研发机构嵌入欧美等发达国家的创新体系。Von Zedtwitz（2005）最早提出了发展中国家追赶式境外研发投资的概念，这一概念的主要要义是发展中国家通过资本输出到发达国家进行研发投资，以新建 R&D 机构或兼并收购有选择地获取跨国公司转移的 R&D 机构，并嵌入东道国创新体系以获取其 R&D 人员、R&D 信息等知识资本资源（杜群阳，2009）。因此，随着知识资本国际转移步伐的加快，通过鼓励有条件的中国企业"走出去"，到知识资本资源丰裕度较高国家进行研发投资，这既可以利用国外优质的人力资本资源和相关技术资源的情报，又可以通过有针对性的技术并购等方式快速地、整体地获

---

① 数据转引自杜群阳等《跨国公司在华 R&D 机构的空间结构研究》，《经济地理》2011 年第 1 期。

得研发团队、关键技术、管理制度、品牌和渠道资源，以技术获取型的对外投资，逆向获取国外的知识资本资源，从而加快技术积累和创新的速度。

（四）有利于企业加强对知识资本要素的认识、管理、组织与学习

知识资本是企业自主创新的重要源泉，知识资本国际转移使得全球知识与技术扩散速度加快，这也加剧了国际市场竞争的激烈程度，新产品的研究与开发地位不断提高，这必然使企业将创新的观念上升到企业战略高度，并重视对知识资本的引进与吸收，知识资本国际转移有利于中国企业在竞争环境中更加认识到知识资本对企业持续竞争优势的重要性，有利于加强企业对知识资本的管理从而提升企业自身的动态核心能力。国际知识资本转移不同于实物资本的转移，特别是知识资本中有一部分是以不可编码的默会知识存在，其转移效率的影响因素多，传统的转移渠道难以取得较好的转移效果，这使得转移方与被转移方之间需要加强知识资本国际转移的管理与对接，在这一过程中增强了企业对知识资本的学习、组织与管理。跨国公司的知识资本国际转移，使得跨国公司加大了在我国的研发投资，为我国的创新组织提供了大量近距离学习跨国公司进行全球研发管理和知识创新经验及方法的机会。

三　知识资本国际转移对中国自主技术创新的消极影响

（一）加剧对高端人才的争夺，推高本土企业工资成本

随着我国经济发展水平的提升，知识资本丰裕度不断提高，中国拥有了大量高质量而低廉的人力资本，再加上中国广阔的市场空间，跨国公司不断加大对中国的知识资本转移力度，特别是在知识资本密集度高的研发投资领域越来越看重中国高端人才，发达国家的跨国公司为争夺高端要素，他们凭借其优厚的薪金与福利待遇、成熟的管理制度以及人才培训、晋升发展机遇等方面优势吸引了国内大量高端人才，甚至一些国有企业、科研院所、优秀海外留学归国人员中的科研骨干也被跨国公司高薪引进。据众达扑信 2011 年调查，欧美等发达国家的在华投资企业中的工资水平最高，日韩国家在华的外商投资企业薪金待遇次之。杜德斌（2009）调查发现，跨国公司在华开出的工资水平明显远高出国内国有企业、科研机构以及民营企业的工资待遇，例如在 IT 行业中，微软（中国）研发集团研究人员的起始工资是国内联想公司的 3—4 倍，英特尔研发中心新引进的员工每月工资至少在 8000 元，一年之后经考核合格后其工资水平每月

可达到平均2万元左右。这样的工薪福利待遇给国内企业在人才引进上造成了巨大压力，为了吸引和留住高端人才，国内企业也不得不紧跟外资企业的步伐不断提高工资待遇，从而推高了本土企业的创新成本。

（二）形成对国外知识技术的依赖，造成产业发展的技术锁定效应

跨国公司生产和经营国际化为主要推动力的经济全球化浪潮使国际产业转移发生了深刻变化，国际产业转移主要由物质资本转移逐渐形成对知识资本的全球转移与获取，表现为R&D跨国投资的技术能力转移增加。尽管R&D国际化直接推动着知识资本的全球转移与配置的速度加快，但跨国公司进行知识资本国际转移的实质是在全球范围内配置和获取知识资本资源以维持其垄断地位。发达国家为了达到长期占领国际和发展中国家市场，在高技术产业的转移往往都是处于加工装备阶段的标准化技术知识，在研发领域的投资形式多倾向于以独资的形式保持其专有技术和知识的垄断性，特别是在部分外资企业比较集中的省市，在大中型高新技术产业中外资企业的研发活动成为企业研发主导力量，根据《中国高技术产业统计年鉴》（2014）的统计数据计算，天津、上海、江苏、福建四省市大中型外资企业R&D经费内部支出占大中型企业R&D经费内部支出的比例分别为50.86%、48.70%、37.58%、44.85%。同时，跨国公司为了削弱东道国的技术研发能力来维护其市场地位，常常利用自身技术和管理优势并购东道国潜在竞争对手，导致被收购企业的科技研发创新活动被纳入到其管理与控制之下，进而削弱所在地区的本土研发能力，使得发展中国家在关键技术领域过分依赖外国。另外，在价值链分工体系下，跨国公司只是对价值链上某个环节的知识和技术进行转移，从短期看，跨国公司知识资本转移对提升我国的技术水平效果较明显，但从长期来看，在与跨国公司的分工与合作中，本土企业只是从事某一环节的生产与研发容易被锁定在价值链的低端，只能是被动地接受跨国公司的知识资本转移，对复杂技术和知识的整合能力很难提高和突破，从而丧失自主创新能力。

（三）面临人力资本、技术资本等知识资本资源的逆向外溢风险

对跨国公司来说，在全球市场竞争中要保持其优势地位更重要的是其无法被其他企业模仿的核心能力，而核心能力的提升依赖于其在全球跨国知识资本的投资与整合能力，知识资本的合理配置与利用有利于跨国企业获得丰厚的利润，从而使跨国企业能够在全球激烈的竞争中保持国际竞争优势。跨国公司加大对华的知识资本转移，在华以研发投资形式转移的知

识资本也呈增长的态势，对我国会产生知识资本溢出效应，同时对我国将产生对外资的逆向知识资本要素的溢出风险。跨国公司在华以先进的管理理念和高薪吸引了国内大量的高层次研发人才和高级技术人才，特别是一些在华的研发投资机构通过高薪的办法从国内企业、科研院所、高等学校中招聘科技人才，一方面获得了我国优质的人力资本资源，另一方面又可能获取我国科技人才所积累的技术经验和重要成果。此外，跨国公司还将非核心的生产与服务部分以服务外包的形式转移到我国，充分利用我国廉价而优质的人力资本资源。跨国公司在华进行知识资本转移与配置的过程中，还可能利用其在资金、管理、市场运作等方面的优势，以合资或科技合作等方式参与到一些科技企业和创新项目的运营与管理中，并伺机兼并与收购这些企业和项目，达到对科技成果所有权和经营权的控制与垄断，从而造成这些成果所蕴含的知识资本被其转移回母公司进行分享与整合。

第二节 知识资本国际转移对中国自主技术创新影响的定量分析

内生经济增长理论认为，技术创新是经济长期持续稳定增长最根本的动力，R&D 等知识资本要素的投入是推动经济增长的关键因素。近年来，随着我国研发投入的不断增加和人力资本的不断提升，科研实力逐渐增强，自主创新水平得到较大幅度提升。在开放经济条件下，一国自主创新能力的提升是国内知识资本的积累与国外知识资本溢出两个内外因共同作用的结果，其中内因主要体现在：一是 R&D 研发资本投入得到大幅的增加；二是人力资本水平得到明显的提升；三是创新软硬件环境得到较大的改善。外因主要体现在：一是外商直接投资所引致的国际知识资本通过示范效应、竞争效应、人力资本效应以及产业关联效应等影响一国的自主创新能力；二是通过进出口贸易渠道，一些新技术和先进设计理念以及蕴含在高新技术产品中的知识资本要素涌入国内，在"干中学"中使得本土的自主创新能力得到提升；三是国际人才的流动所带来的国际知识资本通过人力资本效应、物质资本效应、竞争示范效应以及网络集聚效应对一国产生技术外溢，从而对一国的自主创新产生影响。本章将重点对外因作用下的知识资本国际转移对中国自主技术创新影响进行实证分析，以分析不同渠道的知识资本国际转移对我国自主技术创新的贡献大小及区域差异,这将有利于厘清我国自主创新能力积累的主要途径是什么。

一 基本模型的建立

关于区域创新实证分析的经典工具模型是由格瑞利克斯(1979)提出的知识生产函数(Knowledge Production Function, KPF),其基本假设将创新过程的产出看作研发投入的函数,这一分析框架提出之后,经贾菲(Jaffe, 1986)、安塞林(1997)等的修补与发展,知识生产函数被广泛应用于区域创新的经验分析,成为目前理论界分析知识生产和技术创新及其决定因素的主流理论框架。在开放经济条件下,一国自主创新水平受到国内知识水平的积累与国际知识资本溢出共同作用的影响,因此本部分将继承格瑞利克斯—贾菲(Griliches - Jaffe)知识生产函数这一理论框架,将国内知识资本和国外转移的国际知识资本一并纳入同一理论模型中,将考虑了知识资本国际转移、国内研发资本、人力资本变量在内的区域创新生产函数的理论模型改进为如下柯布—道格拉斯形式:

$$Q_{it} = A_{it} K_{it}^{\alpha} L_{it}^{\beta} e^{\varepsilon_{it}} = A_{it} (K_d^{\phi} K_f^{1-\phi})^{\alpha} L_{it}^{\beta} e^{\varepsilon_{it}} \tag{7-1}$$

其中,Q 代表自主创新产出,A_{it} 代表技术水平,K 代表为知识资本投入,K_d 代表国内知识资本,K_f 代表包括国外技术引进资本以及通过贸易渠道、FDI 渠道、ODI 渠道和海归人才回流所转移的国外知识资本,L 代表从事科研的人数,下标 i 代表地区,t 代表时间,ε_{it} 代表误差项。若将从国外转移的知识资本累计效应进一步拓展,则可将 K_f 表示为如下形式:

$$K_f = K_{fm}^{\alpha_1} K_{ff}^{\alpha_2} K_{fo}^{\alpha_3} K_{fg}^{\alpha_4} K_{ti}^{\alpha_5} \tag{7-2}$$

其中,K_{fm}、K_{ff}、K_{fo}、K_{fg}、K_{ti} 分别表示贸易渠道、FDI 渠道、ODI 渠道、海归人才回流渠道以及国外技术引进所获得的国外知识资本溢出存量,α_1、α_2、α_3、α_4、α_5 则分别表示其在国外知识资本转移溢出上的权重。

结合式(7-1)及式(7-2),包含国内外知识资本在内的创新知识生产函数可以拓展为如下形式:

$$Q_{it} = A_{it} K_d^{\alpha\phi} (K_{fm}^{\alpha_1} K_{ff}^{\alpha_2} K_{fo}^{\alpha_3} K_{fg}^{\alpha_4} K_{ti}^{\alpha_5})^{1-\phi\alpha} L_{it}^{\beta} e^{\varepsilon_{it}} \tag{7-3}$$

对该方程取自然对数,可以将方程转化成如下线性形式:

$$\begin{aligned}\ln(Q)_{it} = &\beta_0 + \beta_1 \ln(A)_{it} + \beta_2 \ln(K_d)_{it} + \beta_3 \ln(K_{fm})_{it} \\ &+ \beta_4 \ln(K_{ff})_{it} + \beta_5 \ln(K_{fo})_{it} + \beta_6 \ln(K_{fg})_{it} \\ &+ \beta_7 \ln(K_{ti}) + \beta_8 \ln(L_{it}) + \varepsilon_{it}\end{aligned} \tag{7-4}$$

其中,β_0 和 ε_{it} 分别表示常数项和误差项,β_1、β_2、β_3、β_4、β_5、β_6、

β_7、β_8 分别表示各个自变量的回归系数，ln 表示对数符号。

由于一阶差分法可以减少变量的内生性（Griliches，1986），尽管一阶差分会损失最早样本年份的数据，但为保证各变量的平稳性、消除变量内生性、多重共线性和降低模型的异方差性，以及避免被解释变量和解释变量之间出现非线性关系，再将上述式（7-4）两边同时进行一阶差分，这样就相当于以变量的增长率（$\Delta \ln X \approx \frac{\Delta X}{X}$）作回归分析。因此这样进行对数差分形式的回归处理方法，依然可以保证其系数为增长率的经济学含义。假定 A 历时不变，则其一阶差分后的结果为零，因而，可将式（7-4）表述为如下线性经济计量模型：

$$\Delta \ln(Q)_{it} = \gamma_0 + \gamma_1 \Delta \ln(K_d)_{it} + \gamma_2 \Delta \ln(K_{fm})_{it} + \gamma_3 \Delta \ln(K_{ff})_{it}$$
$$+ \gamma_4 \Delta \ln(K_{fo})_{it} + \gamma_5 \Delta \ln(K_{fg})_{it}$$
$$+ \gamma_6 \Delta \ln(K_{ti})_{it} + \gamma_7 \Delta \ln(L_{it}) + \varepsilon_{it} \qquad (7-5)$$

二　变量设定及数据来源与处理

（一）变量含义

1. 自主创新产出（Q）

关于创新能力产出评价并没有直接的测度指标，理论界往往用新产品销售收入和专利申请量或授权两项指标来代替和体现创新能力的产出（Hu and Jefferson，2001；冼国明和严兵，2005；魏守华等，2010；刘小鲁，2011），本书借鉴刘小鲁（2011）的研究观点，认为新产品销售收入所包含的创新成果部分只能体现企业的"产品创新"活动，无法衡量"过程创新"，新产品销售收入并不适合作为自主创新的产出指标，另外由于考虑到专利授权与申请存在一定的时滞。因此，以各地区三种专利申请受理数量来衡量自主技术创新水平。

2. 国内知识资本存量（K_d）

技术创新能力的提升是技术知识水平长期积累的过程，而现在和过去的研发费用对技术知识水平的积累起着重要的作用，研发经费投入存量也是企业技术进步的重要参考指标，因此 R&D 经费投入是影响自主创新的决定性因素。本书以 R&D 支出存量来代替国内知识资本存量。

3. 国外转移知识资本（K_f）

随着对国际技术扩散研究的深入，国内外学者认为，通过进出口贸易、外商直接投资、对外直接投资、国际人力资本流动、国际技术引进等渠道所引致的国外知识资本溢出效应对一国的技术进步和经济增长能产生重要影响，因此，本书选取在我国的外商直接投资、进出口贸易、我国对外投资以及中国海外留学生人数较集中的国别为对象，计量其对我国的知识资本国际转移存量，并分别以 K_{fm}、K_{ff}、K_{fo}、K_{fg}、K_{ti} 来表示。

4. 研发人力资本投入（L）

新知识的产出和创造是由研发人员的投入和现有知识存量来决定的，罗默（1990）认为，新知识对知识存量的比率依赖研发人员的数量，得出在稳定状态的知识存量增长率与研究人员数量呈正相关。因此，科技人力资本的投入对自主创新能力的提升是一个重要的投入要素。R&D 人员全时当量是国际上通用的、用于比较科技人力投入的指标，本书以 R&D 活动人员折合全时当量（人年）来代替对科技人力资本的投入。

表 7−1　　　　　　　　变量说明及指标含义

变量符号	变量含义	代理指标与数据
Q	自主创新产出	三种专利申请受理数
K_d	国内知识资本存量	采用永续盘存法计量的 R&D 支出存量
K_{fm}	贸易渠道的国外知识资本转移	进口贸易渠道获得的主要贸易伙伴国的知识资本外溢存量
K_{ff}	外商直接投资渠道的国外知识资本转移	FDI 渠道获得的主要投资来源国的知识资本外溢存量
K_{fo}	对外直接投资渠道的国外知识资本转移	ODI 渠道获得的主要投资去向国的知识资本外溢存量
K_{fg}	国际人力资本流动渠道的国外知识资本转移	海归人才回流渠道获得的主要留学国的知识资本外溢存量
K_{ti}	国外技术引进的国外知识资本	永续盘存法计量的国外技术引进经费支出存量
L	研发人力资本投入	R&D 活动人员折合全时当量（人年）

（二）数据来源与处理

1. 数据来源

为了对各渠道转移的国际知识资本对中国自主技术创新的影响进行计量分析，考虑 2000 年后才有分省 R&D 完整统计数据以及 2003 年后才有对外直接投资的统计数据，本章的实证数据选择 2003—2012 年除西藏外的中国 30 个省、直辖市和自治区的面板数据为分析样本。R&D 支出、

R&D 人员全时当量、国外技术引进指标数据来源于《中国科技统计年鉴》(2004—2013),计算存量时所需的消费者价格指数、固定资产价格指数来源于《中国统计年鉴》(2001—2013)及各省市统计年鉴(2013版),《中国对外直接投资统计公报》(2003—2012),国外的相关数据来源于《国际统计年鉴》、联合国教科文组织数据库、世界银行、OECD 数据库以及 EPS 统计数据库,由于联合国教科文组织数据库中没有统计中国赴新加坡留学人数,这一数据根据中国留学网、教育部留学中心网站收集相关数据估算而得。

2. 数据处理

为了实证分析的需要,保持变量数据单位的统一性和可比性,实证分析时将进口额、FDI、ODI 的美元值先用当年人民币兑美元汇率的年平均值将其转换为人民币表示的金额,然后用 GDP 平减指数将其转换为以 2003 年为基期的不变价格的金额。根据第三章的全球知识资本存量分布的结果可知,知识资本丰裕度较高的国家主要集中在 OECD 和部分新兴发达经济体中,综合考虑在我国的外商直接投资、进出口贸易、我国对外投资以及中国海外留学生人数较集中的国别情况,选择美国、日本、英国、德国、法国、加拿大、澳大利亚、意大利、韩国、新加坡、中国香港 11 个国家和地区作为实证研究分析的样本,来计量通过贸易、投资和人力资本跨国流动渠道转移的国外知识资本存量。

由于创新能力的提升是各项技术活动支出长期累计作用的结果,因此进行计量分析时需要使用各投入变量的存量,对于研发资本存量的估计目前通常使用的方法是采用永续盘存法来近似估算,对于永续盘存法的计算公式表达如下:$(K_d)_{it} = (k_d)_{it} + (1-\delta) \times (K_d)_{it-1}$,对于基期知识资本存量的计算借鉴格瑞利克斯和帕克斯(1980)的方法来处理,即 $K_d = k_d/(g+\delta)$,其中,k_d 为基期年份的知识资本投入,g 为知识资本投入增长率的平均数(按 R&D 投入增长的平均数来代替),δ 为知识资本存量的年折旧率,沿用科恩和赫尔普曼(1995)对研发资本的折旧率结果及国际通用做法,δ 取值为 5%,国内学者吴延兵(2008)利用这一方法估算过我国 R&D 支出初始存量和国外技术引进支出初始存量大致相当于初始当期支出的 5.25 倍,借鉴这一处理方法可计算得到国内知识资本存量、国外技术引进支出存量和国外对华主要的知识资本转移国的知识资本存量,再参照在第五章第二节中所介绍的利希滕伯格和波特尔斯伯格(1996)建立的研发知识资本国际溢出模型（LP模型），在此基础上再用历年各省（市、区）进口、FDI、ODI、海归人才占当年全国的比重作为权重，估算出各省（市、区）各渠道获得的国外知识资本存量，以进口贸易渠道的国外知识资本转移为例，各省（市、区）贸易渠道获得的国外知识资本存量 K_{fm} 可用式（7-6）估算：

$$(K_{fm})_{it} = \sum_{j=1}^{n} \frac{M_{jt}}{GDP_{jt}} \times R_{jt} \times \frac{M_{it}}{M_t} \qquad (7-6)$$

其中，$(K_{fm})_{it}$ 表示第 t 年通过进口渠道流入的国外研发资本存量，M_{jt} 表示第 t 年中国从 j 国的进口总额，GDP_{jt} 和 R_{jt} 分别表示第 t 年 j 国的国内生产总值和研发知识资本存量，M_{it} 表示第 t 年 i 省（市、区）的进口额，M_t 表示第 t 年中国进口总额，对于外商直接投资（FDI）、对外直接投资（ODI）渠道的国际知识资本转移的溢出存量则用同样的计算方法进行估算，而对于以海归人才回流渠道国际知识资本转移的溢出存量，则借鉴国内学者张勇等（2009）、李平等（2011）、仇怡等（2015）的处理办法，构建各省（市、区）的海归人才回流综合指数作为权重（见第五章第三节），并按如下公式估计：

$$(K_{fg})_{it} = \sum_{j=1}^{n} (Stu_{jt}/GJ_{jt}) \times S_{jt}^d \times index_{it}$$

其中，Stu_{jt} 表示在第 t 年从 j 国学成回国的留学生人数，这一指标用中国流入该国的学生数与当年留学生回流的比重相乘估算而得，GJ_{jt} 表示 j 国在第 t 年的高校在校生人数，S_{jt}^d 为 j 国在第 t 年的国内知识资本存量。

三 实证检验与结果分析

（一）面板数据的平稳性检验

为了保证估计结果的有效性和有效防止伪回归，通常需要以样本数据的平稳性为前提才能进行时间序列的回归分析，利用 Eviews6.0 软件工具分别使用 LLC（commmom root – Levin, Lin, Chu 检验）、IPS、F ADF（Individual root – Fisher – ADF 检验）、F PP（Individual root – Fisher – PP 检验）、Hadri 五种单位根检验法对面板数据序列的平稳性进行检验，检验结果如表 7-2 所示。从这五种检验结果看，各变量对数的一阶差分值是水平平稳的，且都通过 10% 以内的显著性水平的检验，这就有效防止了模型回归分析时出现的伪回归问题。

表7-2　　　　　　　　　面板数据的平稳性检验结果

因变量	LLC	IPS	FADF	FPP	Hadri	检验类型
$\Delta\ln(Q)$	-17.63* (0.00)	-7.03* (0.00)	170.34* (0.00)	198.08* (0.00)	5.76* (0.00)	含截距项
	-36.46* (0.00)	-5.85* (0.00)	166.57* (0.00)	221.88* (0.00)	18.99* (0.00)	含截距项和趋势项
$\Delta\ln(K_d)$	-9.073* (0.00)	-4.700* (0.0004)	129.101* (0.00)	165.973* (0.00)	6.505* (0.00)	含截距项
	-14.52* (0.00)	-3.357* (0.0004)	149.057* (0.00)	197.647* (0.00)	28.352* (0.00)	含截距项和趋势项
$\Delta\ln(K_{fm})$	-15.565* (0.00)	-6.966* (0.00)	172.634* (0.00)	229.915* (0.00)	7.384* (0.00)	含截距项
	-12.475* (0.00)	-1.512*** (0.0673)	107.568* (0.0002)	268.198* (0.00)	38.734* (0.00)	含截距项和趋势项
$\Delta\ln(K_{ff})$	-23.549* (0.00)	-9.422* (0.00)	200.968* (0.00)	224.113* (0.00)	2.170** (0.015)	含截距项
	-28.464* (0.00)	-5.224* (0.00)	190.332* (0.00)	212.247* (0.00)	10.922* (0.00)	含截距项和趋势项
$\Delta\ln(K_{fo})$	-18.695* (0.00)	-9.033* (0.00)	212.930* (0.00)	335.841* (0.00)	9.733* (0.00)	含截距项
	-29.020* (0.00)	-3.688* (0.0001)	150.376* (0.00)	228.532* (0.00)	45.116* (0.00)	含截距项和趋势项
$\Delta\ln(K_{fg})$	-22.431* (0.00)	-9.210* (0.00)	213.328* (0.00)	139.055* (0.00)	2.626* (0.0043)	含截距项
	-20.419* (0.00)	-2.225* (0.0130)	122.900* (0.00)	82.220*8 (0.0300)	21.189* (0.00)	含截距项和趋势项
$\Delta\ln(K_{ti})$	-15.061* (0.00)	-6.627* (0.00)	161.698* (0.00)	173.509* (0.00)	4.278* (0.0023)	含截距项
	-14.631* (0.00)	-2.365* (0.009)	125.984* (0.00)	182.619** (0.00)	13.261* (0.00)	含截距项和趋势项
$\Delta\ln(L)$	-17.287* (0.00)	-8.815* (0.00)	204.939* (0.00)	263.858* (0.00)	2.542* (0.0055)	含截距项
	-14.321* (0.00)	-3.047* (0.0012)	143.012* (0.00)	284.439* (0.00)	25.298* (0.00)	含截距项和趋势项

注：(1) 未加括号的数字代表各变量一阶差分单位根检验的t统计值，括号中的数字代表检验伴随概率P值的大小，*、**、***分别代表1%、5%、10%的显著水平。

(二) 全国样本面板分析结果

为了对比区分进口贸易、外商直接投资、对外直接投资、海归人才回流以及国外技术引进等不同渠道的国际知识资本转移对中国自主技术创新的影响效应，以国内三种专利申请数为被解释变量，在国内知识资本的基础上，依次加入以进口贸易、外商直接投资、对外直接投资、海归人才回流、国外技术引进渠道溢出的国际知识资本为解释变量，在对数据的平稳性进行检验后，利用 Eviews 6.0 软件工具对全国样本进行面板数据回归检验分析，并根据 Hausman 检验结果判断确定采用固定效应还是随机效应的估计结果，实证检验结果如表 7-3 所示。

表 7-3　国际知识资本对中国自主技术创新能力影响的面板回归结果

解释变量	全国样本回归方程					
	方程1	方程2	方程3	方程4	方程5	方程6
C	0.2109*	0.2536*	0.2075*	0.2209*	0.2526*	0.1970*
	(6.0227)	(6.7904)	(5.1284)	(5.0140)	(6.7882)	(3.6875)
$\Delta\ln(K_d)$	0.6425***	0.2537***	0.2266***	0.2165***	0.2104***	0.2172***
	(1.9389)	(1.8535)	(1.9473)	(1.9516)	(1.8407)	(1.9841)
$\Delta\ln(L)$	0.1802***	0.1777	0.1462	0.1759	0.1783	0.1490
	(1.8135)	(0.7848)	(1.1094)	(0.7665)	(0.7877)	(0.4793)
$\Delta\ln(K_{fm})$		0.0722*	0.0741*	0.1006*	0.07214*	0.0730***
		(2.6881)	(2.7883)	(3.0407)	(2.6811)	(1.9309)
$\Delta\ln(K_{ff})$		0.0642***	0.0746*	0.0554***	0.0640***	0.0946*
		(1.7370)	(2.0388)	(1.7816)	(1.7290)	(2.7596)
$\Delta\ln(K_{fo})$			-0.0179*			-0.0166
			(-3.0243)			(1.5848)
$\Delta\ln(K_{fg})$				0.0939***		0.0619***
				(1.4613)		(1.9304)
$\Delta\ln(K_{ti})$					0.0033	0.0032
					(0.8136)	(0.0722)
调整后 R^2	0.8623	0.8238	0.8384	0.8821	0.8125	0.8032
F 统计量	154.5322	137.8076	151.8419	160.8771	128.8993	79.5336
Hausman 检验值（P值）	0.5923 (0.7437)	2.1986 (0.6993)	1.0483 (0.9586)	1.7446 (0.8832)	4.1809 (0.5237)	2.6990 (0.9114)
估计方法	RE	RE	RE	RE	RE	RE
样本观测值	270	270	270	270	270	270

注：(1) 括号中数据为 t 检验值，*、**、*** 表示在 1%、5%、10% 水平显著；(2) P 值表示拒绝原假设（随机效应）犯错误的概率，当概率低于 0.1 时采用个体固定效应 (FE)，否则采用个体随机效应 (RE)。

从表7-3中方程1—方程6的计量检验结果来看，回归方程的调整后 R^2 值均在0.8以上，表明模型的拟合度较高，模型设定总体上具有一定的解释能力。从总体的实证检验来看，国内知识资本和国际转移的知识资本对自主技术创新都产生了积极的影响，其中 R&D 研发资本的支出存量对自主技术创新能力积累的效应最大；其次为 FDI 渠道的国际知识资本转移的溢出；然后是进口贸易渠道的国际知识资本转移的溢出，再次为海归人才回流渠道的国际知识资本溢出。国外技术引进所获得的国际知识资本对中国自主技术创新能力的影响系数为正，但系数值较小且不显著，这表明国外引进技术资本在一定程度上提高了中国企业对知识资本的配置能力、创新效率和创新管理能力，只是当前对自主创新能力积累效应不够明显，这可能与我国的国外技术引进规模相对较小、吸收能力有限有关。而对外直接投资渠道的国际知识资本对中国自主技术创新能力的影响系数为负，这表明我国对外直接投资所逆向获取的国外知识资本对自主技术创新的积极影响不明显，这可能是由于我国对外直接投资主要是进行生产能力的转移，而基于 R&D 的对外直接投资规模小、起步晚和经验不足等原因所致。需要注意的是，加入国际知识资本变量后，以 R&D 人员全时当量表示的科研人员投入变量的系数估计值不再显著，这表明在开放经济条件下 R&D 人员的效率需要提高。

以上的估计结果表明，尽管国际知识资本对我国的自主技术创新能力的提升起到了正的效应，但自主研发资本存量的投入依然是我国自主创新能力提升的最主要途径。根据方程6的估计结果，R&D 研发资本存量的弹性系数为0.2172，远超过 FDI、进口贸易、海归人才回流渠道的国际知识资本转移存量的弹性系数值，这一方面表明了要重视国外知识资本转移对国内自主创新的积极效应，另一方面也说明了 R&D 研发知识资本投入是我国积累创新能力最直接的途径。另外，尽管 FDI 和进口贸易渠道均大于海归人才回流渠道的国际知识资本转移对中国自主技术创新的影响效果，但海归人才回流所引致的国际知识资本外溢已经显现，成为中国获取国际先进知识资本的重要渠道，海归人才将成为中国技术创新与发展的强劲动力，因此应继续加大对人才国际化培养的发展战略，加大对海外高层次人才的引进力度以吸引更多的海归人才回流。

(三) 地区差异的面板分析结果

由于我国地域辽阔造成的区位优势和资源禀赋的差异，各地区的经济发展水平和技术创新能力存在较大的差异,各地区自身的知识资本要素投入和国外知识资本转移的区位选择必然会有较大差异,因而国内和国外知识资本对其创新能力的影响也就可能存在不同的特征,为了能较清晰地分析国外知识资本对各地区创新能力影响的差异,本章将分析样本进一步按七大区域①的地域框架细分成七个子样本,这区别于传统的按东部、中部和西部三大区域的实证经验分析,这将有利于能更清晰地区分不同地缘和经济发展水平条件下国际知识资本对自主技术创新的影响。通过使用Eviews 6.0软件对七大区域面板数据的分析,得到七大区域所有模型都应采用个体固定效应的OLS方法进行估计,回归结果如表7-4所示。

表7-4　　国际知识资本对七大区域自主创新影响的面板回归结果对比分析

解释变量	东部 环渤海	东部 长三角	东部 华南	东北	中部	西部 西南	西部 西北
C	0.4648* (3.0845)	0.1987 (0.6018)	0.2290** (2.8383)	0.3282** (2.2598)	0.2711** (2.5745)	0.1093 (1.5344)	0.2628* (3.2283)
$\Delta\ln(K_d)$	0.3561** (2.1103)	0.4232** (2.2026)	0.3407** (1.8665)	0.2683** (2.1882)	0.1958*** (1.9624)	0.3892** (2.1770)	-0.3749 (-0.8434)
$\Delta\ln(L)$	0.3390 (1.5177)	0.2998 (0.7365)	0.0423 (0.3982)	0.4871 (0.8454)	0.0635 (0.2976)	-0.4908** (-2.5750)	0.2736 (1.5974)
$\Delta\ln(K_{fm})$	0.0996*** (1.8157)	0.0967*** (1.9671)	0.06381 (1.1657)	0.0867*** (1.7690)	-0.0532 (-0.6086)	-0.2371* (-3.1724)	-0.1510* (-2.8288)
$\Delta\ln(K_{ff})$	0.07829*** (1.8106)	0.1782*** (1.7223)	0.2360* (2.9213)	-0.1215 (-1.0331)	0.2145*** (1.8769)	0.1608* (3.3992)	-0.1294* (-3.1440)
$\Delta\ln(K_{fo})$	-0.0045 (-0.0327)	0.0287 (1.0699)	-0.0143 (-1.1689)	-0.0227 (-1.0240)	0.0134*** (1.6918)	0.0287* (2.7450)	0.0218** (2.2305)
$\Delta\ln(K_{fg})$	0.0432** (2.1935)	0.0548** (2.2268)	0.0416** (2.7285)	0.2748 (1.1528)	0.0153*** (1.8354)	-0.1065 (-0.7980)	-0.0463 (-0.4440)

---

① 七大区域:①环渤海地区(包括北京、天津、河北、山东四省市);②长三角地区(包括上海、江苏、浙江三省市);③华南地区(包括广东、福建、海南三省);④东北地区(包括辽宁、吉林、黑龙江三省);⑤中部地区(包括山西、河南、湖北、湖南、安徽、江西六省);⑥西南地区(包括四川、重庆、云南、贵州、广西五省市区);⑦西北地区(包括甘肃、青海、宁夏、新疆、陕西、内蒙古六省区)。

续表

解释变量	东部			东北	中部	西部	
	环渤海	长三角	华南			西南	西北
$\Delta\ln(K_{ti})$	-0.0112	0.069***	-0.0835*	-0.03246	0.0314	0.1440*	0.0674
	(-0.0482)	(1.7647)	(-4.3225)	(0.1182)	(0.4508)	(5.3280)	(1.3129)
R^2	0.9432	0.9218	0.8328	0.8422	0.9472	0.7194	0.5902
调整后 R^2	0.9321	0.9026	0.8001	0.8041	0.9342	0.6259	0.4701
F	73.0216	50.2356	22.3052	22.3089	73.0324	7.6921	4.9198

注：括号内数据为 t 统计值，*、**、***分别表示在1%、5%、10%水平显著。

从表中的实证检验结果来看，各区域回归方程的调整后 R^2 除西部地区外均在 0.8 以上，说明模型的设立总体上具有较好的解释力。

（1）国内研发知识资本对各区域（除西北地区外）技术创新的积极影响最大，且都通过了10%以内的显著性水平检验，这表明各区域的技术创新能力的提升主要还是得依靠自主研发的投入，其中在经济发展水平较好的环渤海、长三角和华南三个区域的影响系数比较大，其中在长三角的国内研发知识资本对技术创新的影响系数最大。

（2）以 R&D 人员全时当量表示的科研人员投入变量系数估计值虽然均为正，但尚未通过10%以内的显著性水平检验，这表明了科研人力资本投入对技术创新能力的提升具有积极的作用，但目前我国科研人力资本的效率没有得到充分的发挥，或是由于科研人力资本投入存量较低，导致对国外知识资本溢出的吸收能力不足，进而对技术创新的影响不明显。

（3）进口贸易渠道的国际知识资本转移对环渤海、长三角、东北三地区的技术创新能力提升的影响系数为正，且均通过10%以内的显著性水平检验，华南地区的系数虽然也为正，但系数不显著，而在中部、西南、西北三地区这一系数为负，这表明中西部地区一方面的贸易开放度明显低于东部地区，另一方面表明该区域通过进口的"学习效应"和"吸收效应"有待提高。

（4）FDI 渠道的国际知识资本转移对环渤海、长三角、华南、中部及西南地区的技术创新能力提升的影响系数为正，而对东北和西北两地区的系数为负，这可能是由于外商投资的区位选择造成的，环渤海、长三角、华南、中部及西南的地理区位优势和经济开放度更明显，成为外商主要的投资集中地。

（5）对外直接投资（ODI）渠道的国际知识资本逆向转移对技术创新能力的提升影响系数在环渤海、华南、东北三地区为负，长三角地区系数虽然为正，但不显著，表明这些地区虽然是我国对外直接投资的主力军，但由于我国企业在实施"走出去"战略的行业选择和区位分布使得知识资本逆向转移的能力有限，而在中部、西南、西北地区这一系数虽然为正，且通过了显著性水平检验，但该系数总体比较小，因而对全国总体而言对外直接投资渠道的国际知识资本转移对技术创新能力提升的影响就不显著了。

（6）以海归人才回流的国际知识资本转移的技术创新效应也存在明显地区差异，环渤海、长三角、华南、中部四地区的海归人才回流对技术创新具有明显的促进作用，其中在长三角的技术创新效应最大、环渤海地区次之，华南地区排第三，中部地区则排名第四，东北地区虽然技术创新效应系数为正，但不显著，而西南、西北两地区这一系数为负，这主要是由于中国海外学成回国人员不管是回国自主创业还是就业对经济发达、开放度高、基础设施都比较完善的北京、上海、广东、天津、江苏等省市比较青睐，这些地方成为海归人才的主要集聚地。

（7）以国外技术引进的国际知识资本转移的技术创新效应只有长三角和西南地区系数为正，且通过 10% 以内的显著性水平检验，而华南地区的系数则显著为负，其中部和西北地区虽然系数为正，但不显著，这一检验结果表明国外技术引进的国际知识资本对技术创新效应的影响不明显，而长三角地区由于具有较强的吸收和学习能力以及大量在华 R&D 研发结构集聚，国外技术引进依然是长三角地区技术创新能力提升的重要渠道，西南地区则可能是由于与国外技术水平差异较大，企业通过提高企业创新管理能力，使其拥有了技术引进更广阔的学习空间。

四 主要结论

本部分通过运用中国 2003—2012 年 30 个省（市、区）的面板数据，研究了国内研发知识资本、科研人力资本以及通过贸易、外商直接投资、对外直接投资、海归人才回流、国外技术引进等相关渠道转移到中国国际知识资本存量对中国技术创新的影响效应，并分七大区域对国内外知识资本存量的技术创新效应进行了对比分析。其主要研究结论如下：

(一) 国内 R&D 研发知识资本投入是当前中国技术创新最主要的途径

从上述的回归结果可以看出，无论是全国样本还是分区域的样本，R&D 研发知识资本存量对技术创新影响效应的弹性系数均为最大的，且经济发展程度较高地区的弹性系数更大，增加对 R&D 研发知识资本的投入将有利于促进我国的自主技术创新能力较快地提升。近年来，我国的 R&D 投入强度虽然不断提高，但与美国、日本、韩国等发达国家之间的投入强度和管理水平还存在加大的差距，因此，还需要继续加大对技术创新的资金投入强度和管理水平，为自主技术创新提供更加完善的软环境和硬环境。

(二) 不同渠道的知识资本国际转移对技术创新影响效应差异明显

综合贸易、外商直接投资、对外直接投资、海归人才回流、国外技术引进等相关渠道转移到中国的国际知识资本存量对中国技术创新的影响效应系数来看，其对中国技术创新影响贡献的大小如下：外商直接投资（FDI）渠道＞贸易（进口贸易）渠道＞海归人才回流渠道＞国际技术引进＞对外直接投资（ODI）渠道，但国际技术引进和对外直接投资渠道的国际知识资本对技术创新的影响效应还不明显。因此，要重视 FDI 不仅为我国带来物质资本效应，还能提供较好的知识资本溢出效应，需进一步重视 FDI 流入数量和质量；要不断加强关注进口产品的技术含量，鼓励进口技术含量高的进口产品以引入新的创新理念来激发国内的创新水平；同时随着海归人才回流的不断增加，海归人才渠道的国际知识资本转移成为国际技术外溢的重要渠道，他们还将成为中国进行自主技术创新的生力军，但目前海归人才回流所引致的国际知识资本对技术创新影响效应的作用还较小，还有很大的提升空间，需进一步加大对海外留学高、中端人才的引进力度以及人才引进的政策协调。

(三) 国际知识资本对中国技术创新影响的区域差异明显

国际知识资本对中国技术创新影响效应的贡献大小存在明显的区域差异特征：

(1) 在进口贸易渠道的国际知识资本对技术进步的影响上，国际知识资本对环渤海、长三角、东北三地区的影响为正，其中对环渤海地区的促进作用最大，长三角地区次之，而在中部、西南和西北地区的影响为负，特别西部的进口贸易所带来的国际知识资本没有发挥对技术创新的促进作用。

（2）FDI 渠道的国际知识资本转移对环渤海、长三角、华南、中部及西南地区的技术创新能力提升的促进作用较明显，按地区贡献大小依次为华南、中部、长三角、西南、环渤海，而西北地区的 FDI 渠道的国际知识资本转移并没有起到促进该地区技术创新的作用。

（3）作为对外直接投资主要区域的长三角、环渤海及华南地区的 ODI 渠道的国际知识资本逆向转移的自主技术创新的作用不明显，而中部、西南、西北地区虽然 ODI 渠道的国际知识资本逆向转移促进了其技术创新，但作用还很微小。

（4）海归人才回流获得的国外知识资本转移对技术创新起促进作用的区域集中在环渤海、长三角、华南和中部地区，其中在长三角的贡献最大，而在西南、西北地区却产生了负效应，因此需要注重区域内海归人才的合理分布。

（5）国外技术引进对技术创新起积极影响的地区只有长三角和西南地区，这表明，对大多数地区来说，国外技术引进并不是促进技术创新的主要渠道，企业促进技术创新的知识资本投入重点应是加强技术改造、研究开发投入以及消化吸收和管理水平的提升。

第八章　主要结论及政策启示

跨国公司在全球范围进行产业转移的过程也是对知识资本进行全球转移、配置与获取的过程，特别是随着全球价值链分工的深入发展，该分工体系内的国际知识资本转移通过不同渠道对发展中国家的技术创新与技术进步产生了重要影响。本书首先通过对全球知识资本的空间分布情况分析，选择了对华知识资本国际转移的主要国家，分析了知识资本国际转移的演进规律及其发展趋势，并分析了不同渠道的知识资本国际转移对中国经济增长、产业结构优化升级、技术创新的影响，由此得到关于知识资本国际转移对中国经济转型发展影响的主要结论，据此提出一些对国际知识资本进行有效利用与管理以促进中国经济转型发展的对策建议。

第一节　主要结论

本书在深入分析知识资本的国际空间分布、知识资本国际转移的演进规律及其转移途径后，探究了从进口贸易、外商直接投资（FDI）、对外直接投资（ODI）、人力资本国际流动（海归人才回流）等渠道的国际知识资本要素溢出对中国经济发展转型中的经济增长、产业升级和技术创新的影响，通过理论与实证分析，得出的主要结论如下。

一　知识资本国际分布与空间差异

由于选取的63个代表性国家（地区）分布于东亚及太平洋、欧洲及中亚、南亚、北美、中东及北非、拉丁美洲及加勒比地区、撒哈拉以南非洲，而且涵盖高、中、低收入国家，既有发达国家、发展中国家还有最不发达国家，可以通过这些样本国家的知识资本情况和变化趋势来大致说明全球知识资本的空间分布格局及其差异。

知识资本丰裕度高的国家主要集中在OECD组织中的发达国家，知识资本的国家分布呈金字塔结构，美国处在塔尖的位置。从知识资本国家排名的情况来看，排在前10位的均为OECD成员国，其中美国、日本、英国、德国一直稳居世界前5位，即使是在前20位的排名中除了中国和新加坡两个国家之外，其余的也均为OECD成员国。此外，以G7为代表的发达国家与以金砖五国为代表的发展中国家间的知识资本差距较大，这一现象表明一国的经济发展水平越发达，其国内知识资本的丰裕度也越高。

尽管全球国家间的知识资本差距总体呈现逐年缩小的趋势，但知识资本的洲际分布极其不均衡，欧洲和北美的知识资本最丰富，东亚部分国家及太平洋地区的国家知识资本较丰富，拉丁美洲及加勒比地区的国家知识资本处于较贫乏状态，而东亚部分国家以及非洲和南亚的绝大部分国家的知识资本则均处于绝对贫乏状态。

中国知识资本累积的增长较快，与知识资本最丰富的美国相比，其知识资本差距系数由2003年的1.47下降至2012年的0.58，与美国的差距缩小了1倍多，从选取的代表性国家中的排名也由2003年的第31位上升至2012年的第11位。综合进出口贸易、对华直接投资、对外直接投资以及中国海外留学的国别分布情况来看，对华知识资本国际转移较多的主要国家和地区为美国、日本、英国、德国、法国、加拿大、澳大利亚、意大利、韩国、新加坡、中国香港11个国家和地区。

二 知识资本国际转移规律

跨国公司在全球范围进行业务扩张的过程，同时也是一个对知识资本进行全球配置与获取的过程，知识资本转移贯穿跨国经营全过程，跨国公司生产和经营的全球化，加速了跨国公司进行产业国际转移的步伐，从而也推动了知识资本在全球范围的配置、转移与管理。按照国际产业转移发展浪潮及其转移内容来分，知识资本国际转移大致分为三个浪潮：第一次知识资本国际转移浪潮（20世纪50—70年代）；第二次知识资本国际转移浪潮（20世纪80年代至90年代中期）和第三次知识资本国际转移浪潮（20世纪90年代中后期以来）。

知识资本国际转移经历了跨国公司通过产品出口将固化在产品中的先进知识进行跨国转移→跨国公司通过许可生产、设备租赁、技术出售、技术与管理咨询等方式实现知识资本的有偿转移→跨国公司通过借助国际战略联盟、跨国并购和建立海外独资子公司等方式在他国直接开展生产经营活动来发现、获取、整合、控制、分配、管理其知识资本资源；知识资本的获取、创造和转移则经历了发达国家跨国公司单向、直线性为主导的输出模式→跨国公司全球机构网络化扩散与共享→发达国家与发展中国家间双向转移；知识资本在全球配置与转移的态度由相对封闭、被动、选择性→开放、主动、多元化→互动、大规模、快步伐→多方位、吸收、整合→全方位、动态、战略合作与创新。

三 知识资本国际转移对中国经济转型发展的影响

基于对经济转型升级概念的梳理，其主要包括经济转型和产业升级两个层次，具体表现为经济得到持续增长、产业结构的优化升级、技术创新能力得以提升三个主要方面，为了检验国际知识资本转移对中国经济转型升级的影响，本书从多渠道、多角度分析了国际知识资本要素溢出对中国经济增长、产业升级和技术创新效应的贡献。

（一）知识资本国际转移对中国经济增长效应的影响

第一，各渠道的国际知识资本对经济增长效应贡献大小存在较大差异。综合其贡献系数来看，外商直接投资（FDI）渠道＞贸易（进口贸易）渠道＞智力回流（海归回流）渠道＞对外直接投资（ODI）渠道。

第二，基于人力资本国际流动（海归人才回流）渠道的国际知识资本转移成为经济增长和技术溢出的重要新途径。以海归人才回流为代表的智力回流对中国经济增长有促进作用，但这一渠道的国际知识资本经济增长效应比较小，仍然存在较大的提升空间。

第三，国际知识资本对各地区经济增长效应存在显著差异。东部地区除对外直接投资渠道的国外知识资本外，其他途径所获取的国际知识资本都对区域经济增长产生了显著的作用，特别是FDI渠道的国际知识资本溢出对东部地区的经济增长效应产生的影响最大；在中部地区外商直接投资和对外直接投资渠道的国际知识资本经济增长效应系数均为负；而在西部地区四个渠道的国际知识资本经济增长效应系数均为负。

第四，对外直接投资渠道的国际知识资本经济增长效应微弱。从对外直接投资渠道的国际知识资本经济增长效应系数看，其对经济增长的作用为负，这表明了我国通过对外直接投资这一途径所获取的海外知识资本比较有限。

（二）知识资本国际转移对产业升级的影响

第一，国际知识资本与产业结构优化升级存在长期协同关系。进口贸易渠道和外商直接投资渠道所获得的国际知识资本与我国的产业结构优化升级变化之间存在着长期的协同关系，国际知识资本的溢出效应对于我国产业结构的高端化和高效化的发展具有积极的正面影响。

第二，FDI对产业优化升级的资本供给效应大于知识资本溢出效应。外商直接投资对我国产业优化升级起到了积极的推动作用，但外商直接投资对产业结构优化与调整的资本供给效应要大于知识资本的溢出效应，应加大对FDI途径的国际知识资本的获取、吸收与整合能力的提升。

第三，技术引进渠道的国际知识资本对高新技术产业升级效果不明显，国外对中国高新技术产业的技术封锁依然存在，本土创新努力与创新能力是高新技术产业升级的基本动力，但高新技术新产品出口渠道的国际知识资本有利于推动高新技术产业升级。

第四，国际知识资本溢出对各区域高新技术产业升级效应差异明显。国际知识资本溢出是环渤海和长三角地区高新技术产业升级的重要因素，特别是在长三角地区以国外技术引进和新产品出口渠道获得的国际知识资本对高新技术产业的升级效应显著，而华南、中部、西南和西部地区国外技术引进渠道的国际知识资本产业升级效应不明显，这些区域以市场空间换国外技术或通过技术引进来实现高技术产业跨越式升级的战略并不可取。

（三）知识资本国际转移对技术创新的影响

第一，国内R&D知识资本投入依然是当前中国技术创新最主要的途径，各渠道的知识资本国际转移对我国技术创新能力积累的贡献大小依次为"外商直接投资（FDI）渠道＞贸易（进口贸易）渠道＞智力回流（海归人才回流）渠道＞国际技术引进＞对外直接投资（ODI）渠道"。

第二，不同渠道的知识资本国际转移对技术创新影响效应贡献大小存在明显区域差别。在进口贸易渠道上，按地区贡献大小依次为环渤海、长三角、东北、华南，而在中部、西南和西北地区的影响为负；在FDI渠道上，按地区贡献大小依次为华南、中部、长三角、西南、环渤海，而西北地区的FDI渠道的国际知识资本转移并没有起到促进该地区技术创新的作用；在ODI渠道上，长三角、环渤海及华南地区虽然是中国对外直接投资的主体区域，但这一渠道的国际知识资本逆向转移对区域的技术创新作用不明显，而中部、西南、西北地区虽然ODI渠道的国际知识资本逆向转移促进了其技术创新，但作用微小；在智力回流（海归人才回流）渠道上，对技术创新起促进作用的区域集中在环渤海、长三角、华南和中部地区，其中长三角的贡献最大，而在西南、西北地区却产生了负效应；在国外技术引进上，对技术创新起积极影响的地区只有长三角和西南地区，这表明对大多数地区来说，国外技术引进并不是促进技术创新的主要渠道。

第二节 政策启示

根据本书研究，为科学、有效地配置知识资本和创新资源，充分发挥国际知识资本对我国的促进作用，得出如下政策启示。

一 充分认识知识资本在一国经济发展与竞争中的重要性

新经济增长理论很好地揭示了知识资本作为经济增长主要源泉的重要性，诸如像知识、专利、创新等知识资本已被认为是一个国家财富和进步最重要的来源。因此，首先要对国家知识资本构成有清晰的理解并注重对其的积累；其次从全球知识资本的分布和差异可以看出，世界知识资本的国家分布呈金字塔形，各国应清醒认识其在金字塔中的位置，利用自身的资源优势，识别自身的弱点，找出与发达国家间的差距；然后要加大与知识资本丰裕度较高国家的交流与合作，充分利用和吸收通过各渠道转移与溢出到国内的国际知识资本。

二 把握价值链分工体系下的知识资本国际转移规律和发展趋势

全球价值链分工体系的扩张推动了知识资本的国际扩散，这些外部知识在企业的创新活动中发挥着越来越重要的作用，并且全球价值链分工体系内的国际知识资本转移通过不同渠道对发展中国家的技术创新与技术进步产生重要影响。当前服务外包与合作的快速发展促进了技能和知识资本的国际流动，并且增加了全球价值链中各个垂直环节的知识资本存量。随着全球价值链国际分工体系的深入发展，使得价值链上分工不同企业间的合作加强，为了保持其在全球价值链的优势和地位跨国公司加大了对优秀合作伙伴的争夺和挖掘，跨国公司与国外企业广泛建立的合作网络推动了知识资本在网络内部的转移，而且跨国公司有意识地向网络成员转移其知识资本要素，从而形成了知识资本要素在国际上的网络化扩散与共享。因此，对于中国这样的发展中国家企业来说，积极融入全球价值链分工体系，通过全球领先企业知识资本转移与知识资源配置来提升自己的能力，有效获取先进企业的知识资本转移,有利于企业实现从价值链低端的攀升,从而带动整个国家或地区的经济发展转型与产业升级。

三 关注不同渠道的知识资本国际转移对经济发展转型升级的贡献和区域差异

各渠道的知识资本国际转移对中国经济发展转型升级影响效应贡献各异,且存在较明显的区域差别特征。从各渠道知识资本国际转移的贡献大小来看,当前仍然有必要继续加大吸引外资的力度,关注进口产品的技术含量、加大对高端技术产品和中间品的进口,重视智力回流的促进作用,审视国外技术引进,调整对外直接投资的区位选择和产业分布、大力推动基于R&D国际化的海外投资以提升对全球知识资本获取、整合和配置的能力。考虑到区域的差异,环渤海、长三角、华南、东北、中部、西南、西北各地区在对接不同渠道的知识资本转移时应充分考虑自身的人力资本结构、生产环境、消费结构、要素禀赋等因素,例如,在实行差异化引资政策上,当跨国公司转移的技术与国内的技术水平存在较大差距时,政府应引导跨国企业优先选择在技术比较先进的环渤海、长三角、华南地区投资,而当两者的技术水平差距较小时,政府则应引导跨国企业尽量投向技术相对落后的中、西部地区;在海外直接投资上,由于我国对外直接投资主要进行生产能力的转移,而基于R&D的对外直接投资规模小、起步晚,因此,在科技创新全球化的新形势下,我们应调整对外直接投资的区位选择和产业分布,大力推动基于R&D国际化的海外投资,尤其应当加大对知识资本丰裕度较高国家的对外直接投资力度,并进一步提升对全球知识资本获取、整合和配置的能力,并以"一带一路"建设为契机,加强与发达国家的合作;在国外技术引进上,由于华南、中部、西南和西北四个区域国外技术引进渠道的国际知识资本产业升级效应系数为负,表明这些区域以市场空间换国外技术或通过技术引进来实现高技术产业跨越式升级的战略并不可取,国外技术引进对技术创新起积极影响的地区只有长三角和西南地区,这表明对大多数地区来说,国外技术引进并不是促进技术创新的主要渠道,企业促进技术创新的知识资本投入重点应是加强技术改造、研究开发投入以及消化吸收和管理水平的提升。

四 加大对研发知识资本投入,制定分类支持的创新政策

国内R&D知识资本投入是当前中国技术创新最主要的途径,本土创新努力与创新能力是高新技术产业升级的基本动力。因此,一方面要继续加大对 R&D 知识资本的投资力度和管理水平，继续落实好关于鼓励和支持企业加大对知识资本投入的优惠待遇政策，为自主技术创新提供更加完善的软环境和硬环境；另一方面要加大对科技人员的培养力度，目前我国科研人力资本的能动效率没有得到充分的发挥，在未来要更加重视科技人才培养。另外，还要根据区域经济发展水平及技术创新水平的差异，实施差异化的分类创新投资政策，针对环渤海、长三角和华南地区创新政策重点应是支持科技领军人才引进和创新团队建设、支持加强国际科技合作、支持企业设立技术研究院和科研流动工作站、支持对关键核心装备技术、新材料技术等战略性新兴产业技术的投入等以加强对自主创新的驱动；对于东北、中部、西南和西北地区由于自主创新能力和吸收能力相对较弱，其创新政策支持重点应增加技术改造资本和国内先进技术引进资本的投入、加快对教育事业的发展以提高人力资本存量和吸收能力。

五　重视海归人才回流引致的国际知识资本对经济转型发展升级的作用

本书分析结果表明，以海归人才回流渠道的国际知识资本转移成为经济增长和技术溢出的重要新途径，海归人才成为中国进行自主技术创新一支重要的生力军，但同时也应注意到其当前对中国经济转型升级的影响效应还较小且存在明显的地区差异，在环渤海、长三角、华南地区海归人才回流引致的国际知识资本对区域经济转型发展升级的作用要比其他区域明显得多，这主要是由于目前海归人才主要集聚在经济发达、开放度高、基础设施都比较完善的北京、上海、广东、天津、江苏等省市。因此，要进一步加大国际化教育的步伐以促进国际人才的培养，改善国内的科研教育环境，通过政策支持和体制环境的改善吸引和鼓励更多的海外留学生回流，进一步加大对海外留学高、中端人才的引进力度以及人才引进的政策协调；同时要继续加大科研与教育经费的投入来提升区域人力资本水平和对先进技术的消化吸收能力，并通过政策支持和引导来协调区域海归人才的合理分布。

在大力推动"大众创新，万众创新"的大背景下，要更加重视海归高端人才在高新技术产业创业上所起的引领和示范作用，为海外归国人才就业、创业提供政策优惠和落实政策支持，鼓励和引导更多的海归人才进行创业，实施更加开放的海外人才引进与培养政策，推动和打造人才国际引进的良好氛围和人才红利。

第三节 研究方向

本书从理论和实证两个维度分析了 FDI、进口贸易、对外直接投资、智力回流等渠道的知识资本国际转移对中国经济发展转型升级的影响，得出不同渠道的国际知识资本转移对中国经济发展转型的贡献大小及区域差异等研究结论，这一研究结论一定程度上将对国家知识资本的积累与创新发展的政策调整与区域差异化政策实施提供理论参考，为更多地合理利用国际知识资本等全球创新资源，提升我国科技创新能力提供决策参考。由于受笔者知识结构、理论和实证研究方法方面的限制，在梳理研究内容和研究成果时发现该项研究还存在一些局限性，值得在今后的研究中进一步深入探讨。

一 深化知识资本内涵的理解，建立与完善国家知识资本评价指标体系

在现代知识经济社会，知识资本是一国经济长期发展和国家竞争优势的重要来源，近 20 年来，知识资本研究成为学术界研究的热点问题，但当前对于知识资本内涵的表达还没有完全达成统一认识，而且目前学术界对于知识资本全球分布的研究还较少，尚未有从全球整体的角度把握知识资本的分布特征和空间差异的演变态势。因此，对知识资本内涵及其价值属性的系统研究，有利于更加科学地构建可操作度量的知识资本评价指标体系，这对于分析全球知识资本的国家分布和差异提供数据支持，有利于一国分析和参照对比其国家实力，也便于其采取一些政策和措施来促进国家的整体发展，同时对于指导我国实现以知识资本增长为导向的经济发展模式具有较重要的价值。

二 知识资本国际转移的区位选择和风险控制

本书发现，在国际产业转移的过程中，也出现了不同程度的知识资本国际转移，它们是一个相伴而生的过程。在这一过程中，跨国公司成为实施的主体，虽然它们在转移浪潮的时间段上有所不同，但在产业演进、转移主体、技术路径上却呈现出高度的一致性。目前，学术界对于 FDI 途径下的国际产业转移的区位选择和风险控制的研究较多，但对于知识资本国际转移的区位选择和风险控制的研究较少，特别是对于发展中国家的逆向

知识资本配置的运行机制、区位选择、效率等方面的研究均较少，对于国际知识资本对华转移的同时对中国创新资源"掠夺"的风险的研究还比较欠缺。因此，这也是今后作者需要深入研究的努力方向。

三 知识资本国际转移对中国经济发展转型升级的影响

本书研究了外商直接投资、进口贸易、人力资本跨国流动、对外直接投资和国外技术引进渠道的国际知识资本转移对中国经济增长、产业结构优化升级及技术创新的影响，构建的是经过修正和拓展的柯布—道格拉斯形式的生产函数。尽管知识资本包含人力资本、市场资本、更新资本、流程资本、金融资本等丰富的内涵，但由于有些知识资本要素跨国流动与转移比较困难以及数据的收集难度大，在进行实证研究时依然使用传统的以R&D为知识资本替代指标来进行分析，没有设计一个衡量知识资本国际转移的综合指标体系。此外，在人力资本跨国流动渠道国际知识资本转移也只是考虑了海归人才回流渠道，而对国外来华留学、来华外籍教师、专家以及参加国际科技合作的人数等人力资本流动没有考虑，国际知识资本对一国经济增长和技术创新的影响往往还受其吸收能力和空间溢出的影响，知识资本各要素之间的互补效应、替代效应的研究还不够深入，这些都需要今后进行完善。

四 政策启示研究

本书对环渤海、长三角、华南、东北、中部、西南和西北七个区域不同渠道的国际知识资本贡献大小进行了对比分析，依此所得到了一些有意义的结论，并提出了一些对策建议，但尚属粗浅，表现为对政策的具体内容和建议的可操作性需要进一步充实，需要通过更加深入广泛的调查，因而也是笔者今后研究的努力方向。

参考文献

[1] Acemoglu, D., "Why Do New Technologies Complement Skills? Directed Technical Change and Wage Inequality". *Quarterly Journal of Economics*, 1998 (113), pp. 1055 – 1090.

[2] Acemoglu, D., "Directed Technical Change". *Review of Economic Studies*, 2002, Vol. 69 (4), pp. 781 – 809.

[3] Acemoglu, D., Zilibotti, F., "Productivity Differences". *The Quarterly Journal of Economics*, 2001, 116, pp. 563 – 606.

[4] Aghion, P. and Howitt, P., "A Model of Growth through Creative Destruction". *Econometrica*, 1992, 60 (2), pp. 323 – 351.

[5] Ahmed Seleim, Nick Bontis, "National Intellectual Capital and Economic Performance: Empirical Evidence from Developing Countries". *Knowledge and Process Management* Volume 20, Issue 3, pp. 131 – 140, July/September 2013 Article First Published Online: 11 Jul. 2013.

[6] Alavi, M., Leidner, D., "Review: Knowledge Management and Knowledge Management Systems: Conceptual Foundations and Research Issues". *MIS Quarterly*, 2001, 25 (1), pp. 107 – 133.

[7] Alistair Dieppe and Jan Mutl, "International R&D Spillovers Technology Transfer vs R&D Synergies". *European Central Bank Working Paper*, No. 1504, 2013.

[8] Amiri, A. N., Ramezan, M., Omrani, A., "Studying the Impacts of Organizational Organic Structure on Knowledge Productivity Effective Factors Case Study: Manufacturing Units in a Domestic Large Industrial Group". *European Journal of Scientific Research*, 2010, 40 (1), pp. 91 – 101.

[9] Ana Pérez – Luno, Carmen Cabello Medina, Antonio Carmona Lavado,

"How Social Capital and Knowledge affect Innovation". *Journal of Business Research*, 2011 (64), pp. 1369 – 1376.

[10] Andrea Fracasso and Giuseppe Vittucci Marzetti, "An Empirical Note on International R&D Spillovers". *Empirical Economics, Springer*, Vol. 45, 2013 (1) August, pp. 179 – 191.

[11] Andriessen, "Intellectual capital of the European Union", The 7th McMaster World Congress on the Management of Intellectual Capital and Innovation, January 19 – 21, 2005, Hamilton, Ontario, Canada.

[12] Balasubramanyan, Y., Salisu, M., Sapsford, D., "Foreign Direct Investment and Growth in EP and IS Countries". *Economic Journal*, 1996 (106), pp. 92 – 105.

[13] Basant, R., Fikkert, B., "The effects of R&D, Foreign Technology Purhase, and Domestic and International Spillovers on Productivity in Indian Firms". *Review of Economics and Statistics*, 1996 (78), pp. 187 – 199.

[14] Bassi, L. J., "Harnessing the Power of Intellectual Capital". *Training & Development*, 1997, 51 (12), pp. 25 – 30.

[15] Bell, C. R., "Intellectual Capital". *Executive Excellence*, 1997, 14 (1), p. 15.

[16] Blumentritt, R., Johnston, R., "Towards a Strategy for Knowledge Management". *Technology Analysis & Strategic Management*, 1999, 11 (3), pp. 287 – 300.

[17] Bontis, N., "*National Intellectual Capital Index: Intellectual Capita Development in the Arab Region*". New York: United Nations, 2000.

[18] Bontis, N., "National Intellectual Capital Index". *Journal of Intellectual Capital*, 2004 (1), pp. 13 – 39.

[19] Bontis, N., "A Review of the Models Used to Measure Intellectual Capital", Assessing Knowledge Assets, 2000, pp. 100 – 106.

[20] Bontis, N., "Intellectual Capital and Dusiness Performance in the Pharmaceutical Sector of Jordan". *Management Decision* Vol. 48, No. 1, 2010, pp. 105 – 131.

[21] Bounfour, A., "The IC – Dval Approach". *Journal of Intellectual Cap-

ital, 2003, 4 (3), pp. 396 – 412.

[22] Bresman, H., Birkinshaw, J., Nobel, R., "Knowledge Transfer in International Acquisitions". *Journal of International Business Studies*, Vol. 30, Issue 3, 1999, pp. 439 – 462.

[23] Brooking, A., *Intellectual Capital: Core Assets for the Third Millennium Enterprise*. London: International Thomson Business Press, 1996.

[24] Brooking, A., "The Management of Intellectual Capital". *Long Range Planning* Vol. 30, Issue 3, June 1997, pp. 364 – 365.

[25] Carol Yeh – Yun Lin, Leif Edvinsson, "National Intellectual Capital: Comparison of the Nordic Countries". *Journal of Intellectual Capital* Vol. 9 No. 4, 2008, pp. 525 – 545.

[26] Cassiman, B., Pérez – Castrillo, D., Veugelers, R., "Endogenizing Know – how Flows through the Nature of R&D Investments". *International Journal of Industrial Organization* Volume 20, Issue 6, June 2002, pp. 775 – 799.

[27] Choo, C. W., *The Knowing Organization. How Organizations Use Information to Construct Meaning, Create Knowledge, and Make Decisions*. New York: Oxford University Press, 1998.

[28] Christiaan Stam, Daan Andriessen, "Intellectual Capital of the European Union 2008: Measuring the Lisbon Strategy for Growth and Jobs". *Electronic Journal of Knowledge Management*, Volume 7 Issue 4, 2009, pp. 489 – 500.

[29] Christopher M. Gunn, Alok Johri, "News and Knowledge Capital". *Review of Economic Dynamics*, 2011 (14), pp. 92 – 101.

[30] Chun – Chien Kuo, Chih – Hai Yang, "Knowledge Capital and Spillover on Reginonal Economic Growth: Evidence from China". *China Economic Review*, 2008 (19), pp. 594 – 604.

[31] Cohen, D. T., Helpman, E., "International R&D Spillovers". *European Economic Review*, Vol. 39, Issue 5, May 1995, pp. 859 – 887.

[32] Cohen, M., Levinthal, D., "Innovation and Learning: The Two Faces of R&D". *Economic Journal*, 1989 (99), pp. 569 – 596.

[33] Davenport, T. H., Prusak, L., *Working Knowledge: How Organizations*

Manage What They Know. Cambridge, MA: Harvard Business School Press, 1998.

[34] Dixon, N., "Replicating Best Practice". *Strategic Direction*, 2000, 16 (8), 2000, pp. 15 – 17.

[35] Drucker, P. F., *Post – Capitalist Society*. New York: Harper Collins, 1993.

[36] Edvinsson, L., Stenfelt, C., "Intellectual Capital of Nations: for Future Wealth Creation". *Journal of Human Resource Costing & Accounting*, 1999, 4 (1), pp. 21 – 33.

[37] Edvinsson, L., Malone, M. S., *Intellectual Capital: Realizing Your Company's True Value by Finding Its Hidden Brainpower*. New York: Harper Business, 1997.

[38] Edvinsson, L., Sullivan, P. H., "Developing a Model for Managing Intellectual Capital". *European Management Journal*, 1996, 14 (4), pp. 356 – 364.

[39] Edvinsson, L., Sullivan, P., "Developing a Model for Managing Intellectual Capital". *European Management Journal*, Volume 14, Issue 4, August 1996, pp. 356 – 364.

[40] Ernst, D., Kim, L., "Global Production Networks, Knowledge Diffusion, and Local Capability Formation". *Research Policy*, 2002 (31), pp. 1417 – 1429.

[41] Feenstra and Hamilton, *Emergent Economies, Divergent Paths: Economic Organization and International Tradein South Korea and Taiwan*. London: Cambridge University Press, 2006.

[42] Feiwel, G. R., *The Intellectual Capital of Michal Kalecki: A Study in Economic Theory and Policy*. Tennessee: The University of Tennessee Press, 1975.

[43] Fujita1 and Gokan, "On the Evolution of the Spatial Economy with Multi – unit Multi – plant Firms". *Portuguse Economic Journal*, 2005 (4), pp. 73 – 105.

[44] Gereffi, G., "International Trade and Industrial Upgrading in the Apparel Commodity Chains". *Journal of International Economics*, 1999 (48), pp. 37 – 70.

[45] Gilbert, M. and Gordey – Hayes, M., "Understanding the Process of

Knowledge – Transfer to Achieve Successful Technological Innovation". *Technovation*, 1996, 16 (6), pp. 301 – 302.

[46] Giovanni Schiuma and Antonio Lerro, "Knowledge – based Capital in Building Regional Innovation Capacity". *Journal of Knowledge Management*, Vol. 12, No. 5, 2008, pp. 121 – 136.

[47] Gooderham, P., Nordhaug, O., *International Management: Cross – boundary Challenges*. Malden, MA: Blackwell Pub., 2003.

[48] Griliches, Z., "Issues in Assessing the Contribution of Research and Development to Productivity Growth". *Bell Journal of Economics*, 1979 (10), pp. 92 – 116.

[49] Griliches, Z., "The Search for R&D Spillovers". *Scand J. of Economics*, 1992, 94 (Supplement), pp. 29 – 47.

[50] Griliches, Z., "Patent Statistics as Economic Indicators: A Survey". *Journal of Economic Literature*, 1990 (4), p. 1661.

[51] Grossman, G. and Helpman, E., Quality Ladders in the Theory of Growth. *Reviews of Economic Studies*, 1992, 58 (1), pp. 43 – 61.

[52] Grossman, G. and Helpman, E., "Trade, Knowledge Spillovers and Growth". *European Economic Review*, 1991, 35 (2 – 3), pp. 517 – 526.

[53] Grover, V., Davenport, T. H., "General Perspectives on Knowledge management: Fostering a Research Ggenda". *Journal of Management Information Systems*, 2001, 18 (1), pp. 17 – 22.

[54] Gu, Y., 2004a, "Global Knowledge Management Research: A bibliometric Analysis". *Scientometrics*, 2004, 61 (2), pp. 171 – 190.

[55] Gu, Y., 2004b, "Information Management or Knowledge Management? An Informetric View of the Dynamics of Academia". *Scientometrics*, 2004, 61 (3), pp. 285 – 299.

[56] Gwanghoon Lee, "The Effectiveness of International Knowledge Spillover Channels". *European Economic Review*, 2006 (50), pp. 2075 – 2088.

[57] Hall, B. H. and J. Mairesse, "Exploring the Relations ip Between R&D and Productivity in French Manufacturing Firms". *Journal of Econometrics*, 1995, 65 (1), pp. 263 – 293.

[58] Hargreaves, D., "The knowledge – creatingschool". *British Journal of*

Educational Studies, 1999, 47 (2), pp. 122 – 144.

[59] Hausmann, R., Klinger, B., "The Structure of the Product Space and the Evolution of Comparative Advantage". *CID Working Paper* No. 146 2007 (04).

[60] Holmes, T. J., McGrattan, Ellen R., Prescott, E. C., "Technology Capital Transfer". *NBER Working Paper* 687 Revised November 2011.

[61] Hou, C. M. and S. Gee, *National Systems Supporting Technical Advance in Industry: The Case of Taiwan, National Innovation Systems: A Comparative Analysis.* New York: Oxford University Press, 1993.

[62] Huang, C. J., Liu, C. J., "Exploration for the Relationship between Innovation, IT and Performance". *Journal of Intellectual Capital*, Vol. 6 No. 2, 2005, pp. 237 – 52.

[63] Hu, Albert G. Z., Jefferson, G. H. and Qian Jinchang, "R&D and Technology Transfer: Firm – Level Evidence from Chinese Industry". *Review of Economics and Statistics*, 2005, 87 (4), pp. 780 – 786.

[64] Humphrey, J., Schmitz, H., "Governance and Upgrading: linking Industrial Cluster and Global Value Chain Research Brighton: Institute of Development Studies". *IDS Working Paper* No. 624, 2000.

[65] Jaffe, A. B., "Technological Opportunity and Spillovers of R&D: Evidence from Firms Patent, Profits and Market Values". *American Economic Review*, 1986, (76), pp. 984 – 1001.

[66] Jaffe, A. B., "Demand and Supply Influences in R&D Intensity and Productivity Growth". *The Review of Economics and Statistics*, 1988, 70 (3), pp. 431 – 437.

[67] Jan Bröchner, Sara Rosander and Fredrik Waara, "Cross – border post – Acquisition Knowledge Transfer among Construction Consultants". *Construction Management and Economics*, Vol. 22, Issue 4, 2004.

[68] Jeoung Yul Lee, Ian C. Mac Millan and Soonkyoo Choe, "Technological Knowledge Transfer within Chaebols after the 1997 – 98 Crisis". *Long Range Planning*, 2010 (43), pp. 585 – 610.

[69] Jone, R. M. H. and Lev, B., *Intangible Assets: Values, Measures, and Risks.* Oxford: Oxford University Press, 2003.

[70] Kaplinsky, R., Morris, M., Readman, J., "The Globalization of Product Markets and Immiserizing Growth: Lessons From the South African Furniture Industry". *World Development*, Volume 30, Issue 7, July 2002, pp. 1159 – 1177.

[71] Keller, W., "International Technology Diffusion". *Journal of Economic Literature*, 2000, 42 (3), pp. 752 – 782.

[72] Keller, W., "Trade and the Transmission of Technology". *Journal of Economic Growth*, 2002 (7), pp. 5 – 24.

[73] Keller, W., Yeaple, S. R., "Multinational Enterprise International trade, and Productivity Growth: Firm Level Evidence from the United States". *The Review of Economics Statistics*, 2009, 91 (4), pp. 821 – 831.

[74] Kitts, B., Edvinsson, L., Beding, T., "Intellectual Capital: from Intangible Assets to Fitness Landscapes". *Expert Systems with Applications*, Volume 20, Issue 1, January, 2001, pp. 35 – 50.

[75] Kogut, B., Zander, U., "Knowledge of the Firm, Combinative Capabilities, and the Replication of Technology". *Organization Science*, 1992, 3 (3), pp. 383 – 397.

[76] Kokko, A., "Technology, Market Characteristics and Spillovers". *Journal of International Development*, 1994, 43 (2), pp. 279 – 293.

[77] Kokko, A., Blomström, M., "Policies to Encourage Inflows of Technology through Foreign Multinationals". *World Development*, Vol. 23, Issue 3, March 1995, pp. 459 – 468.

[78] Lall, S., "The Technological – Structure and Performance of Developing Country Manufactured Exports, 1985 – 1998". *Oxford Development Studies*, 2000, 28 (3), pp. 337 – 369.

[79] Le, T., "Are Student Flows a Significant Channel of R&D Spillovers from the North to the South?". *Economics Letters*, 2010, 107 (3), pp. 315 – 317.

[80] Lichtenberg, E. and B. van Pottelsberghe, "International R&D Spillovers: A Re – examination". *European Economic Review*, 1998 (42), pp. 1483 – 1491.

[81] Liu, X. H., Buck, T., "Innovation Performance and Channels for In-

ternational Technology Spillovers: Evidence from Chinese High - tech Industries". *Research Policy*, 2007, 36 (2), pp. 355 - 366.

[82] Lynn, B., "Intellectual Capital: Key to Value - added Success in the next Millennium". *CMA Magazine*, 1998, 72 (1), pp. 10 - 15.

[83] Ma, Z. and Yu, K. - H., "Research Paradigms of Contemporary Knowledge Management Studies: 1998 - 2007". *Journal of Knowledge Management*, 2010, 14 (2), pp. 175 - 189.

[84] Malhotra, Y., "Knowledge Assets in the Global Economy: Assessment of National Intellectual Capital". *Journal of Global Information Management*, 2000 (3), pp. 43 - 61.

[85] Maurizio Zollo and Sidney G. Winter, "Deliberate Learning and the Evolution of Dynamic Capabilities". *Organization Science*, 2002, 13 (3), pp. 339 - 351.

[86] McGrattan, Ellen R., Edward C. Prescott, "Openness, Technology Capital, and Development". *Journal of Economic Theory*, 2009, 144 (6), pp. 2454 - 2476.

[87] McGrattan, Ellen R., Edward C. Prescott, "Technology Capital and the U. S. Current Account". *American Economic Review*, 2010, 100 (4), pp. 1493 - 1522.

[88] Mowery, David C., Oxley, Joanne E., "Silverman, Brian S. Strategic Alliances and Inter - firm Knowledge Transfer". *Strategic Management Journal*, Special Issue Vol. 17, 1996, pp. 77 - 91.

[89] Muthusamy, Senthil K., White, Margaret A., "Learning and Knowledge Transfer in Strategic Alliances: A Social Exchange View". *Organization Studies* (Sage Publications Inc.), Vol. 26 Issue 3, 2005, pp 415 - 441.

[90] Nonaka, I., Takeuchi, H., "The Knowledge - creating Company: How Japanese Companies Create the Dynamics of Innovation". *Long Range Planning*, Volume 29, Issue 4, August 1996, p. 592.

[91] Nonaka, I. and Konno, N., "The concept of 'Ba': Building a Foundation for Knowledge Creation". *California Management Review*, 1998, 40 (3), pp. 40 - 54.

[92] Partridge, M. et al., "Do New Economic Geography Agglomeration Shadows Underlie Current Population Dynamics Across the Urban Hierarchy?". *Regional Science* 2009 (6), pp. 445 – 466.

[93] Pavel Makarov, "Intellectual Capital as an Indicator of a Sustainable Development". *Journal of Sustainable Development*, Vol. 3, No. 3, 2010, pp. 85 – 90.

[94] Polanyi, M., *Personal Knowledge: Towards a Post – Critical Philosophy*. Chicago: University of Chicago Press, 1962.

[95] Poon, T. S. C., "Beyond the Global Production Networks: A Case of Further Upgrading of Taiwan's Information Technology Industry". *Technology and Globalization* 2004 (1), pp. 130 – 145.

[96] Porter, M., *The Competitive Advantage of Nations*. New York: Free Press, 1990.

[97] Pottelsberghe, B., Lichtenberg, F. R., "Does Foreign Direct Investment Transfer Technology Across Borders". *Review of Economics and Statistics*, 2001 (83), pp. 490 – 497.

[98] Ramos, R., Jordi, S., Manuel, A., "Regional Economic Growth and Human Capital". *The Role of Over education*. IZA Discussion, 2009, p. 4453.

[99] Rhee, Y., Ross – Larson, B. and Pursell, G., *Korea's Competitive Edge: Managing Entry Into World Markets*. Baltimore: Johns Hopkins Press, 1984.

[100] Roberta Costa, "Assessing Intellectual Capital Efficiency and Productivity: An Application to the Italian yacht Manufacturing Sector". *Expert Systems with Applications* 2012 (39), pp. 7255 – 7261.

[101] Ronald, L., Moomaw, J. K., Mullen, Martin Williams, "Human and Knowledge Capital: A Contribution to the Empirics of State Economic Growth". *Atlantic Economic Journal*, Vol. 30, No. 1, 2002, pp. 48 – 60.

[102] Roos, J., Von Krogh, G., "The Epistemological Challenge: Managing Knowledge and Intellectual Capital". *European Management Journal*, 1996, 14 (4), pp. 333 – 337.

[103] Roxana Arabela Dumitraşcu, Vadim Dumitraşcu, "European Experiences Relating to National Intellectual Capital Metrics". *Knowledge Ho-*

rizons – Economics, Volume 5, No. 3, 2013, pp. 40 – 43.

[104] Schiuma, G., Lerro, A., Carlucci, D., "The Knoware Tree and the Regional Intellectual Capital Index: An Assessment within Italy". *Journal of Intellectual Capital*, Vol. 9 ISS: 2, 2008, p. 283.

[105] Serenko, A., Cox, R. A. K., Bontis, N., Booker, L. D., "The Superstar Phenomenon in the Knowledge Management and Intellectual Capital Academic Discipline". *Journal of Informetrics* 2011 (5), pp. 333 – 345.

[106] Serenko, A., Bontis, N., Grant, J., "A Scientometric Analysis of the Proceedings of the McMaster World Congress on the Management of Intellectual Capital and Innovation for the 1996 – 2008 Period". *Journal of Intellectual Capital*, 2009, 10 (1), pp. 8 – 21.

[107] Serenko, A., Bontis, N., Booker, L., Sadeddin, K. and Hardie, T., "A Scientometric Analysis of Knowledge Management and Intellectual Capital Academic Literature (1994 – 2008)". *Journal of Knowledge Management*, 2010, 14 (1), pp. 3 – 23.

[108] Srholec, M., "High – Tech Exports from Developing Countries: A Symptom of Technology Spurts or Statistical Illusion?". *Review of World Economics*, 143 (2), 2007, pp. 227 – 255.

[109] Stewart, T. A., "Your Company's most Valuable Asset: Intellectual capital" [J]. *Fortune*, 1994, 3 (10), pp. 68 – 74.

[110] Stewart, T. A., *Intellectual Capital, the New Wealth of Organizations*. New York: Doubleday, 1997.

[111] Sveiby, K. – E., "A Knowledge – based Theory of the Firm to Guide Strategy Formulation: Towards a Knowledge – based Theory of the Firm". *Paper presented at the ANZAM Conference, Macquarie University Sydney, Australia*, 2000.

[112] Szulanski, G., "Exploring Internal Stickiness: Impediments to the Transfer of Best Practice within the Firm". *Strategic Management Journal*, 17 (Winter), 1996, pp. 27 – 44.

[113] Teece, D., Pisano, G., "The Dynamic Capabilities of Firms: An Introduction". *Industrial & Corporate Change*, 1994, 3 (3), pp. 537 – 556.

[114] Teece, D., Pisano, G., Shue, A., "Dynamic Capabilities and Strategic Management". *Strategic Management Journal*, 1997, 18 (7), pp. 509 – 533.

[115] Titus, O., Awokuse, Keith E. Maskus and Yiting, "An Knowledge Capital, International Trade, And Foreign Direct Investment: A Sectoral Analysis". *Economic Inquiry* Vol. 50, No. 2012 (3), pp. 707 – 723.

[116] Tsang, E. W. K., "Choice of International Technology Transfer Mode: A Resource – based View". *Management International Review*, 1997, 37 (2), pp. 151 – 168.

[117] Verspagen, B., "A New Empirical Approach to Catch up or Falling Behind". *Structural Change and Economic Dynamics*, 1991 (2), pp. 359 – 380.

[118] Walter, J., Lechner, C., Kellermanns, F. W., "Knowledge Transfer between and Within Alliance Partners: Private Versus Collective Benefits of Social Capital". *Journal of Business Research*, 2007 (60), pp. 698 – 710.

[119] Yong Suhk Pak, Young – ryeol Park, "A Framework of Knowledge Transfer in Cross border Joint Ventures: An Empirical Test of the Korean Context". *Management International Review*, 4th Quarter, Vol. 44 Issue 4, 2004, pp. 417 – 434.

[120] 卞淑贤:《对外贸易对我国产业结构优化的影响研究——基于货物贸易和服务贸易的比较分析》,《广东石油化工学院学报》2015年第2期。

[121] 蔡伟毅、陈学识:《国际知识溢出与中国技术进步实证研究》,《数量经济技术经济研究》2010年第6期。

[122] 陈继勇、盛杨怿:《外国直接投资与我国产业结构调整的实证研究——基于资本供给和知识溢出的视角》,《国际贸易问题》2009年第1期。

[123] 陈继勇、盛杨怿:《外商直接投资的知识溢出与中国区域经济增长》,《经济研究》2008年第12期。

[124] 陈怡安、杨河清:《海归回流对中国技术进步的影响效应实证》,《经济管理》2013年第4期。

[125] 陈怡安：《中国海外人才回流的国际知识溢出与技术进步研究》，博士学位论文，首都经济贸易大学，2014年。

[126] 程惠芳、陆嘉俊：《知识资本对工业企业全要素生产率影响的实证分析》，《经济研究》2014年第5期。

[127] 仇怡、聂萼辉：《留学生回流的技术外溢效应——基于中国升级面板数据的实证研究》，《国际贸易问题》2015年第2期。

[128] 党兴华、李晓梅：《知识资本的度量与西部工业知识资本评价》，《西安理工大学学报》1999年第2期。

[129] 邓丽娜、范爱军：《国际技术溢出对中国制造业产业结构升级影响的实证研究》，《河北经贸大学学报》2014年第7期。

[130] 邓明、钱争鸣：《我国省际知识存量、知识生产与知识的空间溢出》，《数量经济技术经济研究》2009年第5期。

[131] 董景荣：《技术创新扩散的理论、方法与实践》，科学出版社2009年版。

[132] 杜德斌、张战仁：《在华跨国公司研发投资的区位决定——基于省市数据的空间计量经济分析》，《软科学》2010年第6期。

[133] 杜群阳等：《跨国公司在华R&D机构的空间结构研究》，《经济地理》2011年第1期。

[134] 范徵：《知识资本评价指标体系与定量评价模型》，《中国工业经济》2000年第9期。

[135] 冯梅：《比较优势动态演化视角下的产业升级研究：内涵、动力和路径》，《经济问题探索》2014年第5期。

[136] 高凌云、王永中：《R&D溢出渠道、异质性反应与生产率：基于178个国家面板数据的经验研究》，《世界经济》2008年第2期。

[137] 葛秋萍：《创新知识资本化的组织内转化路径研究》，《科学管理研究》2007年第8期。

[138] 郭连成、徐雅雯、王鑫：《国际产业转移与美国和欧盟产业结构调整》，《财经问题研究》2012年第10期。

[139] 洪银兴：《论经济增长方式转变的基本内涵》，《管理世界》1999年第4期。

[140] 胡兵、乔晶：《中国出口贸易外溢效应的分类检验》，《数量经济技术经济研究》2009年第12期。

[141] 胡汉辉、沈群红：《西方知识资本理论及其运用》，《经济学动态》1998年第7期。

[142] 黄先海、杨高举：《中国高技术产业的国际分工地位研究：基于非竞争型投入占用产出模型的跨国分析》，《世界经济》2010年第5期。

[143] 江庆勇：《知识资本测度的前沿研究》，《浙江大学学报》（人文社会科学版）2015年第4期。

[144] 蒋殿春、张宇：《经济转型与外商直接投资技术溢出效应》，《经济研究》2008年第7期。

[145] 蒋仁爱、蔡虹、王胜：《国际性技术外溢对经济增长的传导路径》，《系统管理学报》2013年第11期。

[146] 金碚：《中国工业的转型升级》，《中国工业经济》2011年第7期。

[147] 金碚、吕铁、李晓华：《关于产业结构调整几个问题的探讨》，《经济学动态》2010年第8期。

[148] 卡尔·爱瑞克·斯威比（Karl Erik Sveiby）：《知识探戈——管理与测量知识资本的艺术》，王鄂生译，海洋出版社2007年版。

[149] 赖明勇、周杨：《高新技术产品出口对中国经济增长的拉动效应及外溢分析》，《世界经济研究》2005年第8期。

[150] 李平、姜丽：《贸易自由化、中间品进口与中国技术创新——1998—2012年省级面板数据的实证研究》，《国际贸易问题》2015年第7期。

[151] 李平、许家云：《国际智力回流的技术扩散效应研究——基于中国地区差异及门槛回归的实证分析》，《经济学》（季刊）2011年第4期。

[152] 李东红：《跨国公司知识转移及其对我国的启示》，《国际经济合作》2006年第3期。

[153] 李佳：《FDI技术溢出促进产业升级的理论微观机制探讨》，《现代管理科学》2014年第1期。

[154] 李杏、侯克强、陈万华：《人力资本跨国流动与中国经济增长——基于外商直接投资视角的研究》，《国际贸易问题》2011年第8期。

[155] 李晓钟、何建莹：《FDI对我国高新技术产业技术溢出效应分析》，

《国际贸易问题》2012 年第 7 期。

[156] 李子伦：《产业结构升级含义及指数构建研究——基于因子分析法的国际比较》，《当代经济科学》2014 年第 1 期。

[157] 林毅夫、苏剑：《论我国经济增长方式的转换》，《管理世界》2007 年第 11 期。

[158] 林勇、张宗益：《中国经济转型期技术进步影响因素及其阶段性特征检验》，《数量经济技术经济研究》2009 年第 7 期。

[160] 刘凤朝等：《全球创新资源的分布特征与空间差异——基于 OECD 数据的分析》，《研究与发展管理》2011 年第 1 期。

[161] 刘国武：《基于生产函数模型的知识资本分析》，《科技进步与对策》2004 年第 3 期。

[162] 刘和东：《区域创新溢出效应的实证研究——基于超越知识生产函数的动态面板模型分析》，《科学学研究》2011 年第 7 期。

[163] 刘宏、薛斌：《中国对外直接投资逆向技术溢出效应及其技术获取路径比较研究》，《中国科技论坛》2014 年第 11 期。

[164] 刘思嘉、赵金楼：《区域知识资本对经济发展促进作用的特性分析》，《图书馆学研究》2009 年第 10 期。

[165] 刘小鲁：《我国创新能力积累的主要途径：R&D、技术引进，还是 FDI？》，《经济评论》2011 年第 3 期。

[166] 刘友金、胡黎明、赵瑞霞：《基于产品内分工的国际产业转移新趋势研究动态》，《经济学动态》2011 年第 3 期。

[167] 刘志彪：《产业升级的发展效应及其动因分析》，《南京师大学报》（社会科学版）2000 年第 2 期。

[168] 罗思平、于永达：《技术转移、"海归"与企业技术创新——基于中国光伏产业的实证研究》，《管理世界》2012 年第 11 期。

[169] 罗珉、刘永俊：《企业动态能力的理论架构与构成要素》，《中国工业经济》2009 年第 1 期。

[170] 吕炜：《经济转型理论大纲》，商务印书馆 2006 年版。

[171] 潘冬青、尹忠明：《对开放条件下产业升级内涵的再认识》，《管理世界》2013 年第 5 期。

[172] 彭纪生、孙文祥：《跨国公司对华技术转移的理论思考——基于本土企业技术创新能力提升的分析框架》，《中国软科学》2005 年第

4期。

[173] 乔翠霞：《国际技术转移的新变化及对中国的启示》，《理论学刊》2015年第6期。

[174] 单豪杰：《中国资本存量K的再估算：1952—2006年》，《数量经济技术经济研究》2008年第10期。

[175] 沈坤荣、徐礼伯：《中国产业结构升级：进展、阻力与对策》，《学海》2014年第1期。

[176] 史晋川：《论经济发展方式及其转变——理论、历史、现实》，《浙江社会科学》2010年第4期。

[177] 孙文松、唐齐鸣、董汝婷：《知识溢出对中国本土高新技术企业创新绩效的影响——基于国际创新型人才流动的视角》，《技术经济》2012年第12期。

[178] 孙晓华、王昀：《对外贸易结构带动了产业结构升级吗？——基于半对数模型和结构效应的实证检验》，《世界经济研究》2013年第1期。

[179] 谭晶荣：《长三角地区产业转型升级特征、路径与实施方略》，《企业经济》2012年第9期。

[180] 谭晶荣等：《产业转型升级水平测度及劳动生产效率影响因素估测——以长三角地区16个城市为例》，《商业经济与管理》2012年第5期。

[181] 谭小琴、曾国屏：《知识资本全球化与当代跨国垄断》，《国际问题研究》2008年第1期。

[182] 唐一冰、谢富纪：《国家和地区的知识资本及其研究方法》，《哈尔滨商业大学学报》（自然科学版）2010年第4期。

[183] 王华、赖明勇、柒江艺：《国际技术转移、异质性与中国企业技术创新研究》，《管理世界》2010年第12期。

[184] 王建华、李艳红：《国际R&D溢出的地理效应——对Keller问题的进一步回答》，《国际贸易问题》2014年第10期。

[185] 王剑武：《知识资本与区域经济发展的关系研究》，《江西农业大学学报》（社会科学版）2010年第2期。

[186] 王欣：《FDI、知识溢出与生产率增长——基于DEA方法和状态空间模型的经验研究》，《世界经济研究》2010年第7期。

[187] 王小鲁等：《中国经济增长方式转换和增长可持续性》，《经济研究》2009年第1期。

[188] 王英、刘思峰：《国际技术外溢渠道的实证研究》，《数量经济技术经济研究》2008年第4期。

[189] 魏守华、姜宁、吴贵生：《内生创新努力、本土技术溢出与长三角高技术产业创新绩效》，《中国工业经济》2009年第2期。

[190] 吴洁、张运华、施琴芬：《从知识资本指数评估地区创新表现》，《研究与发展管理》2009年第4期。

[191] 吴延兵：《自主研发、技术引进与生产率——基于中国地区工业的实证研究》，《经济研究》2008年第8期。

[192] 吴延兵：《R&D存量、知识函数与生产效率》，《经济学》（季刊）2006年第5期。

[193] 冼国明、严兵：《FDI对中国创新能力的溢出效应》，《世界经济》2005年第10期。

[194] 肖文、林高榜：《海外研发资本对中国技术进步的知识溢出》，《世界经济》2011年第1期。

[195] 晏双生：《跨国公司全球知识管理转向的要因论》，《现代管理科学》2011年第10期。

[196] 杨邦慧：《中国对外贸易技术进步效应与产业结构升级关系的研究》，《现代商业》2013年第9期。

[197] 杨河清、陈怡安：《海归回流：知识溢出及门槛效应——基于中国的实证检验》，《人口研究》2013年第9期。

[198] 姚利民、王若君：《中国吸收发达国家R&D跨国外溢的国际化渠道比较》，《国际贸易问题》2011年第12期。

[199] 于津平、许小雨：《长三角经济增长方式与外资利用效应研究》，《国际贸易问题》2011年第1期。

[200] 余甫功：《知识资本对高技术产业发展作用分析——基于我国省际Panel Data的实证检验》，《岭南学刊》2008年第6期。

[201] 曾卫锋：《国际R&D溢出、贸易方式与中国经济增长》，《财贸经济》2008年第8期。

[202] 张丹：《知识资本在上海经济发展中地位与作用的实证研究》，企业管理出版社2012年版。

[203] 张光辉:《经济发展方式转变的逻辑内涵》,《现代经济探讨》2011年第8期。

[204] 张慧敏、陈玺光:《研发资本化背景下美加澳 R&D 核算经验评述》,《电子科技大学学报》(社会科学版) 2015 年第 3 期。

[205] 张杰、张少军、刘志彪:《多维技术溢出效应、本土企业创新动力与产业升级的路径选择——基于中国地方产业集群形态的研究》,《南开经济研究》2007 年第 3 期。

[206] 张军、吴桂英、张吉鹏:《中国省际物质资本存量估算：1952—2000》,《经济研究》2004 年第 10 期。

[207] 张明志、李敏:《国际垂直专业化分工下的中国制造业产业升级及实证分析》,《国际贸易问题》2011 年第 1 期。

[208] 张其仔:《比较优势的演化与中国产业升级路径的选择》,《中国工业经济》2008 年第 9 期。

[209] 赵红岩、田夏:《本土创新能力、跨国资本技术溢出与长三角高技术产业升级》,《上海经济研究》2013 年第 7 期。

[210] 张少军、刘志彪:《全球价值链模式的产业转移——动力、影响与对中国产业升级和区域协调发展的启示》,《中国工业经济》2009 年第 11 期。

[211] 赵伟、古广东、何元庆:《外向 FDI 与中国技术进步：机理分析与尝试性实证》,《管理世界》2006 年第 7 期。

[212] 赵文军、于津平:《贸易开放、FDI 与中国工业经济增长方式——基于 30 个工业行业数据的实证研究》,《经济研究》2012 年第 8 期。

[213] 赵勇、白永秀:《知识溢出：一个文献综述》,《经济研究》2009 年第 1 期。

[214] 赵勇、白永秀:《知识溢出测度方法研究综述》,《统计与决策》2009 年第 8 期。

[215] 赵昱:《创新资源国际流动格局、过程及对中国自主创新的影响》,博士学位论文,华东师范大学,2014 年。

[216] 钟鸣长、郑慕强:《FDI 技术外溢效应的实证研究——基于高新技术产业与传统产业的比较》,《科技管理研究》2009 年第 11 期。

[217] 朱敏、许家云:《海外人才回流与 FDI 技术溢出——地区差异及影

响因素的实证分析》,《科学学研究》2013年第11期。

[218] 朱顺泉:《管理科学研究方法——统计与运筹优化应用》,清华大学出版社2007年版。

[219] 周昌林、魏建良:《产业结构水平测度模型与实证分析——以上海、深圳、宁波为例》,《上海经济研究》2007年第6期。